The Imitation of Christ
그리스도를 본받아

THE IMITATION OF CHRIST
by Thomas à Kempis

Korean edition published by Word of Life Press, Seoul ⓒ 1992, 2018
All rights reserved.
Printed in Korea.

그리스도를 본받아

ⓒ 생명의말씀사 1992, 2018

1992년 11월 20일 1판 1쇄 발행
2008년 6월 25일   3쇄 발행
2018년 10월 30일 2판 1쇄 발행
2022년 9월 8일   3쇄 발행

펴낸이 | 김창영
펴낸곳 | 생명의말씀사

등록 | 1962. 1. 10. No.300-1962-1
주소 | 서울시 종로구 경희궁1길 6 (03176)
전화 | 02)738-6555(본사) · 02)3159-7979(영업)
팩스 | 02)739-3824(본사) · 080-022-8585(영업)

기획편집 | 유선영, 정정욱
디자인 | 조현진
인쇄 | 예원프린팅
제본 | 다온바인텍

ISBN 978-89-04-16645-9 (03230)

저작권자의 허락없이 이 책의 일부 또는 전체를
무단 복제, 전재, 발췌하면 저작권법에 의해 처벌을 받습니다.

The Imitation of Christ

그리스도를 본받아

토마스 아 켐피스 지음
최치남 옮김

내가 너희에게 행한 것같이

너희도 행하게 하려 하여 본을 보였노라

요 13:15

『그리스도를 본받아』를 읽기 전에

1380년경, 독일 쾰른(Köln) 근교 켐펜(Kempen)에서 한 아이가 태어났다. '작은 쇠망치'를 뜻하는 헤메르켄(Hemerken)이라는 성을 가진 토마스 아 켐피스(Thomas à Kempis, 1380-1471). 그는 어린 시절부터 독서와 묵상을 자신의 기쁨으로 삼았다.

"나는 작은 책과 더불어 골방에 앉아 있는 것 외에 어느 곳에서도 결코 휴식을 얻지 못했다"는 그의 고백에서 우리는 그가 어떠한 성정을 지녔으며, 이후에 어떠한 삶의 궤적을 남겼는지 짐작해 볼 수 있다. 토마스 아 켐피스의 부르심은 그가 12세쯤 되었을 때 네덜란드의 데벤터르(Deventer)에 있는 플로렌스 라데웨인(Florens Radewijns)의 집을 방문한 일로 시작한다. 이곳은 헤이르트 흐로테(Geert Groote)가 처음 설립해서 1376년 그레고리우스 11세의 인준을 받고, 당시에는 라데웨인의 감독을 받고 있었던 '공동생활 형제회'(the Brethren of the Common Life)라는 공동체였다. 토마스가 이곳의 문을 두드렸던 때는 영적 · 정치적 · 사회적 혼란으로 흔들렸던 시기였다. 시대는 십자군 운동의 여파와 부작용에 여전히 몸살을 앓고 있었고, 영국과 프랑스 사이의 100년 전쟁으로 인해 격동하고 있었다. 교회는 사상적으로 스콜라주의의 이성주의와 형식에 매여 있었고, 내부적으로는 세속화와 분열을 마주했다. 교인들은 세 명의 '대립 교황'(anti-Popes) 가운데서 누가 참된 베드로의 후계자인지 선택해야 했으며, 수도원과 수녀원은 불화로 인해 분열을 맛보아야 했다. 이러한 침체의 시기에 등장한 곳이 토마스가 몸담게 될 '공동생활 형제회'였다.

데벤터르로 간 지 7년이 지날 무렵, 토마스는 영적인 삶에 대한 갈망이 더욱 커졌다. 그래서 즈월레(Zwolle) 방벽 너머 성 아그네텐베르크 수도원이라는 아우구스티누스 수도회 소속의 한 수도원에 들어가 청빈, 사랑, 순종의 세 가지 덕목에 서약했다. 1413년 사제 서품을 받고 1425년 수도원의 부원장이 된 토마스는, 1471년 92세의 나이로 하늘의 부름을 받기까지 경건 생활을 하며 수도사 교육, 저술, 필사 등으로 주를 섬겼다. 1427년경 그는 자신과 같은 수도사들의 영적 훈련을 위해 한 권의 책을 집필했는데, 바로 『그리스도를 본받아』(The Imitation of Christ)이다. 그렇다면 본서가 어떻게 600년에 걸친 세월을 이어오며 오늘 우리에게 살아 있는 하나님의 등불이 된 것일까?

본서에 대한 자료를 접할 때 자주 마주치는 질문이 있는데, 그것은 "누가 이 책을 지었는가?"이다. 최초의 완벽한 필사본은 현재 브뤼셀(Brussel)에 소장되어 있는데, 그 사본은 "주후 1441년 토마스 아 켐피스에 의해 즈월레 근처 성 아그네텐베르크에서 종료하여 완결되다"라는 말로 끝나고 있다. 일부 학자들은 공동생활 형제회의 창시자인 헤이르트 흐로테가 이 책의 저자요, 토마스 아 켐피스는 그저 편집자에 불과하다고 주장한다. 하지만 이러한 저작설에 관한 논증은 이 책에 담겨 있는 논조에 비추어 볼 때 그 중요성이 격감된다. "저자의 지식이 많든 적든 간에 그의 권위가 그대의 독서에 걸림돌이 되게 하지 말고, 오직 순수한 진리에 대한 사랑으로 독서를 하라. 누가 이러저러한 것을 말했는지에 유념하지 말고, 무엇이 말해지는지를 살펴라". 그렇다면, 이제는 "무엇이 말해지는지를"(p. 30) 살필 차례다.

이 책은 크게 네 권으로 구성되어 있다. 제1권은 영적인 삶을 위한 권면, 제2권은 내적인 삶에 관한 권면, 제3권은 내적인 위안에 관한 권면, 제4권은 성찬에 관한 권면을 다룬다. 그리고 이러한 제목 아래 114개의 짤막한 글들이 소개된다. 제3권부터는 그리스도와 제자들과의 대화 형식으로 글이 구성되는데, 이는 마치 토마스가 초보 수도사를 친히 권고하고 양육하는 듯하다. 이 책은 각 권과 그 아래 포함된 글들이 서로 독립적이거나 차별적으로 기술되지는 않는다. 다른 말로, 각 권은 서로 중첩되면서도 서로를 보완하며, 메시지가 갈수록 확장되는 경향도 보인다(물론 제4권은 성찬을 중점적으로 다루지만, 이 가르침 또한 1-3권이 지니는 흐름의 연장선에 놓여 있다). 따라서 각 권의 내용을 개별적으로 기술하기보다는, 본서가 전체적으로 강조하는 핵심 주제를 통합적으로 다루는 방식이 더 좋겠다.

이 책의 주제를 한 마디로 요약하면 "그리스도를 본받고 그분을 따르는 것"으로 그리스도의 삶과 사역에서 드러난 경건의 모양을 다각도로 조명한다. 그리고 우리가 참으로 그의 제자가 되기 원한다면(거의 문자 그대로) 그의 행실을 본받고 그를 모방해야 한다고 역설한다. 예수 그리스도의 삶은 마치 다이아몬드처럼 여러 면으로 구성되고 또 서로 연결되어 있는데, 이 책의 언어로 그 측면을 설명하자면 다음과 같다 : 겸손, 자기 부인, 고난, 순종, 하나님에 대한 사랑 등.

겸손이란 무엇인가? 자기 자신이 누구인지 진리의 빛 앞에 비춰 보는 것이며, 하나님과 사람 앞에서 자신을 낮추는 것이다. 겸손은 외형적인 의식과 행위로 정의되는 것이 아닌, 그리스도께서 앞서가신 고난의 길을 걸음으로써 형성되는 내면의 틀이다. 이러한 마음의 겸손은 지식을 추구하려는 경향과 육신의 정욕, 높아지고 영향력을 떨치고자 하는 은밀한 욕구를 거부한다. 누가 당신을 비난하고 모욕하는가? 그렇다면 기뻐하고 즐거워하라. 주님께서 그 일을 먼저 겪으셨다. 그런 대접을 받을수록, 당신의 교만한 자아는 공격받고 깨어질 것이며, 그리스도께서 걸어가셨던 겸손의 길에 더욱 깊이 들어설 것이다.

이렇듯 겸손과 자기 부인은 떼려야 뗄 수 없는 관계다. 예수님은 당신의 제자가 되는 길을 사람들에게 보여주셨는데, 그 길은 바로 "자기를 부인하고 자기 십자가를 지고" 가는 길이다(마 16:24). 이 길은 제자가 걸어가야 할 유일한 길이며, 이 길만이 생명의 길이다. 하지만 이 길에는 고난이 놓여 있다. 우리는 이 땅에 살면서 삶의 무게로 인해 고난받기도 하고, 그분의 이름을 위해 비난받기도 한다. 그러나 이런 상황에서 많은 이들은 그 고난에 대한 대가와 보상으로 사람들의 위로와 현세적인 만족을 구한다. 하지만 이 책은 그러한 위로를 거부하고 주님 안에서만 참된 위로와 평안을 얻으라고 권면한다. 바로 이러한 태도만이 우리의 시선을 땅의 것에서 하늘의 것으로 옮겨 주며, 하늘의 영원한 상급을 바라보고 소망하게 한다.

이러한 자기 부인과 고난의 삶은 또한 순종의 삶이기도 하다. 순종은 자신의 의견과 바람과 인간적인 소망을 거슬러 하나님의 뜻에 자신을 쳐 복종시키는 지난한 과정이다. 하지만 이 책은 단지 하나님께만 복종하도록 요구하는 것을 넘어, 주위사람들에게까지 복종하는 태도를 지녀야 한다고 역설한다. 우리의 생각과 의견이 아무리 뛰어나고 좋더라도 주님을 위해서 그 주장을 내려놓고 다른 이들의 의견을 따른다면, 그 자체로 하나님께서 기뻐 받으실 덕목이 된다고 강조한다.

결국 이러한 덕목의 궁극적인 목적은 하나님만을 사랑하고 그분을 의지하는 것이다. "지극히 자비롭고 다정하신 예수님, 내가 모든 피조물보다 먼저 당신을 의지하게 하시고, 모든 건강과 아름다움보다, 모든 영광과 영예보다, 모든 권력과 위엄보다, 모든 지식과 기술보다, 모든 부귀와 예술보다, 모든 쾌락과 기쁨보다, 모든 명예와 칭찬보다, 모든 감미로움과 위안보다, 모든 소망과 약속보다, 모든 공로와 욕망보다 당신을 더 의지하게 하소서"(p.152). 이 세상을 소유하되 하나님을 소유하지 않은 자는 모든 것을 잃은 자이며, 이 세상을 전부 잃었으나 하나님을 소유한 자는 모든 것을 소유한 자다. 깊은 묵상과 영적 성찰을 통해, 부단한 경건의 연습과 실천을 통해 우리는 하나님께 더 빨리, 더 깊게 나아갈 수 있다.

이 책은 마지막으로 성찬에 관한 권면으로 끝을 맺는다. 개신교인의 시각으로 봤을 때, 18개의 글로 구성되어 있는 성찬에 관한 가르침은 좀 과장되고 불필요하지 않나 생각할 수도 있다. 하지만 이것은 반대로, 우리의 신앙과 예배에 있어서 성찬이 얼마나 간과되어 왔으며, 성찬을 대하는 우리의 준비와 사모함이 얼마나 미약한지를 드러낸다. 토마스는 이 글을 통해 간절함과 사모함, 회개와 자기 성찰을 통해 그리스도의 몸과 피를 받아야 한다고 역설한다. 이것이 우리의 영적 생명과 하나님과의 친밀한 관계에 필수 불가결한 요소라고 말한다. 또한 이 성찬을 집례하는 성직자가 갖추어야 할 태도가 무엇인지도 덧붙인다.

그렇다면 우리는 어떠한 마음가짐과 기대를 가지고 이 책을 읽어야 할까? 이 책에서 우리는 무엇을 얻을 수 있을까? 어떤 사람은 이 책이 중세 가톨릭 수도사가 쓴 글이기에 개신교인인 우리를 향한 접점이 부족하다고 말하기도 한다. 그들의 주장이 전혀 근거 없지 않은 것은, 중세 가톨릭의 언어와 수도원적인 세계관의 흔적, 그 안에서만 발견할 수 있는 언어와 신앙 형태가 등장한다. 따라서 일부 판본은 이러한 흔적들을 제거하기 위해 본문을 수정하기도 했다. 하지만 본문의 이러한 한계를 극복하고 개신교적인 관점으로 재해석해서 받아들일 여지는 충분하다. 그 근거는 본서가 품고 있는 풍부한 성경적·개신교적인 시각 때문이다.

또한 가톨릭 수도사가 쓴 글임에도 불구하고 심지어 가톨릭 내에서도 비판의 목소리를 들어 왔다. 그 이유는 본서가 가톨릭의 교리를 명시적으로 담고 있지 않기 때문이다. 다른 말로, 가톨릭의 교리와 교조주의에 대한 강조에서 벗어나 신자가 따라야 할 경건의 모범을 성경적으로 풀어내고 있다. 또한 개신교 종교개혁자들이 비판의 대상으로 삼아 왔던 가톨릭의 오류 또한 탈피하려는 듯하다. 교황의 권위가 아닌 성경의 권위를 최우선으로 삼고 있거나(사실 교황에 대해 언급조차 하지 않는다), 세례와 성찬 이외의 어떤 성례전도 언급하지 않는 점이 그 예라 하겠다. 하지만 우리에게 더욱 매력적인 부분은, 본문이 수많은 성경 구절에 근거하여 저술되었다는 점이다. 학자마다 의견은 분분하지만, 대략 2, 3천 개의 성경 구절이 곳곳마다 적시되어 있다. 성경의 권위를 모든 권위 위에 두고 있는 개신교인으로서 이러한 시도는 칭송할 만하다.

본서는 또한 "입에는 달지만 배에는 쓴 책"(계 10:9 참조)이라고 할 수 있다. 먼저 우리는 이 책을 통해 '읽고 맛보는' 즐거움을 만끽할 수 있다. 삶에 지쳐 위로와 쉼과 방향성이 필요한 이들은 쉴 만한 물가로 인도받을 수 있다. 종교적인 감흥과 감동 또한 누릴 수 있다. 중세 경건 문학의 백미라고 불릴 만큼 문학적인 역량 또한 탁월하기에, 그 자체로 연구와 감탄의 대상이 될 수도 있다. 하지만 이와는 달리, 이 책의 가르침을 실제로 적용하는 일은 우리의 존재에 큰 아픔과 깨어짐을 가져올 것이다. 때로는 삶의 목적과 방향을 완전히 수정해야 할 만큼 커다란 격변을 요구받을 수도 있다.

다시 말해 본서의 가르침이 우리에게 익숙한 주제이긴 하지만 실제로 이 가르침에 따라 삶을 조정하는 이들은 적은 것이다. 우리는 겸손 대신 자랑과 자존감을, 자기 부인 대신 자기 증명과 자아 성취를, 고난 대신 기쁨과 편안함을, 순종 대신 자기주장과 독립심을, 하나님에 대한 사랑 대신 자기 사랑과 세상 사랑을 드높인다. 토마스의 표현을 빌리자면, "예수님의 하늘나라를 사랑하는 사람은 많지만, 그의 십자가를 지는 사람은 매우 적다. 예수님의 평안을 바라는 사람은 많지만, 그의 고난을 바라는 사람은 매우 적다. 예수님의 식탁에 함께 앉기를 원하는 사람은 많지만, 금욕을 함께하고자 하는 사람은 매우 적다. 예수님과 함께 기쁨을 누리고자 하는 사람은 매우 많지만, 그를 위해서 또한 그와 함께 기꺼이 고난을 견디고자 하는 사람은 별로 없다. 많은 사람들이 예수님을 따르며 그와 함께 떡을 떼고자 하지만, 그의 고난의 잔을 마시고자 하는 사람은 심히 적다. 많은 사람들이 예수님이 행하신 기적들을 기리지만, 그의 십자가의 치욕은 별로 따르고자 하지 않는다"(p.99). 이것이 사실이라면, 우리는 비록 이 책이 시대와 교파를 초월하여 모든 세대의 그리스도인에게 영적인 안내서가 되어 왔지만, 실제로 이 책을 따라 살려는 이들은 소수였고 앞으로도 그럴 것이라고 짐작해 볼 수 있다.

그렇다고 우리가 이 가르침을 외면할 수는 없다. 그리스도인은 모두 그분의 제자요(행 11:26), 그분의 제자는 그분을 본받는 자이기 때문이다. 그리스도인에게 이 외에 다른 길은 없다. 세상과 그리스도 모두를 추구하는 삶, 하나님과 재물을 겸하여 섬기는 삶(마 6:24)은 애당초 존재하지 않는다. 그리스도를 구주로 고백하는 많은 신자들은, 그 고백이 필연적으로 담고 있는 삶의 전환과 경건한 삶을 외면할 수 없다. 참된 생명의 길을 걷고자 분투하는 이들은, 이 책에서 자신이 나아가야 할 좁은 길의 성격과 그 길이 인도하는 궁극적인 소망을 발견하게 될 것이다. 이것이 이 책을 붙드는 자들이 얻을 값진 선물이다.

끝으로 이 책을 읽는 실제적인 방법을 소개하고자 한다. 먼저 배우고자 하는 마음으로 겸허하게 이 책을 대하라. 이 책의 상당 부분이 그리스도께서 자신의 제자에게 권면하는 형식으로 기술되어 있는 것처럼, 여러분 또한 주님의 발치에 앉아 그분의 권면을 들으라. 즉, 단순히 문자에 집중하기보다 그 문자에 담긴 그분의 음성에 귀 기울이라. 그리고 한꺼번에 많이 읽지 말고 매일 조금씩 읽으라. 단순히 지식을 얻는 데 집중하지 말고 묵상하는 마음으로, 기도하는 심정으로 이 책을 대하라. 읽다가 주님께서 감동을 주시는 부분이 있다면, 더 이상 진행하지 말고 멈추어서 그 내용을 기도로 옮기라. 그리고 그 내용을 거울로 삼아, 자신의 어긋난 모습을 발견하고 돌이켜 회개하라. 할 수만 있거든 혼자서 하지 말고, 경건한 믿음의 공동체와 함께 이 일을 시작하라. 여러분이 이 책을 열어 이러한 모험을 감행한다면, 세속적이고 방향을 잃어버린 이 세대 가운데 '그리스도의 복된 삶'을 살아 내는 그분의 제자로 견고히 서게 될 것이다.

목차

『그리스도를 본받아』를 읽기 전에   06

제1권 영적인 삶을 위한 권면   21

그리스도를 본받고 세상의 모든 헛된 것을 경멸함 ㅣ 자신을 하찮게 생각함 ㅣ 진리의 가르침 ㅣ 사려 깊게 행함 ㅣ 성경 읽기 ㅣ 무절제한 애정 ㅣ 헛된 소망과 교만을 피함 ㅣ 지나친 교제를 피함 ㅣ 순종과 복종 ㅣ 불필요한 말을 경계함 ㅣ 평안과 영적 진보를 위한 열심 ㅣ 역경이 주는 유익 ㅣ 시험에 저항함 ㅣ 성급한 판단을 피함 ㅣ 사랑 안에서 행함 ㅣ 타인의 허물을 감당함 ㅣ 은거 생활 ㅣ 거룩한 교부들의 모범 ㅣ 경건한 신앙인의 훈련 ㅣ 고독과 침묵을 사랑함 ㅣ 양심의 책망 ㅣ 인간의 비참함 ㅣ 죽음에 관한 묵상 ㅣ 죄인에 대한 징벌과 심판 ㅣ 열정을 다해 생활을 개선함

| 제2권 | 내적인 삶에 관한 권면 | 77 |

내적인 삶 ǀ 겸손한 복종 ǀ 선한 화평의 사람 ǀ 순수한 마음과 단순한 뜻 ǀ 자아 고찰 ǀ 선한 양심이 주는 기쁨 ǀ 예수님을 가장 사랑함 ǀ 예수님과의 친밀한 대화 ǀ 위안의 필요성 ǀ 하나님의 은총에 감사함 ǀ 주의 십자가를 사랑하는 사람이 적음 ǀ 거룩한 십자가라는 왕도

| 제3권 | 내적인 위안에 관한 권면 | 109 |

신실한 영혼에게 주시는 그리스도의 내적인 말씀 ǀ 소리 없이 내면에서 들리는 진리의 말씀 ǀ 하나님의 말씀을 겸손히 들음 ǀ 하나님 앞에서 진실과 겸손으로 살아감 ǀ 하나님 사랑의 놀라운 효과 ǀ 그리스도에 대한 참사랑의 증거 ǀ 겸손하게 은총을 숨김 ǀ 하나님 앞에서 자신을 낮춤 ǀ 만물의 최종 목적을 하나님께 둠 ǀ 세상을 경멸하고 하나님을 섬기는 복된 생활 ǀ 반성하고 절제해야 할 욕망 ǀ 인내를 얻고 정욕을 거부함 ǀ 그리스도의 본을 따른 겸손한 순종 ǀ 교만을 버리기 위해 하나님의 심판을 상고함 ǀ 바라는 것에 대해 가져야 할 태도 ǀ 하나님 안에서만 발견되는 참된 평안 ǀ 모든 염려를 하나님께 맡김 ǀ 그리스도의 본을 따라 현세의 고난을 인내함 ǀ 상처를 견디는 것과 참된 인내의 증거 ǀ 인간의 연약함

과 삶의 고난 | 선이나 은사보다 하나님을 의지함 | 하나님의 은혜를 기억함 | 마음의 평화를 가져다주는 네 가지 길 | 타인에 대한 헛된 호기심을 피함 | 마음의 확고한 평화와 참된 영적 진보의 비결 | 독서보다는 겸손한 기도로 얻는 마음의 자유 | 최고선의 성취를 방해하는 자기 사랑 | 비방하는 말 | 환난 때에 하나님을 부르고 찬양함 | 하나님의 도우심을 구하고 회복의 은총을 확신함 | 모든 피조물을 경멸하고 창조주를 찾음 | 자기를 부인하고 모든 욕망을 거부함 | 변덕스러운 마음과 하나님께로 향하는 의지 | 만물보다 감미로우신 하나님 | 이 세상에서 피할 수 없는 시험 | 인간의 헛된 판단 | 마음의 자유를 얻기 위해 자신을 포기함 | 외적인 일을 다스리고 위험 중에 하나님께 의지함 | 무슨 일이든지 조급해하지 않음 | 사람 안에는 자랑할 것과 선한 것이 없음 | 현세의 모든 영예를 경멸함 | 사람에게서는 얻을 수 없는 평안 | 세상의 헛된 지식 | 외적인 일에 신경 쓰지 않음 | 사람의 말을 신뢰하지 않음 | 비난 가운데 하나님을 신뢰함 | 영생을 위해 고난을 인내함 | 현세의 역경과 영원한 날 | 영생의 소망과 선한 싸움을 싸우는 자에게 약속된 상급 | 하나님의 손에 자신을 맡김 | 큰일을 할 수 없을 때 작은 일을 행함 | 자신을 위로보다 징계를 받을 자로 여김 | 세속적인 자에게는 주시지 않는 하나님의 은총 | 본성과 은총의 차이 | 본성의 부패와 하나님 은총의 효험 | 그리스도를 본받아 자신을 부인하고 십자가를 짐 | 잘못을 범했을 때 지나치게 낙심하지 않음 | 하나님의 은밀한 일과 심판을 파헤치지 않음 | 모든 소망과 신뢰를 하나님께만 둠

제4권 성찬에 관한 권면   237

큰 경외심을 가지고 그리스도를 받아들임 ㅣ 성찬 안에서 나타나는 하나님의 사랑과 선하심 ㅣ 성찬을 자주 행하는 것의 유익 ㅣ 성찬에 경건히 참여하는 자가 받는 은혜 ㅣ 성찬의 위엄과 사역자의 역할 ㅣ 성찬 전에 행할 영적인 수련에 관한 문의 ㅣ 양심을 살피고 삶을 개선하려는 의지 ㅣ 그리스도의 십자가 희생과 우리 자아의 포기 ㅣ 자신과 모든 소유를 하나님께 드리고 모든 이를 위해 기도함 ㅣ 성찬을 경솔하게 빠지지 않음 ㅣ 신자에게 필요한 그리스도의 몸과 성경 ㅣ 그리스도와 성찬의 교제를 나누기 위해 준비함 ㅣ 성찬에서 그리스도와 하나 되기를 열망함 ㅣ 그리스도의 몸을 받고자 하는 경건한 자의 열망 ㅣ 경건의 은총은 겸손과 자기 부인으로 얻음 ㅣ 우리의 궁핍함을 그리스도께 보이고 은총을 구함 ㅣ 열렬한 사랑과 그리스도를 받고자 하는 열망 ㅣ 성찬에 대한 호기심이 아닌 믿음으로 겸손히 그리스도를 따름

역자의 글   284

제1권

영적인 삶을 위한 권면

그리스도를 본받고
세상의 모든 헛된 것을 경멸함

"나를 따르는 자는 어둠에 다니지 아니할 것"이라고 주님은 말씀하셨다(요 8:12). 이는 그리스도의 말씀이며, 우리가 진정 깨우침을 받기 원하고 모든 마음의 무지에서 헤어나기를 원한다면 마땅히 그의 삶과 태도를 본받아야 한다는 사실을 가르쳐 주고 있다. 그러므로 우리는 예수 그리스도의 삶을 묵상하는 일에 심혈을 기울여야 한다.

그리스도의 가르침은 다른 어떤 이들의 가르침보다 뛰어나다. 그리고 성령을 소유한 자는 그 안에서 숨겨진 만나를 발견할 것이다. 그러나 실제로, 많은 사람들이 그리스도의 복음을 자주 들으면서도 변화받는 일은 아주 적은데, 이는 그들 안에 그리스도의 영이 없기 때문이다. 누구든지 그리스도의 말씀을 온전히 통감하며 이해하고자 한다면, 자신의 삶을 그리스도의 삶과 전적으로 일치시키려고 노력해야 한다.

그대가 삼위하나님에 관해 아무리 심오한 토론을 벌인다 할지라도 만약 그대에게 겸손함이 결여되어 있다면, 그래서 삼위하나님께 심려를 끼치고 있다면, 그 토론이 무슨 유익이 있겠는가? 분명히 말하지만, 고상한 말이 사람을 거룩하고 올바르게 만드는 것이 아니다. 오직 덕 있는 삶이 그를 하나님 앞에서 사랑스럽게 만든다. 나는 양심의 가책이라는 말의 정의를 이해하기보다는 가책감을 느끼는 편을 택하겠다.

만약 그대가 성경 전체를 마음으로 깨닫고 또 모든 철학자의 말을 알고 있다 할지라도, 하나님의 사랑이 없으면(고전 13:2) 또 은총이 없으면 그 모든 것이 무슨 유익이 되겠는가? 하나님께 대한 사랑과 그에 대한 봉사 외에는 헛되고 헛되며 모든 것이 헛되다(전 1:3). 세상을 경멸함으로써 하늘나라로 나아가는 것, 이것이 가장 높은 지혜다.

그러므로 썩어질 부를 추구하고 거기에 의지하는 것은 헛되다. 명예를 따르고 높은 지위에 오르려고 발버둥 치는 것 역시 허망하다. 육체의 소욕을 따르며, 장차 더 크고 비통한 처벌을 초래하게 될 것을 위해 수고하는 일은 허망하다. 오래 살기만을 바라고 제대로 사는 데에는 무관심한 것은 헛되다. 오직 현재의 삶만을 염려하고 장차 올 일을 예지하지 못하는 것은 헛되다. 속히 지나가 버리는 것만을 사랑하고 영원한 희락이 거하는 곳에는 서둘러 가려 하지 않는 일은 헛되고 헛되다.

"눈은 보아도 족함이 없고 귀는 들어도 가득 차지 아니하도다"(전 1:8)라는 말씀을 자주 되새겨라. 그러므로 그대의 마음을, 보이는 것에 대한 사랑에서 돌이켜 보이지 않는 것을 향하게 하라. 탐욕을 따르는 자는 양심을 더럽히고 하나님의 은총을 잃게 되기 때문이다.

자신을 하찮게 생각함

모든 인간은 본연적으로 지식을 추구한다(전 1:13). 그러나 하나님께 대한 경외심 없이 지식이 무슨 유익이 있겠는가? 분명히 말하지만, 자기 자신에 대해 소홀하고 단지 천기의 운행만을 파악하고자 애쓰는 교만한 철학자보다는 하나님을 섬기는 겸손한 농부가 훨씬 낫다.

자기 자신을 잘 아는 자는 스스로 겸손해지며, 사람들의 칭찬을 기뻐하지 않는다. 만약 내가 세상의 모든 것을 깨닫는다 할지라도 사랑이 없으면, 내 행위에 따라 판단하실 하나님 앞에서 날 도와줄 것이 그 무엇이겠는가?

무절제한 지식욕을 금하라. 그 안에는 혼란과 기만이 많기 때문이다. 박학다식한 자는 다른 사람에게 유식하고 지혜롭게 보이기를 즐겨 한다(고전 8:1). 아무리 잘 알아도 영혼에는 거의 소용없는 것이 많이 있다. 자신의 구원에 유익한 것은 제쳐두고 다른 것에만 몰두하는 자는 지극히 지혜롭지 못하다. 많은 말들은 영혼을 만족시키지 못하나, 선한 삶은 마음을 위로하고 순결한 양심은 하나님 앞에서 큰 담대함을 준다.

그대가 많이 알면 알수록, 잘 깨달으면 깨달을수록 그대의 삶이 그만큼 거룩해져야 할 것이다. 그렇지 않다면 그대는 준엄한 심판을 받게 될 것이다. 그러므로 예술이나 과학에 관해 어느 정도 안다고 해서 자긍하는 마음을 가지지 말고, 오히려 그 지식을 통해 스스로 더욱 겸허하고 조심스러워지도록 노력하라. 만약 그대가 무엇인가를 많이 알고 깨달았다고 여긴다면 이제 이것도 깨달아야 한다. 그대가 알지 못하는 것이 훨씬 더 많다는 사실을! 지나치게 현명한 듯이 남에게 보이지 말고, 오히려 자신의 무지를 인정하라(롬 12:16).

왜 그대는 다른 사람 앞에서 자신의 우월함을 과시하고자 하는가? 성경에는 그대보다 훨씬 더 박식하고 유능한 사람이 많지 않은가? 만약 그대가 유익한 어떤 것을 알거나 배우고자 한다면, 유명한 자가 되지 말고 사람들에게 작은 자로 여겨지기를 바라라.

가장 고상하고 유익한 독서는 자기 자신을 읽음으로써 참된 지식과 성찰을 얻는 것이다. 자기 자신은 아무것도 아니라고 여기고 다른 사람은 항상 고상하고 좋게 생각하는 것이 곧 위대한 지혜요 완전함이다.

다른 이들이 공공연히 죄를 짓고 흉악한 과오를 범하는 것을 목격할지라도, 그대는 자신이 그들보다 훌륭하다고 여기지 말라. 왜냐하면 그대가 얼마나 오랫동안 선한 상태를 유지할 수 있을지 알 수 없기 때문이다. 우리는 모두 연약하다(창 8:21). 그러나 그대는 어느 누구도 그대 자신보다 더 연약하다고 생각해서는 안 된다.

진리의 가르침

진리에 의해 가르침을 받는 자는 복이 있으니(시 94:12), 그것은 지나가 없어질 말이나 형태에 의해서가 아니라 진리 그 자체에 의해서일 때 그러하다.

우리 자신의 생각이나 감각은 종종 우리를 기만하기 때문에, 그것들로는 사물을 극히 조금밖에 분별하지 못한다. 어두움과 감춰진 것에 관해 아무리 많이 토론한다 한들 그것이 무슨 소용이 있겠는가?(전 3:9-11) 그것들을 모른다고 해서 심판 날에 크게 책망받을 것도 아닌데 말이다.

유익하고 필요한 것은 무시하고, 우리 마음을 신기하고 해로운 데에만 쏟는 것은 지극히 어리석다. 우리는 눈이 있어도 보지 못한다(시 115:5). 우리가 유개념(genus)이나 종개념(species) 따위의 말들과 무슨 상관이 있는가? 영원한 진리의 말씀을 듣는 자는 불필요한 개념의 세계에서 해방된다.

그 말씀에서 만물이 나왔으며, 만물이 그 말씀을 말하고 있다. 이 말씀이 곧 시작(태초)이시며, 우리에게도 또한 말씀하고 계신다. 그 말씀이 없는 자는 올바르게 깨닫지도 판단하지도 못한다. 만물이 하나인 사람 곧 만물을 하나로 환원시키며 하나 안에서 만물을 볼 수 있는 사람은, 평안한 마음을 가지며 하나님 안에서 화평을 누린다.

오! 진리이신 하나님, 내가 영원한 사랑 안에서 당신과 함께 있게 하소서. 많은 것을 읽고 듣는 일은 종종 내게 너무 지루합니다. 당신 안에는 내가 가지고자 하는 것과 바랄 수 있는 것이 모두 있습니다. 모든 학자를 잠잠하게 하시고 모든 피조물이 당신 앞에서 숨을 죽이게 하소서. 그리고 다만 당신만이 내게 말씀하소서.

내적으로 통일을 이루어 내면의 단순성을 가지게 되면 될수록, 그 사람은 어려움 없이 더 높고 더 많은 것들을 깨달을 수 있게 된다. 왜냐하면 그는 위로부터 지성의 빛을 받기 때문이다(마 11:25). 순결하고 신실하고 안정된 영은 비록 많은 일에 종사하기는 하나 결코 곤비하지 않는다.

왜냐하면 그 영은 무슨 일을 행하든 자신보다는 모두 하나님의 영광을 위해서 하며 내적으로 늘 평안하기 때문이다.

그대의 마음속에 있는 억제되지 않은 애증보다 그대를 더 들볶고 괴롭히는 것이 무엇이겠는가? 선하고 경건한 사람은 외부적으로 어떤 일을 행하기에 앞서 먼저 자신의 내부에서 그 일을 정돈하여 준비한다. 일들이 악한 경향의 열망에 따라 그를 이끌어가는 것이 아니라, 그 사람이 올바른 이성의 방향에 따라 일들을 조정한다. 자기 자신을 극복하려고 노력하는 자보다 더 큰 전투를 벌이는 자가 그 누구인가? 자기 자신을 정복하고 매일 더 강해지며 거룩함 안에서 더욱 성장하는 것, 이것이 우리가 마땅히 경주해야 하는 노력이다.

이 세상에서의 모든 완전함은 반드시 그 안에 약간의 불완전함을 포함하고 있다. 마찬가지로, 우리의 모든 지식도 반드시 무지를 담고 있다. 하나님께 나아가는 데 있어서 그대 자신에 대한 겸허한 깨달음이, 학식을 추구하는 깊은 연구보다 더 확실한 길이다. 그러나 학문을 비난해서는 안 되며, 어떤 것이든 그에 관한 지식을 혐오해서도 안 된다. 학문 그 자체는 선한 것이요 하나님께서 인정하신 바다. 그러나 선한 양심과 덕스러운 삶이 항상 그보다 앞서야 한다. 그런데 많은 사람들이 제대로 살기보다는 지식을 얻는 데 더 노력하기 때문에 종종 기만을 당하고, 어느 하나도 결실을 얻지 못하거나 지극히 미미한 이득만을 얻곤 한다.

아, 만약 사람들이 여러 질문을 제기하는 것만큼 열심히 악을 뿌리 뽑고 덕을 심는 데 노력했더라면, 해(害)도 훨씬 덜 받았을 것이요, 세상에는 추악한 소문도 없었을 것이며, 수도원 안에서 해이함도 적어졌을 것이다. 진실로, 심판 날에 우리는 무엇을 읽었느냐가 아니라 무엇을 행했느냐에 따라 추궁받을 것이요(마 25장), 얼마나 잘 말했느냐가 아니라 얼마나 덕스럽게 살았느냐에 따라 판단받을 것이다.

이제 말해 보라. 과거에 그대가 잘 알고 지내던 학자와 교사들은 지금 모두 어디에 있는가? 생전에 학문으로 이름을 떨치던 그들이었지만, 지금은 다른 사람들이 그들의 살림살이를 차지하고서 그들에 관해서는 거의 생각하지도 않고 있다. 생전에는 그들이 대단한 존재 같았지만 지금은 언급조차 되지 않는다.

아, 세상의 영광은 얼마나 속히 지나가 버리는가!(전 2:11) 진정 그들의 삶이 그들의 학식에 부응하는 것이었다면 얼마나 좋았을까. 그러면 그들의 연구와 독서가 훌륭한 성공을 거두는 것이었을 텐데. 얼마나 많은 사람들이 하나님을 섬기는 데는 관심이 없고, 이 세상의 헛된 학문만을 추구하다 멸망하고 마는가(딛 1:10). 그들은 겸손하기보다는 위대해지기를 바라기 때문에 헛된 망상에 빠지고 만다(롬 1:21).

사랑 안에서 위대한 자가 진정 위대한 자다. 스스로 작다고 여기고 영예의 높낮이에 관해 왈가왈부하지 않는 자가 진정 위대한 자다(마 18:4, 23:11). 그리스도를 얻기 위해 세상의 모든 것을 분토와 같이 여기는 자가 진정 지혜로운 자다(빌 3:8). 그리고 자신의 뜻을 버리고 하나님의 뜻을 행하는 자가 진정 지식 있는 자다.

사려 깊게 행함

우리는 아무 말이나 의견에 귀를 기울여서는 안 되며(요일 4:1), 인내와 조심성을 가지고 하나님의 뜻에 따라 사물을 숙고해야 한다. 그러나 우리는 연약하기 때문에 남들에 관해 선한 것보다는 악한 것을 더 자주 믿고 또 말한다. 완전한 사람은 남들이 말하는 모든 것을 쉽게 신뢰하지 않는다. 왜냐하면 인간은 연약하여 쉽게 악에 빠지고(창 8:21) 말에 실수가 많음을(약 3:2) 알기 때문이다.

달려가는 데 너무 성급한 것이나(잠 19:2), 자기 자신의 의견에서 한 발짝도 움직이지 않는 것은 둘 다 지혜가 아니다. 또한 자신이 들은 바를 모두 믿거나, 자신이 듣고 믿는 내용을 다른 사람에게 금방 전하는 것도 지혜가 아니다(잠 17:9).

그대 자신의 생각에 따라서만 행동하지 말고, 지혜롭고 신중한 사람을 찾아가 자문을 구하며 그대보다 훌륭한 이의 가르침을 찾도록 하라(잠 12:15).

선한 생활은 사람을 하나님 앞에서 지혜롭게 하며(잠 15:33) 많은 일에 있어서 경험을 부여한다(전 1:16). 스스로 더욱 겸손하고 하나님께 더욱 복종하라. 그리하면 모든 일에서 더욱 신중해질 것이며 더 큰 평화와 마음의 안정을 누릴 것이다.

성경 읽기

성경 안에서 찾아야 할 것은 뻔지르르한 말이 아니라 진리다. 성경의 각 부분은 그것을 기록한 영과 동일한 영으로써 읽어야 한다(롬 15:4). 우리는 성경 안에서 공교한 말주변보다는 영적인 유익을 찾고자 애써야 한다. 또 고상하고 심오한 책뿐 아니라 평이하고 신앙적인 책도 기꺼이 읽어야 한다.

저자의 지식이 많든 적든 간에 그의 권위가 그대의 독서에 걸림돌이 되게 하지 말고, 오직 순수한 진리에 대한 사랑으로 독서를 하라(고전 2:4). 누가 이러저러한 것을 말했는지에 유념하지 말고, 무엇이 말해지는지를 살펴라.

인간은 지나가 버리지만 주님의 진리는 영원히 거한다(시 117:2; 눅 21:33). 하나님께서는 사람을 차별하지 않으시고 여러 다른 방법으로 우리에게 말씀하신다(롬 2:11, 10:12). 인간적인 호기심 때문에 우리의 성경 읽기가 종종 방해를 받곤 하는데, 우리는 별 주의를 기울일 필요 없이 그냥 지나쳐도 되는 부분도 꼬치꼬치 따지고 토론하곤 한다.

만일 그대가 유익을 얻으려고 한다면, 박식하다는 명성을 탐하지 말고 다만 겸손함과 단순함과 신실함만을 가지고 성경을 읽어라. 모르는 부분은 기꺼이 문의하고, 성인들의 말에 조용히 귀 기울여라. 장로들의 비유를 싫어하지 말라. 그들이 공연히 말을 덧붙이고 있는 것이 아니다(잠 1:6; 전 12:9).

무절제한 애정

어떤 것을 무절제하게 갈망하는 자는 그 마음에 평안이 없다. 교만한 자와 탐욕스러운 자는 결코 쉼을 얻지 못하나, 심령이 가난하고 겸손한 자는 온전한 평화 가운데서 살아간다.

자기 자신에 대해 아직 완전히 죽지 않은 사람은 사소한 일에도 금방 요동하고 시험에 빠진다. 영이 연약하고 육적인 생활 방식에 젖어 감각적인 쾌락을 즐기는 사람은 세상 욕망에서 완전히 벗어나기가 어렵다. 따라서 그런 사람은 세상 욕망을 물리쳐야 할 때 종종 괴로워하며, 자기 자신을 거스르는 장애가 생길 때 쉽게 분노를 터뜨린다.

만약 그가 자신의 소욕을 따라 행동했을 경우, 그는 곧 양심의 가책을 받아 불안해지고 만다. 이는 그가 추구하는 평화를 얻는 데 아무 소용도 없는 자신의 욕정에 굴복했기 때문이다. 그러므로 참된 마음의 평정은 우리가 욕정에 순종할 때가 아니라 저항할 때 얻는다. 이와 같이 평화는 육적인 사람이나 외적인 것들에 홀딱 빠져 있는 사람의 마음에는 없으며, 오직 영적이며 경건한 사람에게만 있다.

헛된 소망과 교만을 피함

사람이나 피조물을 의지하는 자는 허망하다(렘 17:5). 예수 그리스도의 사랑으로 남을 섬길 때 이를 부끄러워하지 말며, 이 세상에서 가난하게 여겨지는 것 또한 부끄러워하지 말라. 자신에 대해 주제넘은 생각을 품지 말며 그대의 소망을 하나님께 두라(시 31:1).

그대 힘으로 할 수 있는 바를 행하라. 그리하면 하나님께서 그대의 선한 의도를 도와주실 것이다. 자신의 지혜를 의뢰하지 말며(렘 9:23), 다른 살아 있는 피조물의 간교함에도 의지하지 말라. 오직 하나님의 은총에 의지할 것이니, 하나님은 겸손한 자를 도우시고 교만한 자를 천하게 하시는 분이시다.

재물이 있다고 그 안에서 기뻐하지 말며, 권세 있는 친구를 두었다고 자랑하지 말라. 오직 만물을 주시며 무엇보다도 그분 자신을 그대에게 주기 원하시는 하나님 안에서 즐거워하라. 그대가 키가 크고 외모가 아름답다는 이유로 기뻐하지 말라. 신장과 외모는 작은 병에도 크게 상할 수 있다.

그대의 천부적인 재능이나 지성으로 인해 즐거워하지 말라. 혹시 이것으로 하나님을 노엽게 할 수도 있다. 그대가 본연적으로 지니고 있는 모든 선한 것이 다 하나님께 속한 것이다.

자신이 다른 사람보다 훌륭하다고 여기지 말라(출 3:11). 인간 안에 무엇이 있는지 다 아시는 하나님 앞에서 그대가 그들보다 더 낮게 간주될지도 모르기 때문이다.

어떤 일을 잘 행한다고 자랑하지 말라(욥 9:20). 하나님의 판단은 인간의 판단과 전혀 다르며, 사람을 즐겁게 하는 그것이 종종 하나님을 노엽게 하기도 한다.

그대 안에 어떤 선한 것이 있으면 다른 사람 안에는 더 많은 선한 것이 있다고 생각하라. 그럼으로써 그대 안에 겸허함을 유지할 수 있을 것이다. 자신을 모든 사람보다 낮춘다고 해롭게 되지는 않는다. 그러나 자신을 어느 한 사람에게라도 우월한 듯 과시할 때는 크게 해롭게 된다. 겸손한 자는 끊임없는 평화를 누리지만, 교만한 자의 마음에는 시기와 잦은 분노만이 있을 뿐이다.

지나친 교제를 피함

그대의 마음을 아무에게나 열어 보이지 말고, 그대의 문제는 지혜롭고 하나님을 경외하는 자와 의논하라(전 8:12). 젊은이나 낯선 자와는 너무 많은 대화를 하지 말라. 부자에게 아첨하지 말며, 영향력 있는 인물 앞에 애써 모습을 나타내려고 하지 말라.

겸손하고 단순한 자, 경건하고 덕 있는 자와 사귀며, 그들과 덕을 세우는 일에 관해 대화하라. 아무 여인과 가까이 사귀지 말며, 모든 현숙한 여인에 대해서는 하나님을 의지하라. 오직 하나님과 그의 천사들과 교제하기를 힘쓰고, 사람들과의 사귐은 멀리하라.

우리는 모든 사람을 사랑해야 하지만 모든 사람과의 교제는 권할 만하지 못하다. 우리가 알지 못하는 어떤 사람이 좋은 소문 덕분에 훌륭하게 여겨지다가도, 실제로 그가 우리 앞에 나타났을 때 실망을 주는 경우가 가끔 있다. 또한 우리는 때때로 다른 사람들을 즐겁게 하기 위해 그들과 동행했다가, 우리 안에 있는 나쁜 성질을 드러내 보임으로써 오히려 그들을 괴롭히는 경우가 있다.

순종과 복종

　우리가 자신의 재판장이 되지 않고 상급자 밑에서 순종하며 사는 것은 훌륭하다. 지배하는 것보다 순종하는 것이 훨씬 더 안전하다. 많은 사람들이 순종하며 살되, 사랑보다는 필요에 의해 그렇게 한다. 그러한 순종에는 만족감이 없고 쉽게 괴로움을 받는다. 누구든지 하나님의 사랑으로 기꺼이 진심으로 자신을 순종시키지 않으면 결코 마음의 자유를 얻을 수 없다. 그대가 원하는 곳으로만 가면 아무런 쉼을 얻지 못한다. 오직 상급자의 다스림 아래 겸손히 복종할 때 쉼을 얻는다. 장소에 대한 상상과 변화가 지금껏 많은 사람을 기만해 왔다.
　진실로 모든 사람이 자신의 취향에 맞는 일을 기꺼이 행하려 하고, 자기 마음에 드는 사람을 지극히 높이 평가하는 경향이 있다. 그러나 하나님이 우리 가운데 계시다면, 우리는 때때로 화평을 위해 자신의 견해에 대한 고집을 삼가야 한다. 만물을 완전히 다 알 만큼 현명한 사람이 과연 있을까? 그러므로 자신의 견해를 너무 확신하지 말고 다른 사람의 판단에도 기꺼이 귀를 기울여야 한다. 만약 당신의 생각이 훌륭함에도 불구하고 하나님을 위해 그 생각을 버리고 다른 사람의 의견을 따른다면, 이는 그대에게 더 훌륭한 일이 될 것이다.
　나는 훈계를 하는 것보다 훈계를 듣고 받는 편이 더 안전하다는 말을 종종 들었다. 각자의 의견이 모두 훌륭한 경우도 있다. 이때에는 이성이나 특별한 원인에 비추어 상대방에게 양보해야 하는데, 만일 이를 거부한다면 그것은 고의와 교만의 표징이다.

불필요한 말을 경계함

할 수 있는 한 세상의 번거로움을 떨쳐 버려라(마 5:1, 14:23; 요 6:15). 세상사에 관한 이야기는 비록 신실한 의도에서 나왔다 할지라도 큰 장애가 되기 때문이다. 우리는 쉽게 허영에 물들고 거기에 사로잡힌다. 말을 하고 나서 종종 나는 '평정을 지켰어야 하는데', '사람들과 함께 있지 말았어야 하는데' 하고 후회하곤 한다.

으레 양심의 상처를 받고 나서야 침묵의 상태로 돌아오면서, 왜 우리는 기를 쓰고 서로 말을 주고받으려 하는가?(마 7:1; 롬 2:1) 우리가 그렇게 말을 하려고 애쓰는 이유는 서로 대화함으로써 위로를 얻고 여러 생각으로 인해 곤비해진 마음을 달래고자 함이다. 우리는 자신이 가장 사랑하고 바라는 것들이나 가장 고생스럽게 느꼈던 것들을 주로 많이 생각하고 말한다. 그러나 그 일은 종종 헛되며 아무런 소용도 없다. 왜냐하면 외적인 위로는 내적인 하나님의 위로를 적잖게 손상시키기 때문이다. 그러므로 우리는 시간을 안일하게 보내지 않기 위해 깨어 기도해야 한다. 만약 말하는 것이 그대에게 적법하고 합당하다면 덕을 세우는 말을 하라.

악한 관습에 빠져 그대 자신의 선(善)을 소홀히 하면 지각없는 말을 함부로 하게 된다. 그러나 영적인 일에 관한 경건한 대화는 우리의 영적 성장에 큰 기여를 하는데, 특히 한 마음과 한 영을 지닌 사람들이 하나님 안에서 모여 대화할 때에 더욱 그러하다(행 1:14; 롬 15:5-6).

평안과 영적 진보를 위한 열심

만일 우리가 자신과 아무 관련 없는 다른 사람의 말과 행위에 바쁘게 관여하지만 않는다면, 훨씬 많은 평화를 누릴 수 있을 것이다. 자신의 생각에는 주의를 기울이지 않고 다른 사람의 걱정거리에나 끼어들며 바깥일에만 신경을 쓰는 사람이 어떻게 오랫동안 평안을 유지할 수 있겠는가? 한결같은 사람이 복이 있으니, 이는 그가 많은 평화를 누릴 것이기 때문이다.

어떤 성자들이 그렇게 온전하고 관조적이었던 이유가 과연 무엇인가? 이는 그들이 세속적인 모든 욕망을 완전히 끊고자 애썼기 때문이다. 그럼으로써 그들은 전심으로 하나님께 매달릴 수 있었고 자유롭게 영적 관조를 할 수 있었다.

우리는 자신의 욕정에 너무 많이 이끌리고, 지나가 버릴 것들에 너무 많이 유혹된다. 또한 우리는 어느 한 가지의 악도 완전히 극복하기 어려우며, 매일 더 선하게 성장하려는 열망에 사로잡히는 경우도 드물다. 따라서 우리는 미지근하거나 차가운 상태에 머무르고 만다. 만약 우리가 자신에 대해 완전히 죽고 더 이상 우리의 마음 안에서 갈팡질팡하지 않는다면, 우리는 신령한 것을 맛보고 천상의 관조를 경험할 수 있게 될 것이다.

가장 큰, 실제로 유일한 장애는 우리가 욕정과 욕망에서 헤어나지 못하고 있으며, 성자들이 앞서 걸어간 온전한 길로 나아가려는 노력도 하지 않는다는 점이다. 조그만 역경이라도 닥치면 우리는 너무나 빨리 곁길로 벗어나 인간의 위로를 구하러 달려간다. 만약 우리가 용기 있게 전쟁터에서 참고 견딘다면, 우리는 분명 하늘에서 오는 하나님의 은혜로운 도우심을 느끼게 될 것이다. 왜냐하면 우리에게 싸워야 할 역경을 주신 그분은 우리가 결국 승리를 얻도록 하기 위해 자신의 은총을 믿고 담대히 싸우는 자들을 도우실 만반의 준비를 하고 계시기 때문이다.

만약 우리의 신앙생활에서의 진보가 다만 외적인 율법 준수에 달려 있다고 여긴다면, 우리의 신앙심은 곧 끝장나고 말 것이다. 그러나 이제 도끼를 뿌리에 놓자. 모든 욕망에서 벗어남으로써 우리 영혼에 쉼을 안겨 주자. 만약 매년 하나씩 악을 뿌리 뽑아 낸다면, 우리는 곧 온전한 사람이 될 것이다. 그러나 우리는 처음 회심했을 때가 신앙생활을 여러 해 해온 지금보다 도리어 더 선하고 순수했다는 사실을 종종 깨닫게 된다. 우리의 열정과 진보는 매일 나아져야 한다. 그러나 지금은 사람이 과연 첫 열심의 일부나마 유지할 수 있느냐 하는 것이 큰 문제로 대두된다. 만약 우리가 처음에 조금이나마 자신에게 압력을 가했으면, 이후에 모든 일을 쉽고 즐겁게 처리할 수 있었을 것이다.

우리에게 익숙해진 일을 떨쳐 버리기는 쉽지 않다. 그러나 더 어려운 것은 우리 자신의 의지를 거스르는 일이다. 그러나 만약 그대가 작고 쉬운 일을 극복하지 못한다면, 어떻게 더 어려운 일을 극복할 수 있겠는가? 처음부터 그대의 욕망에 저항하고 악한 습관들을 버려라. 그렇지 않으면 조금씩 조금씩 그것들이 더 큰 난관을 몰고 올 것이다.

아, 만약 그대가 자신의 성결한 삶의 본이 자신에게 얼마나 큰 내적 평화를 안겨 주고 다른 사람들에게도 얼마나 큰 기쁨을 주는지 깨닫는다면, 자신의 영적인 진보에 대해 좀 더 세심한 주의를 기울이리라고 믿는다.

역경이 주는 유익

때때로 고난과 시련을 만나는 것은 좋다. 왜냐하면 그로 인해 사람들은 종종 자기 내부로 들어가서, 자신이 유배 상태에 있으며 세상 것은 아무것도 의뢰해서는 안 된다는 사실을 자각하기 때문이다.

때때로 우리의 의도대로 일이 진행되지 않아 선한 동기에서 행한 일이 다른 사람에게 나쁘게 혹은 부당하게 여겨지는 경우가 있는데, 이 역시 좋다. 이런 일들은 우리를 겸허하게 하고 헛된 영광으로부터 지켜 준다. 왜냐하면 그렇게 의도적으로 사람들에 의해 정죄받고 아무런 공로를 인정받지 못할 때, 우리는 주로 내적인 증거를 얻기 위해 하나님을 찾게 되기 때문이다. 그러므로 사람은 하나님께 전적으로 자신을 의뢰해야 하며, 인간의 여러 가지 위로를 구할 필요가 없다.

선한 사람이 악한 생각으로 인해 시험과 고난을 당할 때 그는 자신에게 하나님이 참으로 필요하다는 사실을 더 잘 깨닫게 되며, 하나님 없이는 선한 일을 하나도 행할 수 없음을 인식하게 된다. 또한 그는 자신이 당하는 참변으로 인해 슬퍼하고 탄식하며 기도할 것이다. 그러면 오래 사는 일도 싫어지고 다만 죽음이 임해 육체가 풀어지고 그리스도와 함께 거하기를 소원하게 된다. 그래서 그는 이 세상에서는 완전한 보장과 온전한 평화를 얻을 수 없음을 잘 깨닫게 된다.

시험에 저항함

우리가 이 세상에 사는 한, 환난과 시험을 벗어날 수는 없다. 욥기에 기록된 바와 같이 이 땅에 사는 인생에게 시험이 있다(욥 7:1, 개역개정에는 "시험" 대신 "힘든 노동"으로 표현되어 있다-역주). 그러므로 각자는 자기가 당한 시험에 세심한 주의를 기울이고 기도로 깨어 있어 마귀가 속임수를 쓸 기회를 주지 말아야 한다. 마귀는 결코 잠을 자지 않으며 자기가 삼킬 자를 찾아 헤맨다. 아무리 온전하고 거룩한 사람이라도 때때로 시험을 받는다. 그리고 우리는 시험이 전혀 없이 지낼 수는 없다.

그렇지만 시험은 종종 우리에게 유익을 가져다준다. 비록 고통스럽고 서럽지만, 시험 속에서 인간은 겸허해지고 정화되며 깨우침을 받는다. 모든 성자들은 많은 환난과 시험을 겪었으며 그를 통해 유익을 얻었다. 시험을 견디지 못한 자들은 타락해서 물러가 버렸다.

시험과 역경이 전혀 없을 정도로 거룩한 수도회나 비밀스러운 장소는 이 세상에 없다. 세상에 사는 한, 시험에서 완전히 벗어난 사람은 아무도 없다. 왜냐하면 우리 안에 악의 뿌리가 있고 우리는 악한 성향을 지닌 채 태어나기 때문이다. 하나의 환난이나 시험이 지나가면 또 다른 것이 온다. 우리에게는 끊임없이 고난이 다가오는데, 이는 우리가 타락해서 낙원에서 쫓겨났기 때문이다.

많은 사람들이 시험에서 도망치려 하다가 더 고통스러운 시험에 빠지곤 한다. 도피만으로는 시험을 이길 수 없으며, 오직 인내와 참된 겸손으로써 우리는 모든 대적보다 강해질 수 있다. 시험을 외부적으로만 피하고 그 뿌리를 근절하지 않는 사람은 거의 유익을 얻지 못한다. 시험은 조만간 다시 찾아올 것이며, 그때 상황은 이전보다 더 심하게 느껴질 것이다.

하나님의 도우심을 통한 인내로써 그대는 자신의 집요함과 완력으로 맞설 때보다 점점 더 쉽게 시험을 이겨 낼 수 있게 된다. 시험 중에 있을 때는 자주 조언을 구하고, 시험당하고 있는 사람을 퉁명스럽게 대하지 말라. 그에게 위안을 주되, 남이 나에게 해주기를 바라는 대로 하라.

모든 악한 시험의 시작은 마음의 변덕과 하나님께 대한 불신이다. 키가 없으면 배가 파도에 이리저리 떠밀려 다니듯이, 무기력하고 자신의 목표를 쉽게 바꾸는 사람은 여러모로 시험을 받게 된다.

불은 철을 연단하고 시험은 의인을 연단한다. 종종 우리는 자신이 무엇을 할 수 있는지 알지 못하나 시험을 통해 그것을 알게 된다. 그러나 우리는 경계를 해야 하는데 특히 시험의 초기에 더욱 그렇게 해야 한다.

왜냐하면 마귀가 첫 노크에 우리의 마음 문을 열고 들어오지 못하는 한, 우리는 훨씬 쉽게 물리칠 수 있기 때문이다. 그러므로 누군가 이렇게 말했다. "초기에 굳세게 싸워라. 때가 지나면 치료하기에 너무 늦기 때문이다."

처음에는 마음에 단순히 생각이 떠오르고, 다음에는 강한 공상이요, 뒤이어 쾌락과 악한 제의가 나오고 동의가 뒤따른다. 초기에 저항을 하지 않으면 우리의 악한 원수 마귀는 이렇게 조금씩 조금씩 우리 안에 침투하게 된다. 사람이 저항을 게을리하면 할수록 그는 내부적으로 매일 점점 약해지고 그를 대항하는 적은 점점 더 강해진다.

어떤 사람은 회심 직후에 크나큰 시험을 당하고, 어떤 사람은 오랜 후에 당한다. 또 어떤 사람은 일생토록 많은 고난을 당한다. 어떤 사람은 하나님께서 정하신 공평과 지혜에 따라 비교적 쉬운 시험을 당하기도 하는데, 하나님께서는 사람의 형편과 가치를 저울질해서 그 택하신 자가 잘 나아갈 수 있도록 모든 일을 마련하신다.

그러므로 우리는 시험당할 때 낙심하지 말고 더욱 열심히 하나님께 기도해야 한다. 그러면 하나님은 사도 바울의 말처럼, 시험당할 즈음에 또한 피할 길을 내셔서 우리로 능히 감당하게 하심으로써 모든 환난 중에서 우리를 도우실 것이다(고전 10:13). 또한 모든 환난과 시험을 당할 때 우리의 영혼을 겸손히 낮추어 하나님의 손 아래 엎드려야 한다. 그는 심령이 겸손한 자를 구원하시고 높이실 것이다.

사람이 시험과 고난을 당할 때, 그가 전에 얼마나 많은 유익을 쌓아 왔는지 드러나게 된다. 그리고 이를 통해 그의 상급은 더욱 커지며, 그의 은총은 더욱 환히 빛을 발하게 된다. 아무런 고난이 없을 때 경건과 열심을 유지하는 것은 그다지 굉장한 일은 아니다. 그러나 역경이 있을 때 이를 굳건히 인내하면, 은총 안에서 큰 진보를 이루는 소망이 있다.

어떤 이들은 큰 시험을 당하지 않도록 지켜지는데, 그들은 일상생활에서 일어나는 조그만 시험에도 종종 넘어지곤 한다. 이는 조그만 일에서조차 낭패했던 그들이 겸손하게 되어 큰 문제가 생길 때 주제넘게 나서지 못하도록 하시기 위해서다.

성급한 판단을 피함

그대의 눈을 자신에게로 돌리고, 다른 사람의 행위를 판단하지 말라 (마 7:1; 롬 15:1). 남을 판단하는 자는 헛되이 수고하나니, 그는 종종 실수하고 쉽게 죄에 빠진다(마 12:25). 그러나 자신을 판단하고 검토하는 자는 항상 그 수고의 열매를 풍성히 거둔다.

우리는 종종 사물에 대해 마음대로 상상하고 그에 따라 판단한다. 이기적인 사랑은 곧잘 우리가 참된 판단을 하지 못하게 만든다. 만약 하나님께서 항상 우리 욕망의 순수한 동기가 되신다면, 우리는 육적인 마음에 저항함으로써 쉽게 마음의 동요를 평정할 수 있을 것이다.

그러나 때때로 우리의 내부와 외부에서 미혹하는 것들이 일어나 우리를 잡아끌곤 한다. 많은 이들이 부지중에 자신의 행위 안에서 은밀히 이기적인 유익을 취하고자 한다. 그들은 모든 일이 자기네 뜻과 의견에 따라 이루어질 동안에는 마음의 평화를 누리며 잘 사는 것처럼 보인다. 그러나 일이 원하는 대로 이루어지지 않으면, 그들은 금방 마음의 동요를 일으키고 화를 낸다. 사람마다 의견과 판단이 다르기 때문에 친구들과 주민들 사이에 또는 성직자와 성도들 사이에 의견의 불화가 종종 일어난다(전 3:16).

오랜 관습은 쉽게 깨뜨릴 수 없으며(렘 13:23), 어느 누구도 자신이 볼 수 있는 경계 너머로 나아가기를 기꺼워하지 않는다. 만약 그대가 순종으로 이끄시는 예수 그리스도의 능력보다 자신의 이성과 성실에 더 의지한다면, 깨달음을 얻기 어려울 것이다. 왜냐하면 하나님께서는 우리가 그에게 온전히 순종할 때 비로소 그의 사랑의 불을 우리 마음에 지피시고, 우리가 인간 이성의 좁은 한계를 초월하도록 하실 것이기 때문이다.

사랑 안에서 행함

세속적인 일 때문에 혹은 인간적인 사랑 때문에 악행을 행해서는 안 된다(마 18:8). 그러나 궁핍에 처한 사람의 안녕을 위해 또는 더 나은 선을 위해 양심의 가책 없이 선행을 보류하는 경우는 가끔 있다. 이러한 경우에는 선행이 상실되는 것이 아니라 더 나은 선으로 바뀌는 것이다.

사랑이 없으면 외적인 사역은 아무 소용이 없다(눅 7:47; 고전 13:3). 그러나 사랑으로 행하는 것은 무엇이든 세상적으로 보기에 아무리 미미하고 보잘것없을지라도 온전한 열매를 거두게 된다. 왜냐하면 하나님께서는 사람이 얼마나 많은 일을 하느냐보다는 얼마나 많은 사랑을 가지고 일하느냐를 더 중요하게 여기시기 때문이다. 많은 사랑을 가진 자가 많은 일을 한다. 일을 잘하는 자가 많이 하는 자다. 자신의 뜻을 이루기 위해 일하기보다 공동체를 위해 일하는 자가 잘하는 자다(빌 2:17).

사랑처럼 보이지만 실제로 육신의 정욕인 경우가 종종 있다. 왜냐하면 본성적인 욕망, 자기 의지, 상급에 대한 희망, 이기적인 열망 등은 빠지는 경우가 거의 없기 때문이다.

진실하며 온전한 사랑을 지닌 사람은 자기의 것을 전혀 구하지 않는다(고전 13:5; 빌 2:21). 그는 모든 일에서 오직 하나님의 영광이 높이 드러나기를 열망한다. 그는 또한 아무도 시기하지 않는다. 왜냐하면 그는 사적인 유익을 구하지 않고, 결코 자신 안에서 기뻐하지 않으며, 오직 하나님의 즐거움 안에서 기뻐하기를 바라기 때문이다(시 17:15, 24:6). 그는 인간에게 필요한 재물을 얻기 위해 애쓰지 않으며, 만물의 원천이신 하나님께 전적으로 의지한다. 모든 성자들은 하나님을 궁극적으로 의지하고 그를 자기네 최고의 결실로 여겼다. 참 사랑의 불꽃을 한 점이라도 간직하고 있는 사람은 세상의 모든 것이 허영으로 가득 차 있음을 밝히 분별할 수 있을 것이다.

타인의 허물을 감당함

자기 안에 혹은 다른 사람들 안에 도저히 교정할 수 없는 어떤 것이 있을 때, 그는 잠자코 인내하면서 하나님이 다른 조치를 취하실 때까지 기다려야 한다. 어쩌면 그것이 그대의 연단과 인내를 위한 더 좋은 일이 될 수 있다고 생각하라. 인내와 연단 없이는 우리의 모든 선행이 온전히 인정받을 수 없다. 그러한 장애를 만났을 때 그대는 하나님께서 도와주셔서 장애를 무리 없이 감당할 수 있도록 기도하라(마 6:13; 눅 11:4).

만약 어떤 사람이 한두 번의 경고에 귀를 기울이지 않으면, 그와 논쟁하는 대신 모든 것을 하나님께 맡기되, 그의 뜻이 이루어지며(마 6:10) 악을 선으로 바꾸시는 그의 이름이 모든 주의 종들 가운데서 영광받으시도록 기도하라.

다른 사람들이 어떤 허물과 약점을 가지고 있든 간에, 참고 그것을 감당하기 위해 노력하라. 왜냐하면 그대 역시 다른 사람들이 감당해야 할 많은 약점들을 가지고 있기 때문이다(갈 6:1; 살전 5:14). 만약 그대가 자신을 자신이 원하는 모습으로 만들 수 없다면, 어떻게 다른 사람들을 자신이 원하는 모습으로 바꿀 수 있겠는가? 우리는 다른 사람들을 온전하게 만들려고 기꺼이 애쓰면서도, 우리 자신의 허물은 고치려고 하지 않는다. 우리는 다른 사람들을 호되게 야단쳐 뉘우치게 하지만, 자신은 야단치려고 하지 않는다. 다른 사람들이 제멋대로 하면 우리는 눈살을 찌푸리지만, 우리 자신의 욕망은 억제하려고 하지 않는다. 우리는 다른 사람들을 엄격한 법 아래 묶어 두려 하지만, 자신은 어디에도 속박되려고 하지 않는다. 이와 같이 우리는 이웃과 자신을 공평하게 대하는 경우가 매우 드물다. 만약 모든 사람이 한결같이 온전하다면, 우리가 하나님을 위해 이웃 때문에 고통받을 일이 무엇이 있겠는가?

그러나 이제 하나님은 우리가 서로 짐 지는 일을 배우도록 하시기 위해 이를 명하셨다(갈 6:2). 왜냐하면 허물이 없는 사람은 아무도 없기 때문이다. 짐 없는 사람이 없고 혼자 모든 짐을 처리할 만큼 충분한 힘과 지혜를 지닌 사람도 없다. 그러므로 우리는 서로 감당하며 서로 위로하고 돕고 가르치며 서로를 권면해야 한다(고전 12:25; 살전 5:14).

역경의 때는 각자의 덕과 힘이 얼마나 큰지를 발견할 수 있는 최상의 기회이다. 역경은 사람을 좌절시키는 것이 아니라, 그가 어떠한 사람인지를 드러내 준다.

은거 생활

만약 그대가 다른 사람들과 화합과 화평을 이루기 원한다면, 많은 일에서 자신의 의지를 꺾을 줄 알아야 한다(갈 6:1). 신앙 공동체 혹은 교회 안에 살면서 아무런 불평 없이 서로 대화하고, 죽을 때까지 그 안에서 신앙을 견고히 유지한다는 것은 결코 작은 일이 아니다(눅 16:10). 거기서 잘 살면서 행복한 임종을 맞는 이는 복되다고 하지 않을 수 없다.

만약 그대가 마땅히 그래야 하듯이 은총 안에서 믿음을 견고히 유지하고 그 안에서 자라기를 원한다면, 자신을 유배된 자요 이 땅에서 순례자로 여겨야 할 것이다(벧전 2:11). 만약 그대가 신앙생활을 온전히 유지하고자 한다면, 이 세상에서 그리스도를 위해 어리석은 자로 여겨지는 데 만족해야 한다.

수도복을 입고 머리를 깎는다고 해서 무조건 상급을 얻는 것은 아니다. 생활 태도가 변하고 욕망을 완전히 끊어야 진정한 신앙인이 되는 것이다. 하나님과 영혼의 구원 외에 다른 것을 구하는 자는 환난과 슬픔 외에는 아무것도 얻지 못할 것이다(전 1:17-18). 가장 작은 자가 되며 모든 사람의 종이 되려고 하지 않는 자는 오랫동안 화평을 누릴 수 없다.

그대가 온 것은 다스리려 함이 아니요 섬기려 함이다(마 20:26). 그대가 부름받은 이유는 빈둥거리면서 한담이나 하라는 것이 아니요, 고생하며 힘써 일하라는 것임을 명심하라. 그러므로 용광로에서 금을 연단하듯이, 여기서는 사람을 연단한다. 자신을 낮추어 전심으로 하나님을 사랑하지 않는 사람은 누구도 여기서 견딜 수가 없다.

거룩한 교부들의 모범

진정한 온전함과 신앙의 본을 보여준 거룩한 교부들의 삶을 기억하라(히 11장). 그러면 오늘날 우리의 삶이 얼마나 미미하고 보잘것없는지 알 수 있을 것이다. 오호라! 그들과 비교할 때 우리의 삶은 어떠한가! 성자들과 그리스도의 친구들은 굶주림과 목마름, 추위와 헐벗음, 노동과 피로, 경성과 금식, 기도와 경건한 묵상, 수많은 핍박과 환난 속에서 주를 섬겼다.

아, 얼마나 많은 비탄과 환난을 당하면서 사도들과 순교자들, 성자들과 동정녀들, 그 외 신앙인들이 그리스도의 발자취를 따르려고 분투했던가! 그들은 영생을 지키기 위해서 이 세상에서의 삶을 미워했던 것이다(요 12:25).

아, 저 거룩한 교부들은 광야에서 얼마나 엄격한 자기 부인의 삶을 살았던가!(마 7:14) 얼마나 오래 고통스러운 시험을 참았던가! 얼마나 자주 적의 공격을 당했던가! 얼마나 자주, 얼마나 뜨거운 기도를 하나님께 드렸던가! 얼마나 철저하게 금욕 생활을 했던가! 영적인 진보를 위해 얼마나 많은 열정과 관심을 쏟았던가! 욕정을 극복하기 위해 얼마나 처절하게 투쟁했던가! 하나님을 향해 얼마나 순수하고 강직한 의도를 유지했던가! 그들은 낮에는 노동을 했고 밤에는 끊임없는 기도를 드렸다. 물론 노동할 때에도 정신적인 기도를 그치지 않았다.

그들은 모든 시간을 유익하게 보냈으며, 하나님을 섬기기에 시간이 부족한 듯 보였다. 묵상 중에 느끼는 감미로움이 너무나 컸기에 그들은 식사하는 것마저 잊곤 했다. 그들은 모든 부귀와 권위, 명예, 친구와 친척을 버렸다(마 19:29). 그들은 세상에 속한 것은 하나도 가지기를 원하지 않았고, 생활 유지에 필요한 것들도 거의 취하지 않았다. 그들은 육체를 위해 할 수 없이 행하는 일조차 애석해했다. 그러므로 그들은 세상에서는 가난했지만, 은총과 덕에 있어서는 매우 부요했다. 외적으로는 지극히 굶주렸지만, 내적으로는 은총과 하나님의 위로로 배불러 있었다.

그들은 세상에서는 낯선 자였지만, 하나님께는 친밀한 친구였다(약 4:4). 그들은 스스로 보기에는 아무것도 아니요 당시 세상이 보기에도 미천한 자 같았으나, 하나님 눈에는 고귀하고 사랑스러운 자들이었다. 그들은 진정한 겸손으로 땅에 엎드렸으며, 단순한 순종의 생활을 하고 사랑과 인내로 행했다. 그래서 그들은 매일 영적인 유익을 얻었으며 하나님 앞에서 큰 은총을 입었다. 그들은 모든 신앙인의 본이 되었으니, 이제 우리는 미지근하게 살아가는 많은 사람들의 뒤를 따라 안이한 삶을 살지 말고, 거룩한 교부들에게서 자극을 받아 영적인 발전을 위해 더욱 분투해야 할 것이다.

아, 교회가 처음 시작될 때 그 모든 신앙인의 열심은 얼마나 뜨거웠던가! 기도의 열심은 얼마나 강했던가! 다른 사람들보다 더 덕스러워지려는 야심은 얼마나 컸던가! 그때 흥왕했던 규율은 얼마나 엄격했던가! 상급자의 지도 아래 그들은 모든 일에서 얼마나 잘 순종하고 그들을 존경했던가! 그들의 발자취는 여전히 남아 그들이 진정 거룩하고 온전한 사람들이었음을 증거하고 있다. 그들은 용감히 싸우면서 세상을 발아래 짓밟았다. 그런데 지금은 그저 규율을 범하지 않고 자기의 맡은 바를 참고 견뎌 나가기만 하면 위대한 자로 인정받는다.

아, 우리 시대의 미지근함과 나태함이여! 우리는 이렇게 빨리 옛 열정을 잃어버리고 말았으며, 영적인 나태와 미지근함으로 인해 우리 삶은 심히 권태로워졌다. 바라기는, 경건한 신앙인들의 많은 본을 자주 보아 온 그대에게서만은 덕 가운데서 자라 가고자 하는 열망이 완전히 잠들어 버리지 않기를 원하노라!

경건한 신앙인의 훈련

경건한 신앙인의 삶은 모든 덕으로써 아름답게 단장해야 한다(마 5:48). 남들이 볼 수 있는 겉모습뿐 아니라 내면의 모습 또한 그리해야 한다. 그리고 겉모습보다는 내면적인 모습이 더 나아야 한다. 왜냐하면 하나님께서 우리를 지켜보고 계시기 때문이다(시 33:13; 히 4:12-13). 우리는 자신이 어디에 있든지 하나님께 최고의 경배를 드려야 하며, 천사들처럼 그의 앞에서 정결하게 행해야 한다(시 15:2).

우리는 매일 오늘이 마치 우리의 회심 첫날인 것처럼 삶의 목표를 새롭게 하고, 더 큰 열정을 품도록 자신을 분발시켜야 한다. 그리고 이렇게 말해야 한다. "나의 하나님, 내가 당신을 섬기려는 선한 목표를 가지고 있으니 나를 도우소서. 오늘 이날을 온전히 새롭게 시작할 수 있게 하소서. 이는 내가 지금껏 해온 일은 아무것도 아니기 때문입니다."

우리의 목표에 따라 영적인 진보가 성공을 거두게 된다. 그리고 진보를 이루려면 부단히 노력해야 한다. 확고하게 목표를 잡아도 종종 실패하는데, 하물며 제대로 된 목표도 없이 미미한 결심으로 무엇을 할 수 있겠는가? 우리의 목표가 좌절되는 데는 많은 이유가 있을 수 있으나, 영적인 훈련을 소홀히 여겨 행하지 않을 때는 반드시 우리 영혼이 손해를 입게 된다.

의인들은 목표를 이루고자 할 때, 자신의 지혜에 의지하지 않고 하나님의 은혜에 의지한다. 그들은 무슨 일에 착수하든 늘 하나님을 의지한다. 인간이 계획을 세울지라도 이를 이루시는 이는 하나님이시다(잠

16:9). 인간의 길은 인간의 손아귀 안에 있는 것이 결코 아니다.

만약 늘 행하던 훈련을 어쩌다 기도나 구제 때문에 빠뜨린다면, 이는 후에 쉽게 회복할 수도 있다. 그러나 피곤함이나 부주의 때문에 소홀히 훈련을 빠뜨린다면, 이는 하나님께 대한 큰 잘못이요, 훗날 우리 자신에게 좋지 못한 결과를 초래할 것이다. 그렇지 않아도 여러 가지로 실패하기 쉬우므로 우리는 할 수 있는 한 최선을 다해야 한다(전 7:20).

영적인 훈련은 항상 일정한 경로를 따라 행해야 하는데, 특히 우리를 방해하는 나태함에 잘 대비해야 한다. 우리는 부지런히 자신의 내면과 외면을 모두 잘 살피고 조정해야 한다. 왜냐하면 경건의 진보에 있어서 내면과 외면 둘 다 매우 중요하기 때문이다. 만약 그대가 계속적으로 자신에 대해 성찰할 수 없다면, 얼마 동안이라도 하되 적어도 하루에 한 번 곧 아침이나 밤에 그렇게 하라. 아침에는 선한 목표를 굳게 세우고 밤에는 자신이 무엇을 했는지, 말과 행위와 생각이 어떠했는지 반성하라(신 4장). 이런 것들로 종종 그대가 하나님과 이웃을 훼방했을지도 모르기 때문이다.

마귀의 악한 공격에 맞서 대장부답게 담대히 허리를 동여라. 그대의 게걸스러운 식욕에 재갈을 물려라. 그리하면 육체의 모든 분방한 욕심 아래서 훨씬 잘 버틸 수 있을 것이다. 결코 빈둥거리지 말고 책을 읽거나 글을 쓰거나 기도나 묵상을 하며 공동의 유익을 위해 무엇인가 하도록 노력하라. 하지만 육체의 훈련이 사람마다 가려서 행해져야 하듯이, 영적인 훈련도 모든 사람에게 동일하게 행해져서는 안 된다.

특별한 훈련을 행하는 사람은 대중의 눈에 노출되어서는 안 된다. 개인적인 훈련은 집에서 하는 편이 훨씬 안전하다. 그럼에도 불구하고 그대는 개인적인 훈련 못지않게 모두에게 적용되는 일반적인 훈련도 게을리하지 말아야 한다. 그대가 마땅히 해야 할 모든 훈련을 기꺼이 온전하고 성실하게 마친 후에, 시간의 여유가 있으면 자신의 헌신적인 소원에 따라 개인 훈련을 쌓아라. 어느 한 가지 영적 훈련이 모든 사람에게 똑같이 적용될 수는 없다. 어떤 사람에게는 이 훈련이 더 유익하고 다른 사람에게는 저 훈련이 더 유익하다.

여러 가지 훈련들이 시기 적절하게 적용된다. 어떤 훈련은 노동하는 날에 잘 맞으며, 어떤 훈련은 휴일에 더 적합하다. 어떤 훈련은 시험의 때에 더 필요하며, 어떤 훈련은 평안한 때에 잘 맞는다. 어떤 훈련은 참회할 때 행해야 하고, 어떤 훈련은 주님 안에서 기뻐할 때 행해야 한다.

주요 절기에 즈음해서는 선한 훈련을 새롭게 가다듬고 기도를 더욱 간절히 드려야 한다. 절기와 절기 사이에는 우리가 곧 이 세상을 떠나 하늘나라의 영원한 잔치에 참여하러 가리라는 자세로 선한 결심을 해야 한다. 그러므로 우리는 세심하게 우리 자신을 준비함으로써 거룩한 절기들을 맞이해야 하며, 머지않아 하나님의 손에서 우리 수고에 대한 상급을 얻게 되리라는 자세로 더욱 경건하게 살고 우리가 지켜야 할 바를 더 엄격히 지켜 나가야 한다.

혹시 하늘나라에 가는 일이 지연된다면, 우리가 아직 충분히 준비되지 않았으며 마땅한 때에 우리에게 드러날 그 큰 영광을 누릴 자격이 부족하다 여기고(롬 7:18), 더욱 노력해서 우리의 죽음을 예비하자. 복음서 기자인 누가는 말했다. "주인이 이를 때에 그 종이 그렇게 하는 것을 보면 그 종은 복이 있으리로다. 내가 참으로 너희에게 이르노니 주인이 그 모든 소유를 그에게 맡기리라"(눅 12:43-44).

고독과 침묵을 사랑함

그대 혼자만이 누릴 수 있는 편리한 시간을 찾아, 자주 하나님의 자애로우심에 관해 묵상하라(전 3:1). 쓸데없는 독서에 시간을 허비하지 말라. 독서를 하려면 머리에 지식을 채우기보다는 마음에 가책을 줄 수 있는 책을 읽어라.

헛되이 수다를 떨고 빈둥빈둥 돌아다니며 허황된 소문에 귀 기울이는 것을 피하려면, 그대는 선한 일을 묵상하기에 충분한 여유를 찾아야 한다. 위대한 성자들은 사람들과의 교제를 피했으며(히 11:38), 될 수 있는 한 은밀한 중에서 하나님을 섬기고자 했다. 누군가 이렇게 말했다. "사람들과 자주 접촉하면 할수록 나는 이전에 비해 더 모자라는 인간이 되어 집에 돌아온다." 남들과 오래 이야기할 때 우리는 이 말이 사실임을 깨닫게 된다.

말을 한마디도 하지 않는 것보다 자기가 해야 할 말 이상의 말을 참고 하지 않는 편이 더 어렵다. 집에 혼자 남아 있는 것보다 밖에 나가서 자신을 잘 지키는 일이 훨씬 더 어렵다. 그러므로 좀 더 내적이며 영적인 신앙의 보화를 얻고자 하는 사람은 밀어닥치는 많은 무리를 떠나 예수님과 함께 한적한 곳으로 가야 할 것이다(마 5:1). 밖에 있으면 누구도 안전할 수 없다. 사람들의 눈을 피해 집 안에 머물 때 즐거이 안전을 누릴 수 있다. 말이 많은 사람은 안정될 수가 없다. 기꺼이 침묵을 지키는 자만이 안정될 수 있다(전 3:7).

남을 다스리는 자는 결코 안전할 수 없다. 오직 기꺼이 다스림을 받는 자만이 안전할 수 있다. 남에게 명령하는 자는 결코 안정될 수 없다. 곱게 순종하는 법을 배운 자만이 안정될 수 있다.

자기 안에 선한 양심의 증거를 가지고 있지 않는 한 어느 누구도 마음 놓고 즐거워할 수 없다. 성자들은 항상 하나님께 대한 온전한 경외를 자신들의 보장으로 삼았다. 그들은 내적으로 항상 겸손하고 자숙했는데, 이로써 외적으로는 은총과 크나큰 덕을 드러내 보였다. 그러나 악인들은 교만과 허세로 자기 보장을 삼으며, 결국에는 그것들로부터 기만을 당한다. 그대가 지금 비록 훌륭한 신앙인이요 경건한 은자처럼 여겨질지라도, 이 세상을 살 동안 결코 자신만만하지 말라.

사람들 가운데 지극히 훌륭한 평판을 가진 이들도 지나친 자신감 때문에 큰 위험에 빠지는 수가 종종 있다. 그러므로 많은 사람들에게 있어서, 전혀 시험을 받지 않는 것보다는 종종 시험당하는 편이 더 유리하다. 왜냐하면 너무 안전하기만 하면 교만에 빠지거나 세상 안락에 젖어 들기 쉽기 때문이다.

이 세상 일에 얽매이거나 잠깐 동안의 쾌락에 빠지지 않으려면 선한 양심을 굳게 지켜야 한다. 모든 헛된 근심을 끊고 오직 하나님에 관한 일만을 생각하며 영혼의 유익을 구하고 하나님께만 모든 신뢰를 두고자 한다면, 마음에 평안과 고요함을 깊이 간직해야 한다. 선한 양심의 가책

안에서 자신을 부지런히 훈련하지 않는 사람은 하늘의 위안을 받을 자격이 없다. 마음의 진정한 참회를 원한다면, "자리에 누워 심중에 말하고 잠잠할지어다"(시 4:4)라는 말씀대로 세상의 모든 소란에서 벗어나 그대의 은밀한 골방으로 들어가라. 골방에서 그대는 자신이 바깥에 있을 때 종종 잃어버렸던 것들을 되찾을 수 있을 것이다.

그대가 골방을 자주 찾으면 찾을수록 골방을 더 좋아하게 될 것이며, 덜 찾으면 찾을수록 그 방을 싫어하게 될 것이다. 만약 그대가 회심 초기에 골방에 들어가 있기를 좋아했다면 이를 계속 지켜라. 골방은 이후로 그대에게 사랑스러운 친구요 지극히 만족스러운 위안이 될 것이다.

침묵과 잠잠함 안에서 신앙적인 영혼은 스스로 발전하며 성경의 여러 비밀을 깨닫게 된다. 거기서 영혼은 눈물의 강을 발견하고 매일 밤 그 안에서 자신을 씻어 깨끗하게 한다(시 6:6). 그리하여 영혼은 세상의 온갖 요란함에서 멀리 벗어남으로써 창조주 하나님과 더욱 친밀해질 수 있다. 이와 같이 친구와 친척들에게서 자신을 멀리하는 사람은 하나님께서 거룩한 천사들을 통해 그분께로 가까이 이끄실 것이다. 세상에서 아무리 놀라운 일을 행한다 할지라도 자기의 영혼을 소홀히 여기는 사람은 홀로 살면서 자신을 돌보는 사람보다 나을 게 없다. 수도사가 외부에 나가 사람들을 만나고 또 사람들의 눈에 띄는 것은 권할 만하지 않다.

왜 그대는 그대가 가지기에 합당하지 않은 것들을 보고 싶어 하는가? 이 세상은 지나가 버리며 그 정욕도 그러하다. 우리의 감각적인 욕망은 우리로 하여금 밖으로 떠돌도록 유혹한다. 그러나 시간이 지나 그대가 집으로 돌아올 때면, 지친 마음과 양심의 부담 외에는 아무것도 가지고 오는 것이 없다. 즐거운 외출은 종종 우울한 귀가를 가져오며, 기쁜 저녁은 흔히 슬픈 아침을 맞게 한다(잠 14:13). 이처럼 모든 육적 쾌락은 부드럽게 들어오지만 결국 물어뜯고 쏘아 사람을 죽음에 이르게 한다. 그대가 여기서는 볼 수 없고 굳이 밖에 나가야만 볼 수 있는 것이 과연 무엇인가?(전 1:10) 하늘과 땅과 모든 원소들을 보라! 만물은 다 이 원소들로써 창조되지 않았는가!

그대는 태양 아래 어디서든 오래 지속되는 것을 본 적이 있는가? 그대는 혹시 완전한 만족을 얻을 수 있다고 여길지 모르나, 그런 것은 결코 얻을 수 없다. 그대는 현재 자신의 눈 앞에 있는 모든 것이 다만 헛된 착시에 불과하다는 사실을 모르는가?(전 3:2)

그대의 눈을 들어 지극히 높은 곳에 계신 하나님을 바라보고(시 121:1), 자신의 죄와 나태를 용서해 주시도록 기도하라. 헛된 일은 헛된 자들에게로 돌리고, 그대는 하나님께서 그대에게 명하신 일에만 정신을 쏟아라. 밖으로 향하는 그대의 방문은 닫고 그대가 사랑하는 예수님을 불러라(마 6:6). 예수님과 함께 그대의 골방에 머물라. 이는 그대가 다른 어느 곳에서도 그처럼 큰 평안을 찾을 수 없기 때문이다. 만약 그대가 밖으로 나가 한담에 귀를 기울이지만 않았다면, 마음의 행복한 평안을 더 잘 보전할 수 있었을 것이다. 그러나 때때로 그대가 허황된 이야기를 듣는 것을 즐겼으므로, 마음의 불편함을 겪는 것은 마땅하다.

양심의 책망

만약 그대가 경건의 진보를 이루기 원한다면, 끊임없이 하나님을 경외하고 지나친 자유는 구하지 말라(잠 19:23). 엄격한 훈련 아래 그대의 모든 감각을 제어하고, 어리석은 쾌락에 자신을 내주지 말라. 늘 양심의 책망을 받아라. 그리하면 이로써 더 큰 경건함을 얻게 될 것이다. 책망은 많은 유익으로 이끄는 길을 열어주나, 해이함은 멸망의 지름길이다. 만약 자신의 유배 상태를 완전히 파악하고 자기 영혼을 둘러싼 수많은 위험을 제대로 직시한다면, 그 누가 이 세상에서 온전히 즐거워할 수 있겠는가? 마음의 경박함과 실패에 대한 염려의 부족으로 인해, 우리는 우리 영혼의 진정한 슬픔에 대해 무감각해져서, 울어야 할 때에 종종 헛되이 웃곤 한다.

선한 양심과 하나님께 대한 경외심 없이는 참 자유나 올바른 기쁨이 결코 있을 수 없다. 모든 거슬리는 장애물들을 던져 버리고 경건한 자책이라는 한 가지 목표에 전력할 수 있는 사람은 복이 있다. 양심에 부담을 주거나 양심을 더럽히는 모든 것을 끊어 버릴 수 있는 사람은 복이 있다.

대장부답게 저항하라. 상반되는 두 가지 습관은 결코 공존할 수 없다. 만약 그대가 다른 사람의 일에 간섭하지 않는다면, 그들도 역시 그대의 일을 방해하지 않을 것이다. 다른 사람과 관련한 일에 분주히 나서지 말며, 상급자들의 문제에 공연히 끼어들지 말라. 먼저 그대 자신을 살펴보고, 특히 모든 사랑하는 친구들 앞에서 먼저 자신을 훈계하기를 힘써라.

그대가 인간의 호감을 얻지 못한다고 이를 슬퍼하지 말라(갈 1:10). 오직 그대가 하나님의 종이 되고 열렬한 신앙인이 되는 데 소홀히 하거나 부주의하지는 않았는지 마음으로 염려하라.

이 세상에서는 사람에게서 많은 위로를 받지 않는 편이 보다 더 나으며 종종 더 안전한데, 그 위로가 육신적인 것일 때는 더욱 그러하다(시 76:5). 우리가 하나님의 위로를 전혀 받지 못하거나 아주 조금밖에 맛보지 못한다면, 그 잘못은 우리에게 있다. 이는 우리가 마음의 책망을 구하지 않고 외적인 헛된 위안을 바랐기 때문이다.

그대는 하나님의 위로를 받을 자격이 없고 오히려 많은 환난을 당해 마땅하다는 사실을 명심하라. 온전한 참회를 하면, 이 세상이 서글프고 쓰디쓴 곳으로 여겨진다(삿 2:4, 20:26; 왕하 13장). 선한 사람은 애통하고 슬퍼할 충분한 이유를 발견한다. 자기 자신이나 이웃의 형편을 생각해 보면 현재 환난이 없이 사는 사람이 없다는 사실을 알기 때문이다. 사람은 자신을 온전히 직시하면 할수록 더 큰 슬픔을 가지게 된다. 우리의 죄와 사악함은 우리가 천상의 관조를 할 수 없게끔 우리를 얽어매기 때문에, 우리는 이로 인해 온전한 슬픔과 내적인 참회를 가지지 않을 수 없다.

그대가 오래 사는 것보다 자신의 죽음을 더 자주 생각한다면(전 7:1-2), 의심의 여지 없이 그대는 더욱더 열심히 자신의 계발을 위해 노력할 것이다. 또 만약 그대가 스스로 저 세상에서 당할 지옥의 고통을 곰곰이 생각한다면(마 25:41), 이 세상에서의 어떠한 노고나 슬픔도 기꺼이 견디고 지극히 엄격한 수련도 두려워하지 않을 것이다. 그러나 이러한 것들을 마음으로 실감하지 않고 여전히 유쾌한 일들만 좋아하기 때문에, 우리는 신앙적으로 차갑고 둔한 상태에 머무르고 만다.

우리의 불쌍한 육체가 쉽게 피곤해지는 것은 종종 영적인 힘의 결핍 때문이다. 그러므로 온전히 겸손하게 주님께 기도해서 가책의 영을 주시도록 간구하라. 선지자와 같이 이렇게 말하라. "주께서 그들에게 눈물의 양식을 먹이시며 많은 눈물을 마시게 하셨나이다"(시 80:5).

인간의 비참함

그대가 어디에 있든지 어디로 가든지 하나님께로 자신을 돌이키지 않는 한 비참함은 면할 수 없다. 왜 자신이 원하는 대로 일이 성사되지 않았다고 괴로워하는가? 자신의 소원대로 모든 일을 이룰 수 있는 자가 어디 있는가?(전 6:2) 나도 아니요, 그대도 아니요, 이 땅에 사는 어느 누구도 아니다. 왕이든 주교이든 환난과 갈등을 전혀 겪지 않는 사람은 이 세상에 아무도 없다. 그러면 최상의 환경에 처해 있는 사람은 누구인가? 그는 하나님을 위해 무엇인가 고난을 당할 수 있는 사람이다.

연약한 사람들은 흔히 이렇게 말한다. "보라, 저 사람은 얼마나 행복한 삶을 영위하는가!(눅 12:19) 그는 얼마나 부유하고 권력과 위엄이 넘치는 위대한 인물인가!" 그러나 눈을 들어 하늘나라의 부요함을 바라보라. 그리하면 이 세상의 모든 보화가 아무것도 아님을 알 것이다. 그 보화들은 매우 불안정하며 부담스럽다. 그것들을 소유하면 불안과 두려움이 끊이지 않기 때문이다. 인간의 행복은 일시적인 세상 재물을 많이 소유하는 데 있지 않다(잠 19:1). 재물은 적당히 있으면 충분하다.

사실, 이 땅에서 사는 것 그 자체가 비참함이다(욥 14:1; 전 1:17). 사람이 신령해지기를 갈망하면 할수록, 현세의 삶은 그에게 더욱 쓰디쓴 것이 된다. 왜냐하면 인간 타락의 허물들이 그에게 더욱 선명히, 더욱 절실히 드러나 보이기 때문이다. 먹고 마시는 것, 자고 깨는 것, 일하고 쉬는 것, 그 외 다른 본연적인 필요에 굴복하는 것은 모든 죄에서 기꺼이 해방되기를 바라는 신앙인에게는 의심의 여지 없이 크나큰 불행이요 고통이다. 이 세상에 살 동안 내적인 사람은 이러한 육신의 필요 때문에 압박을 당한다. 그래서 선지자는 그런 것들에서 자유로울 수 있게 해달라고 간절히 기도한다. "내 마음의 근심이 많사오니 나를 고난에서 끌어내소서"(시 25:17).

그러나 자신의 비참함을 알지 못하는 사람에게는 화가 있을 것이며, 이 비참하고 타락된 생활을 사랑하는 자에게는 더 큰 화가 있을 것이다(롬 8:22). 어떤 사람들은 세상을 너무나 사랑한 나머지, 비록 노동이나 구걸을 통해 근근이 필요한 것들을 얻지만, 만약 이 세상에서 항상 살 수만 있으면 하나님 나라에 대해서는 전혀 신경 쓰지 않으려 하기도 한다.

아, 이 세상에 깊이 빠져 육신적인 것 외에는 아무것도 즐기지 못하는 자들은 얼마나 무분별하고 마음에 불신이 가득한 자들인가(롬 8:5). 그러나 그들은 참으로 비참한 자들이니, 결국 자기네가 사랑한 것들이 얼마나 천하고 무가치한지를 대가를 치르고서야 깨닫게 될 것이다. 반면에 하나님의 성도와 모든 그리스도의 친구들은 육신을 즐겁게 하는 것과 이 세상에서 유행하는 것에는 조금도 관심을 두지 않고, 오직 온 소망과 성의를 다해 영원한 보화를 갈망했다(히 11:26; 벧전 1:4). 그들의 모든 열망은 영원하고 보이지 않는 것을 향해 위로 올려졌으며, 보이는 것에 대한 갈망이 결코 그들을 아래로 끌어내리지 못했다.

아, 형제들이여, 경건의 발전을 이루고자 하는 확신을 결코 잃지 말라. 시간은 아직 있으며 때가 다 지나지 않았다(롬 13:11; 히 10:35). 왜 그대의 선한 목표를 하루하루 미루고자 하는가? 지금 바로 일어나 시작하라. 그리고 말하라. "지금이 일할 때요, 지금이 노력할 때요, 지금이 나 자신을 교정할 때다." 그대가 불안하고 그대에게 많은 고민이 닥칠 때, 그때가 바로 축복의 때다.

안락한 곳에 이르려면 먼저 불과 물을 지나야 한다. 그대가 열심히 자신을 다그치지 않으면 결코 죄에 대해 승리할 수 없다. 우리가 연약한 육체를 지니고 있는 한, 결코 죄에서 완전히 벗어날 수 없고 피곤과 고통 없이 지낼 수 없다. 우리는 기꺼이 평안하고 모든 비참함에서 해방되고 싶어 하지만, 죄로 인해 순결함을 잃어버렸기 때문에 참된 행복 또한 상실하고 말았다(창 3:17; 롬 7:24). 그러므로 우리는 인내를 가지고 하나님의 자비를 바랄 수밖에 없게 되었는데, 그 기다림은 이 불법의 나날이 지나가고 죽음이 우리의 삶을 삼킬 때까지 계속된다(고후 5:4).

아, 인간의 연약함은 얼마나 큰가! 그로 인해 우리는 늘 악으로 치닫고 있다(창 6:5, 8:21). 그대는 오늘은 자신의 죄를 자복하고 내일은 방금 자복했던 바로 그 죄를 또 행하지 않는가. 지금 그대는 자신의 길을 잘 살피겠다고 결심하지만, 얼마 후에는 언제 그런 결심을 했느냐는 듯이 제멋대로 행동하기 시작한다. 우리는 자신을 겸손히 낮추겠다고 선한 목표를 세우지만, 결국은 자신을 크게 기만하고 만다. 이는 우리가 심히 연약하고 불안정하기 때문이다. 우리는 나태함으로 인해 덕을 금방 잃어버리곤 하지만, 우리가 많은 노력을 하고 하나님의 은혜가 함께하시면 얼마 동안은 근근이 덕을 유지할 수 있다.

우리가 그렇게도 빨리 미지근해지기 시작한다면 종국에는 어떻게 되겠는가! 아직 우리의 대화에 참된 거룩함의 표징이 보이지 않는데, 마치 모든 것을 안전하고 평안한 듯 여겨서 너무 빨리 긴장을 풀어 버린다면 우리에게 화가 있을 것이다. 만약 우리에게 앞으로 올바르게 변화되고 영적으로 더 큰 진보를 이루리라는 희망이 조금이라도 남아 있다면, 마치 젊은 초심자들처럼 선한 생활을 위한 새로운 가르침을 받을 필요가 절실할 것이다.

죽음에 관한 묵상

이 세상에서 그대의 삶은 곧 끝이 나리니(욥 9:25-26, 14:1-2; 눅 12:20; 히 9:27), 그대는 저 세상에서 어떤 일이 닥칠지를 생각하라. 사람은 오늘 있다가 내일 사라져 버린다. 그리고 눈앞에 보이지 않으면 마음에서도 곧 잊힌다. 아, 인간의 마음은 얼마나 우둔하고 완악한가! 그는 현재의 것만 생각하고 다가올 것에 대해서는 염려하지 않는다. 그대는 모든 일에서 마치 오늘 죽을 것처럼 행동하고 생각하라(마 25:13).

만약 그대가 선한 양심을 가지고 있다면 죽음을 크게 두려워하지 않을 것이다(눅 12:37). 죽음을 피하는 것보다 죄를 물리치는 편이 더 낫다. 만약 그대가 오늘 준비하고 있지 않다면 내일은 어찌 준비하겠는가?(마 24:44, 25:10) 내일은 불확실하니, 그대가 내일까지 살지 어찌 알겠는가?

우리의 행실이 별로 나아지지 않는다면 오래 산다고 해서 무슨 유익이 있겠는가! 오호라! 오래 살면 살수록 우리 삶은 나아지기보다는 오히려 죄가 더 커질 뿐이다. 아, 우리가 단 하루만이라도 이 세상에서 철저히 잘 살 수 있다면 얼마나 좋겠는가! 회심 이후 지금까지 얼마나 많은 날이 지났는지 계수하는 사람은 많지만, 자기 삶에 얼마나 많은 회개의 열매가 맺혔는지 계수하는 사람은 극히 적다.

만약 죽는 것을 끔찍하게 여긴다면, 오래 사는 것은 어쩌면 더 위험한 줄 알아야 한다. 항상 자기 죽음의 날을 눈앞에 그리며(전 7:1) 매일 죽음을 예비하는 사람은 복이 있다. 어느 때든지 다른 사람의 죽음을 보거든 그대 자신도 그와 같이 죽을 것이라고 생각하라(히 9:27). 아침이 오면, 밤이 되기 전에 자신이 죽을지도 모른다고 생각하라. 그리고 저녁이 되면, 내일 아침에 깨어날 수 있으리라고 장담하지 말라.

그러므로 항상 준비된 생활을 해서 결코 무심결에 죽음을 맞지 않도록 하라(눅 21:36). 많은 사람들이 전혀 예상하지 못한 때에 갑자기 죽음을 맞는다. 인자도 우리가 생각하지 못한 시간에 오실 것이다(마 24:44; 눅 12:40). 마지막 시간이 다가오면, 그대는 자신의 과거 삶에 대해 전혀 다른 견해를 가지기 시작할 것이요, 그렇게 소홀하고 태만하게 살아온 사실을 크게 후회하게 될 것이다.

아, 아직 살아 있는 동안 죽음의 날에 후회하지 않을 삶을 이루기 위해 노력하는 자는 얼마나 복되고 지혜로운가! 세상에 대한 완전한 경멸, 덕에서 앞서려는 뜨거운 열망, 훈련에 대한 사랑, 철저한 회개, 자발적인 순종, 자신에 대한 부인, 그리스도를 위한 핍박의 감수 등을 꾸준히 유지할 때, 우리는 기쁘게 죽음을 맞이하리라는 큰 확신을 가지게 될 것이다.

그대가 건강할 때는 많은 선을 행할 수 있으나, 병이 들면 무엇을 할 수 있을까? 병에 걸림으로써 더 선해지고 더 쇄신하는 경우는 거의 없다. 이와 마찬가지로, 밖으로 많이 떠돌아다니는 사람들이 이를 통해 더 거룩해지는 경우도 거의 없다.

친구나 친척을 의지하지 말며, 죽음이 임할 때까지 그대 영혼의 안녕에 대한 보살핌을 게을리하지 말라. 왜냐하면 사람들은 그대 생각보다 훨씬 더 빨리 그대를 잊어버릴 것이기 때문이다. 다른 사람들의 도움에 의지하기보다는 일찍부터 선행을 쌓으며 늦기 전에 자신을 돌보는 편이 훨씬 낫다(사 30:5, 31:1; 렘 17:5, 48:7; 마 6:20).

만약 그대가 지금 자신을 보살피지 않으면 죽은 후에 누가 그대를 보살피겠는가? 지금이 아주 귀중한 때다. 지금은 구원의 날이요, 은혜받을 만한 때다. 그런데 장래의 영생을 위해 힘써야 할 지금, 그대는 그렇게 빈둥빈둥 시간을 허비하는가! 머지않아 자기의 삶을 고쳐 잡을 수 있도록 하루 아니면 한 시간만이라도 여유를 달라고 애걸할 날이 이르리니, 그대의 소원이 허락될는지는 장담할 수 없다.

사랑하는 자여, 그대가 죽음을 두려워하고 걱정한다면 그대는 진정으로 크나큰 위험과 두려움에서 벗어날 가능성이 있다. 죽음의 때에 두려움보다 기쁨을 누리려면, 지금 두려워하며 살아가라. 그날에 그리스도와 함께 영원히 살려면 지금 세상에 대해 죽기를 힘써라(롬 6:8). 그리스도와 함께 자유롭게 살고자 한다면, 지금 세속적인 모든 것을 경멸하려고 하라(눅 14:33). 그날에 확고부동한 담대함을 가지려면, 지금 회개로써 그대의 육체를 채찍질하라(고전 9:27).

아, 단 하루도 기약할 수 없는 그대가 어떻게 오래 살 수 있다고 스스로 생각하는지 나는 모르겠다(눅 12:20). 얼마나 많은 사람들이 스스로를 속이다가 졸지에 사라져 버렸던가! 그대는 얼마나 자주 이러한 소식을 듣는가? "누구는 살해당했고 누구는 익사했으며, 어떤 이는 높은 곳에서 떨어져 목이 부러졌고, 어떤 이는 식사하다가 또 어떤 이는 놀다가 사망했다!" 어떤 이는 불에 타 죽고, 어떤 이는 칼에 혹은 전염병에 죽고, 또 어떤 이는 도둑에게 살해되기도 한다. 죽음은 모든 것의 끝이며, 인간의 삶은 그림자와 같이 갑자기 사라져 버린다(욥 14:2).

그대가 죽은 후에 누가 그대를 기억하겠으며, 누가 그대를 위해 기도하겠는가? 나의 사랑하는 자여, 지금 바로 그대가 할 수 있는 무엇이든 하라. 그대가 언제 죽을지 또 죽은 다음에 그대에게 어떤 일이 닥칠지 알지 못하기 때문이다. 아직 시간이 있을 동안 영원한 보화를 그대에게 쌓아 두라(마 6:20; 눅 12:33; 갈 6:8). 영혼의 구원만을 생각하고, 하나님의 것 외에는 어느 것에도 관심을 두지 말라. 하나님의 성자들을 높임으로써 그들을 친구로 삼고 그들의 행위를 본받아, 그대가 이 짧은 세상 삶을 마칠 때 그들이 그대를 영원한 처소로 인도하게 하라(눅 16:9; 히 11장).

그대는 자신을 이 땅에서 낯선 자요 순례자로 여기며(벧전 2:11), 세상 일과 아무 관련도 없는 자로 여겨라. 그대는 마음의 모든 얽매임을 벗어 버리고 오직 하나님만을 바라라. 이 세상에는 그대가 거할 도성이 없기 때문이다(히 13:14). 그대의 기도와 탄식을 매일 눈물과 함께 하늘로 올려 드려라. 그리하면 죽은 후에 그대의 영이 주님과 함께 큰 행복을 누릴 것이다. 아멘.

죄인에 대한 징벌과 심판

모든 일을 행할 때 근본적인 목적에 합당한 특정한 계획을 세우고, 엄격하신 대주재 앞에 어떻게 설 수 있을까 염려하라(히 10:31). 대주재 하나님께는 어느 것도 숨길 수 없으며 뇌물로 그를 누그러뜨릴 수 없고 어떤 핑계도 통하지 않으니, 그는 오직 공평과 정의로 심판하실 것이다.

아, 악하고 어리석은 죄인이여, 화난 인간의 안색을 때때로 두려워하는 그대가 그대의 모든 악함을 아시는 하나님께 무슨 대답을 하겠는가?(욥 9:2) 왜 그대는 심판의 날을 맞기 위해 스스로 준비하지 않는가?(눅 16:9) 그날에는 어느 누구도 다른 사람을 위해 대답하거나 변명할 수 없고 오직 자신만을 위해 할 것이다. 지금은 아직 그대의 고난이 유익을 줄 수 있으며, 그대의 눈물이 받아들여질 수 있고(고후 6:4), 핍박당하는 소리가 상달되며, 애통해함으로써 하나님의 분노를 줄이고, 그대 영혼을 정결하게 할 수 있다.

인내하는 자는 크고 온전한 영혼의 순결함을 얻게 된다(약 1:4). 이러한 자는 비록 상함을 입기는 하나, 자신의 잘못보다는 다른 이들의 악행을 더 슬퍼하고, 자기 원수들을 위해 기꺼이 기도하며, 그들의 잘못을 진심으로 용서하고(눅 23:34; 행 7:60), 자기가 누구에게 잘못을 행하든 그에게 지체 없이 사과한다. 또한 그는 화보다는 동정을 먼저 품고, 종종 스스로 거룩한 고행을 행하며, 육체가 영에 온전히 굴복하도록 만들고자 애쓴다. 이 세상에서 우리의 죄를 깨끗하게 하고 악을 제해 버리는 편이 죽은 후에 징벌을 당하는 것보다 훨씬 낫다. 참으로 육체에 대한 무절제한 사랑은 우리 자신을 속일 뿐이다.

지옥 불의 땔감은 무엇인가? 곧 그대의 죄가 아닌가! 지금 그대가 자신을 드리기 아까워하고 육신을 따르면 따를수록, 죽은 후의 형벌은 더욱 커질 것이며 그 불의 땔감은 더 많이 쌓이게 된다. 사람이 무슨 죄를 짓든 간에, 그에 상응해서 혹독한 징벌을 받을 것이다. 나태한 자는 거기서 뜨거운 꼬챙이에 꿰뚫릴 것이요, 탐식하는 자는 굶주림과 목마름으로 고초를 당할 것이다. 허영과 쾌락을 사랑하는 자는 거기서 끓는 역청과 악취 나는 유황불 가운데서 뒹굴게 될 것이요, 시기하는 자는 심한 고통으로 미친개처럼 울부짖을 것이다.

지옥에는 죄가 없고 다만 죄에 대한 형벌만이 있을 뿐이다. 교만한 자는 거기서 심한 혼돈에 사로잡힐 것이요, 탐욕스러운 자는 참혹한 궁핍에 몰릴 것이다. 거기서 당하는 한 시간의 고통은 여기서 천년 동안 행하는 가장 통렬한 참회보다 더욱 쓰라릴 것이다! 거기서 징벌당하는 자에게는 어떤 평안이나 위안도 없다(욥 40:12, 41장). 그러나 이 세상에서 우리는 잠시 노동을 쉴 틈도 있고 친구들의 위안을 얻을 수도 있다. 심판의 날에 복된 자들과 안전히 거하는 자리에 들어가기 원한다면, 지금 자신의 죄로 인해 슬퍼하고 걱정하라.

그날에 의인들은 자신들을 괴롭히고 억압하던 자들을 지극히 당당하게 마주할 것이다.

그날에는 지금 사람들의 판단에 겸손히 굴복하는 자가 그들을 판단하기 위해 설 것이다.

그날에는 가난하고 겸손한 자들은 크나큰 담대함을 얻을 것이요, 교만한 자들은 두려움으로 사방에서 욱여쌈을 당할 것이다.

그날에는 이 세상에서 그리스도를 위해 어리석고 비천하게 되었던 자들이 진정 현명한 자였다고 판명될 것이다. 불의의 입이 닫힐 그때에는 이 세상에서 참고 견뎠던 모든 고난이 우리를 즐겁게 할 것이다(시 107:42).

그날에는 경건한 자들은 기뻐 뛰놀 것이요, 불경한 자들은 애곡할 것이다.

그날에는 자기의 육체를 쳐서 복종시킨 자들이 모든 쾌락과 기쁨을 누렸던 자들보다 더 크게 즐거워할 것이다(고후 4:17).

그날에는 가난한 누더기가 영광스럽게 빛날 것이요, 값비싼 외투는 초라하고 한심하게 보일 것이다.

그날에는 금 칠한 궁궐보다 가난한 오두막이 더 웅장할 것이다.

그날에는 모든 세상 권세보다 한결같은 인내가 우리를 더 만족시켜

줄 것이다.

그날에는 모든 세상 지혜보다 단순한 순종이 더 칭송받을 것이다(사 29:19).

그날에는 심오한 철학 지식보다 선하고 맑은 양심이 사람을 더 즐겁게 할 것이다.

그날에는 재물에 대한 경멸이 세상의 모든 보화보다 더 큰 무게를 가질 것이다.

그날에 그대는 풍요롭게 누린 삶보다 간절하게 드린 기도로 인해 위안을 얻을 것이다.

그날에 그대는 자신이 행한 많은 말보다 침묵으로 인해 기쁨을 얻을 것이다.

그날에는 많은 웅변보다 선행이 더 유익할 것이다.

그날에는 세속적인 모든 오락보다 엄격한 생활과 준엄한 통회가 더 큰 즐거움이 될 것이다.

나중에 더 큰 고통에서 벗어나고자 한다면, 지금 작은 고통을 겪는 것을 익혀라. 저 세상에서도 그대가 지속될 수 있다는 사실을 먼저 이 세상에서 입증하라. 그처럼 작은 것을 견디지 못한다면, 어찌 그날에 영원한 고초를 견딜 수 있겠는가? 지금의 사소한 고통도 견디지 못한다면, 후에 지옥불은 어떻게 견디겠는가?

결코 그대가 두 개의 낙원을 다 소유할 수는 없다. 이 세상에서 쾌락을 누리고 후에 그리스도와 함께 왕 노릇 하는 것은 불가능하다. 그대가 지금까지 항상 명예와 쾌락을 누리며 살아왔다고 가정해 보자. 그러나 만약 그대가 지금 이 순간에 죽는다면 이 모든 것이 무슨 유익이 있겠는가?(눅 12:20) 그러므로 하나님을 사랑하고 오직 그에게 봉사하는 일 외에는 모든 것이 헛되고 헛되다(전 1:2).

전심으로 하나님을 사랑하는 자는 죽음이나 징벌이나 심판이나 지옥을 결코 두려워하지 않는다. 왜냐하면 온전한 사랑은 하나님께 나아갈 때 담대함을 주기 때문이다(롬 8:39). 그러나 죄를 즐기는 자는 죽음과 심판을 두려워하는 것이 당연하다. 사랑은 그대가 죄를 멀리하게 하지 못할지라도, 적어도 지옥의 공포만은 그대를 절제하게 만들 수 있다. 하나님을 두려워하지 않는 자는 결코 좋은 땅에서 오래 살 수 없고 마귀의 올무에 속히 빠지게 된다.

열정을 다해 생활을 개선함

깨어 부지런히 하나님을 섬기고(딤후 4:5), 그대가 왜 세속을 떠나 이곳에 왔는지 자주 상고하라. 그 이유는 하나님을 향해 살며 영적인 사람이 되기 위해서가 아니었던가? 그렇다면 앞으로 나아가기 위해 열심을 내라(마 5:48). 머지않아 그대의 수고에 대한 상급을 얻을 것이다. 그때에는 결코 그대에게 두려움과 슬픔이 없을 것이다(계 21:4, 22:3).

노동하라. 지금은 적은 노동일 뿐이지만, 후에는 크나큰 안식과 영원한 기쁨을 누릴 것이다. 만일 그대가 꾸준히 성실과 열심으로 선행에 힘쓴다면, 의심의 여지 없이 하나님께서도 신실하고 흔쾌히 그대에게 상급을 주실 것이다(마 25:23). 승리를 얻으리라는 선한 소망을 잃지 말라(롬 5:5). 그러나 너무 자신하지 말지니, 혹시 나태하거나 교만해질까 두려우니라.

두려움과 소망 사이를 자주 방황하는, 마음이 늘 불안한 사람이 한번은 고통에 억눌려 교회 제단 앞에 엎드려 기도하며 속으로 이렇게 말했다. '아, 내가 과연 믿음을 끝까지 유지할 수 있을지 없을지 알 수만 있다면!' 그러자 곧 그는 자기 안에서 다음과 같이 말씀하시는 하나님의 대답을 들었다. "네가 그것을 안다면 어떻게 하겠느냐? 너는 다만 네가 지금 해야 할 일만 하라. 그리하면 마음에 든든함을 얻을 것이다." 이 말씀으로 위안과 힘을 얻은 그는 전적으로 하나님의 뜻을 행하는 데 힘썼고, 걱정과 근심은 그에게서 그쳤다. 그는 무슨 일이 그에게 닥칠 것인지 알기 위해 더 이상 걱정하지 않았고, 다만 모든 선한 일을 시작하고 마치는 데 있어서 무엇이 온전하고 받아들여질 만한 하나님의 뜻인지 깨닫기 위해 노력했다(롬 12:2).

선지자는 말했다. "여호와를 의뢰하고 선을 행하라. 땅에 머무는 동안 그의 성실을 먹을거리로 삼을지어다"(시 37:3). 많은 사람들에게 영적인 진보를 저지하고 삶을 부지런히 개선하는 것을 가로막는 한 가지가 있으니, 곧 어려움에 대한 극심한 두려움이나 투쟁에 대한 수고스러움이다. 그러나 큰 고통과 역경을 이기기 위해 온 노력을 다하는 사람은 덕에 있어서 다른 사람들보다 더 큰 진보를 이룬다. 또한 자기 자신을 잘 극복하고 영으로 자신을 충분히 절제하는 사람은 더욱 생활이 개선되어 더 큰 은총을 얻게 된다.

모든 사람에게 극복하고 절제해야 하는 분량이 다 동일하지는 않다. 그러나 비록 괄괄한 성격이지만 부지런한 사람이, 좀 더 차분한 성격을 가지고 있으나 덕을 추구하는 데 열정이 적은 사람보다 덕에 있어서 더 많은 유익을 얻을 수 있다.

우리 삶의 개선을 특별히 크게 촉진시키는 두 가지가 있는데, 하나는 사악하게 우리의 본성을 유혹하는 모든 것에게서 우리 자신을 과감히 멀리하는 것이요, 또 하나는 우리가 간절히 바라는 덕을 얻기 위해 열심히 수고하는 것이다.

또한 그대를 불쾌하게 만드는 다른 사람들의 결점이 그대 자신 안에는 없는지 살피고, 이런 것들을 피하도록 부지런히 노력하라.

그대가 어디에 있든지 영혼에 유익이 되는 것을 놓치지 말라. 혹시 어떤 선한 본을 보거나 듣거든, 그 본을 따르려고 애써라. 그러나 만약 꾸중 들을 만한 것을 보거든, 그와 같은 일을 행하지 않도록 주의하라. 만약 어느 때든 그대 자신이 그런 일을 했거든, 즉시 시정하기 위해 노력하라. 그대의 눈이 다른 사람들을 관찰하듯이(마 7:3), 다른 사람들의 눈도 그대를 관찰하고 있다.

아, 형제들이 열심 있고 경건하며 올바른 예절과 훈련을 갖추고 있는 것을 볼 때 얼마나 흐뭇하고 기쁜가!(전 3:1; 고전 12:18; 엡 4:1, 16) 반대로 그들이 해이하고 무절제하며 부름받은 일에 게을리하는 것을 볼 때 얼마나 애석하고 서글픈가! 그들이 자신의 부르심에 대한 선한 목적을 무시하고 관심을 쏟아서는 안 되는 데에 몰두한다면, 이는 얼마나 해로운 일인가!

그대가 행한 고백을 명심하고, 그대의 구주께서 십자가에 못 박히신 사실을 영혼의 눈으로 늘 상기하라. 예수 그리스도의 삶을 돌아볼 때 그대는 마땅히 부끄러워해야 한다. 그대는 오랫동안 하나님의 길을 걸어왔지만, 예수님을 본받는 일에 아직 열정이 부족하기 때문이다. 우리 주님의 수난과 지극히 거룩한 삶을 따르기 위해 진지하고 열심히 수련을 쌓는 신앙인은 이를 통해 자신에게 필요하고 유익한 것들을 풍성히 얻을 것이다. 예수님보다 더 좋은 것은 아무리 찾아도 찾을 수 없을 것이다. 아, 십자가에 못 박히신 예수님께서 우리 마음에 오시기만 한다면(갈 2:20, 6:14), 우리는 얼마나 빠르고 또 온전하게 모든 진리 안에서 가르침을 받을 수 있을 것인가!

열심 있는 신앙인은 자신에게 부과된 모든 것을 잘 감당한다. 그러나 나태하고 차가운 자는 고난 위에 고난을 당하며 사방으로 고초를 당하리니, 이는 그가 내적인 위안을 가지고 있지 못하며 외적인 위로를 찾고자 하나 얻지 못하기 때문이다. 훈련에 따라 살지 못하는 신앙인은 영혼이 황폐해지는 크나큰 불행을 당하게 된다. 자유와 안일을 추구하는 자는 평생 고민 속에서 살게 되리니, 이는 어느 하나도 그를 만족시킬 수 없기 때문이다.

아, 우리의 입과 온 마음으로 항상 우리 주 하나님께 찬양만 하고 살 수 있다면 얼마나 좋겠는가! 아, 그대가 만약 먹거나 마시거나 잠자지 않고 항상 하나님을 찬양하고 영적인 수련을 쌓는 데만 전력할 수 있다면 얼마나 좋겠는가! 그러면 그대는 육체의 부양에 필요한 많은 것들에 얽매여 있는 현재보다 훨씬 더 행복할 수 있을 것이다. 바라기는 이러한 기본적인 필요들이 전혀 없이, 우리가 별로 맛보지 못하고 있는 영혼의 영적 묵상만 할 수 있다면 얼마나 좋겠는가! 그러나 애석하게도 그것은 힘들다.

사람이 어떤 피조물에게서도 위안을 구하지 않는 경지에 이르면, 온전히 하나님 안에서 기쁨을 찾기 시작한다. 그리하면 이 세상에서 어떤 일이 닥칠지라도 그는 만족할 것이다. 그리하면 그는 작은 일에 슬퍼하지 않고 큰일에도 즐거워하지 않으며 오직 하나님께만 온전히 의탁하리니, 하나님은 그에게 모든 것이 되실 것이다 (롬 11:36; 고전 8:6, 12:6, 15:28). 하나님께 대해서는 어느 것도 죽거나 파멸되지 않으며, 늘 살아 있어 지체 없이 그를 섬긴다.

항상 그대의 종말을 기억하고, 지나간 시간은 다시 돌아올 수 없음을 상기하라. 신중함과 근면 없이는 결코 덕이 자랄 수 없다. 만약 그대가 차가워지기 시작한다면(계 3:16) 그대에게 악이 임하게 될 것이다. 그러나 만약 스스로 영적인 열정을 되찾는다면, 하나님의 은총과 덕스러운 사랑 덕분에 노고를 훨씬 덜 느끼고 대신 큰 평화를 얻을 것이다. 열정적이고 부지런한 사람은 어떤 일에든 만반의 준비가 되어 있다.

육체노동으로 땀 흘리는 것보다 악과 정욕에 저항하는 편이 더 어렵다. 작은 잘못을 피하지 않는 자는 차츰차츰 더 큰 잘못에 빠지게 된다. 그대가 낮을 유익하게 보내면 저녁에 항상 즐거울 것이다. 자신을 항상 주의 깊게 살피고 해이해지지 않도록 북돋우며 스스로를 경계하고, 다른 사람이 무엇을 하든 상관하지 말고 자신에 대해 관심을 쏟아라. 자신의 몸에 거룩한 징계를 가하면 가할수록 더 큰 영적 진보를 얻을 것이다. 아멘.

제2권

내적인 삶에 관한 권면

내적인 삶

"하나님의 나라는 너희 안에 있느니라"(눅 17:21)라고 주님은 말씀하셨다. 온 마음으로 주님께 돌이키고(욜 2:12) 이 악한 세상을 버려라. 그리하면 그대의 영혼이 쉼을 얻을 것이다. 외적인 일을 경멸하고 내적인 일에 몰두하기를 배워라. 그리하면 그대 안에 있는 하나님의 나라를 볼 것이다. "하나님의 나라는……오직 성령 안에 있는 의와 평강과 희락이"니(롬 14:17), 거룩하지 못한 자는 그 나라를 얻을 수 없다.

만약 그대가 자신 안에 그리스도께서 거하실 만한 거처를 마련한다면, 그가 그대 안에 오셔서 위안을 주실 것이다. 그분의 모든 영광과 아름다움은 모두 그대 안에서부터 오나니(시 45:13), 거기에 그의 희락이 있다. 그는 종종 내적인 사람을 찾아오셔서 달콤한 대화를 나누시고, 흐뭇한 위안과 많은 평강, 넘치도록 놀라운 친교를 허락하신다.

아, 신실한 영혼이여, 이 신랑을 맞이하기 위해 그대 마음을 예비해서, 약속하신 대로 그대에게 오셔서 함께 거하시게 하라. 그는 이렇게 말씀하셨다. "사람이 나를 사랑하면 내 말을 지키리니……우리가 그에게 가서 거처를 그와 함께하리라"(요 14:23). 그러므로 그리스도는 모셔 들이되 다른 모든 것들은 절대 받아들이지 말라. 그대가 그리스도를 소유하면 부요해지고 풍족해진다. 그는 모든 일에 있어서 그대의 신실하시며 섭리하시는 구조자가 되시리니, 그대는 더 이상 인간을 의지할 필요가 없을 것이다. 인간은 자주 변하고 쉽게 실패하지만, 그리스도는 영원토록 동일하시며(요 12:34) 끝까지 우리 곁에 굳건히 서 계신다. 인간은 모두 연약하고 죽을 수밖에 없으니, 우리에게 아무리 유익하고 사랑스럽다 해도 결코 신뢰하지 말며(렘 17:5), 때때로 우리를 괴롭히고 반대한다 할지라도 크게 슬퍼하지 말아야 한다. 사람들은 오늘 그대 편에 섰다가 내일 그대의 적이 될 수 있으며, 종종 바람처럼 빙빙 돌기도 한다.

하나님을 전적으로 의지하고(벧전 5:7), 주님이 그대의 두려움이요 사랑이 되시게 하라. 그리하면 주께서 그대에게 응답하시며 가장 좋은 것으로 그대에게 주실 것이다. 그대는 이 땅에 거처할 도성이 없으니(히 13:14), 어디에 있든지 그대는 낯선 자요 순례자다. 그러므로 그리스도와 내적으로 온전히 결합되지 않는 한 결코 쉼을 얻지 못할 것이다. 이곳은 그대가 쉴 곳이 아닌데 왜 그대는 여기서 두리번거리고 있는가? 하늘에 그대의 집이 있으니(빌 3:20), 세상 모든 것은 지나가 버릴 것으로 여겨야 한다. 모든 것은 사라지며, 그대 역시 그들과 함께 사라질 것이다. 사라져 버릴 것들에 연연하지 말지니, 혹시 그대도 거기에 사로잡혀 함께 멸망할까 두려우니라. 그대는 항상 지존자를 생각하고, 그리스도께 끊임없이 긍휼을 구하는 기도를 드려라.

만약 그대가 하늘의 높은 것들을 묵상하기 어렵거든, 그리스도의 수난을 생각하고 그의 성흔 안에 기꺼이 거하라. 만약 그대가 그리스도의 상하심과 고귀한 성흔을 신실히 묵상한다면, 그대는 환난 중에서 큰 위안을 얻을 것이요, 사람들의 경멸에 조금도 신경 쓰지 않고 비난의 말을 쉽게 감당할 수 있을 것이다. 그리스도께서도 이 세상에 계실 때 사람들에게 멸시를 받으셨으며 크나큰 궁핍을 겪으셨고, 친척과 친구들에게 버림을 받으시고 중상모략을 당하셨다 (마 12:24, 16:21; 요 15:20).

그리스도께서 기꺼이 고난과 멸시를 감당하셨는데, 그대가 감히 사람들 때문에 불평하려고 하는가? 그리스도께서도 반대자와 배신자들이 있었는데, 그대는 모든 사람이 그대의 친구요 은인이 되기를 바라는가? 만약 그대에게 아무런 역경도 임하지 않는다면, 어찌 그대가 인내의 면류관을 얻을 수 있겠는가?(딤후 2:5) 만약 그대가 어떤 역경도 기꺼이 참고 견디려 하지 않는다면, 어떻게 그리스도의 친구가 될 수 있겠는가? 그리스도와 함께 또 그리스도를 위해 고난을 참아라. 그리하면 그리스도와 함께 왕 노릇 할 수 있을 것이다.

만약 그대가 단 한 번이라도 주 예수님의 내적인 생활로 온전히 들어가서 그의 뜨거운 사랑을 조금이라도 맛보았다면, 자신의 편함과 불편함을 전혀 상관하지 않으며, 다른 사람들이 그대에게 던지는 비방에 대해 오히려 즐거워했을 것이다. 왜냐하면 예수님의 사랑은 사람이 자신을 경멸하게 만들기 때문이다. 예수님과 진리를 사랑하고 무분별한 애정에서 벗어난 참된 내적 그리스도인은 아무런 어려움 없이 자신을 하나님께로 돌이키고, 영적으로 자신을 초월하며, 기쁨 안에서 평안한 상태를 유지할 수 있다.

사람들의 말이나 겉모습으로 사물을 판단하지 않고 있는 그대로 만물을 판단하는 자는 진실로 지혜로운 자요, 사람에 의해서가 아닌 하나님에 의해 가르침을 받는 자다(사 54:13). 외적인 것에 별로 가치를 두지 않고 내적인 삶을 살 수 있는 사람은 신앙의 수련을 쌓는 데 장소나 시간에 구애받지 않는다. 영적인 사람은 곧 자신을 가라앉히며 냉정을 되찾는데, 이는 그가 결코 외적인 일에 자신을 전부 내쏟지 않기 때문이다. 그는 생계를 꾸려 나가는 데 필요한 노동이나 사업에 구애받지 않고, 형편이 진행되는 데 따라 거기에 자신을 순응시킨다. 내적으로 잘 정돈되고 가라앉은 사람은 다른 사람들의 이상하고 왜곡된 행위에 신경을 쓰지 않는다. 외적인 일에 관심을 쏟는 사람은 마음이 혼란하고 괴로움을 받는다.

그대가 권면을 잘 받아들이고 죄에서 정결해진다면, 모든 일이 그대의 유익과 진보를 위해 이루어져 갈 것이다(롬 8:28). 그러나 그대가 아직 자신에 대해 온전히 죽지 못하고 세상 것들과 관계를 끊지 못하고 있기 때문에, 많은 일들이 불편하고 그대에게 종종 괴로움을 준다. 피조물에 대한 불순한 사랑만큼 사람의 마음을 더럽히고 혼잡스럽게 하는 것은 없다. 만약 그대가 외적인 위안을 거부하면 하늘의 것들을 관조할 수 있을 것이요, 종종 내적인 희락을 얻을 것이다.

겸손한 복종

누가 그대를 편들고 누가 그대를 반대하는지에 대해 너무 많이 생각하지 말라(롬 8:31; 고전 4:3). 다만 자신이 어떠한 사람인지 생각하고, 하나님이 모든 일에서 그대와 함께하실 것인지에 대해 염려하라. 선한 양심을 지녀라. 그리하면 하나님께서 그대를 온전히 방어해 주실 것이다(시 28:7). 어느 누구도 하나님의 도우심을 받는 사람에게 악을 행해 해를 끼칠 수 없다. 만약 그대가 잠잠히 고난을 참으면, 틀림없이 주님의 도우심을 볼 것이다. 주께서는 그대를 구하실 적절한 시기와 방법을 알고 계시므로, 그대는 마땅히 자신을 하나님께 의탁해야 할 것이다. 그대를 도우시고 모든 혼란에서 건지시는 것이 하나님의 의도이다.

다른 사람들에게서 우리의 약점을 지적받는 것은 종종 우리를 더 겸손하게 만들므로 매우 유익하다. 자신의 잘못을 인정하고 겸손히 행하는 사람은 쉽게 다른 사람의 화를 누그러뜨릴 수 있다. 하나님은 겸손한 자를 보호하시며 그를 구원하신다(욥 5:11; 약 4:6). 또한 하나님은 겸손한 자를 사랑하셔서 위로하시며 그를 가까이 이끄시고 그에게 큰 은총을 내리신다. 그리고 그가 모든 굴욕을 다 견딘 후에는 그를 높여 영화롭게 하신다. 하나님은 겸손한 자에게 비밀을 드러내시고(마 11:25), 부드럽게 그를 자신에게로 이끌어 들이신다.

겸손한 자는 책망을 받아도 온전히 평안함을 유지한다. 이는 그가 세상을 의지하지 않고 하나님을 의지하기 때문이다. 만약 그대가 자신을 모든 사람보다 부족하다고 여기지 않는다면, 그대는 아직 어떤 진보도 이룬 줄로 여기지 말라.

선한 화평의 사람

우선 그대 자신이 평안에 거하라. 그리하면 다른 사람들에게 평안을 가져다줄 수 있을 것이다. 화평하게 하는 사람은 학식이 많은 사람보다 훨씬 더 많은 유익을 끼친다. 성급한 사람은 선을 악으로 바꾸기도 하며 쉽게 악을 믿는다. 화평하게 하는 자는 모든 것을 선하게 바꾼다.

화평 가운데 거하는 자는 다른 사람을 의심하지 않는다. 그러나 불만과 고민에 차 있는 사람은 여러 가지 의심으로 들끓는다. 이러한 사람은 스스로 편히 쉬지 못할 뿐 아니라 남들도 쉬지 못하게 한다. 그는 종종 해서는 안 될 말을 하고 반드시 해야 할 일은 하지 않는다. 그는 다른 사람들이 해야 할 일들에 대해서는 곰곰이 생각하고(마 7:3), 자신이 해야 할 일에 대해서는 태만하다. 그러므로 먼저 그대 자신에 대해 세심한 열정을 가져라(행 22:3). 그다음에야 비로소 이웃의 유익을 위해 그대의 열심을 올바로 보여줄 수 있다.

그대는 자신의 행위에 대해 변명하고 호도할 줄은 알면서도, 남의 변명은 잘 받아들이려고 하지 않는다. 그대는 마땅히 자신의 잘못은 질책하고 형제의 잘못은 덮어 주어야 한다. 만약 남들이 그대에 대해 참아 주기를 바란다면, 그대도 남들에 대해 참기를 힘써야 한다(고전 13:7; 갈 6:2).

보라, 그대는 참된 사랑과 겸손으로부터 얼마나 거리가 먼가! 참사랑과 겸손은 남들에게 화를 내거나 노여워하지 않고, 오직 자기 자신에게만 화를 낸다.

착하고 고상한 사람들과 교제하는 것은 그다지 대단한 일은 아니다. 왜냐하면 이러한 교제는 모든 사람에게 당연히 즐거운 일이며, 또한 모든 사람이 자기와 마음이 맞는 사람들과 사이좋게 지내며 서로 사랑하기를 원하기 때문이다. 그러나 완고하고 심술궂은 사람 혹은 마음이 혼란스럽고 자신을 반대하는 사람과 평화롭게 살 수 있다면, 이는 크나큰 은혜요 장하고 칭찬할 만하다.

어떤 사람은 스스로 평안 가운데 거하면서 다른 사람들과도 화평하게 지낸다. 어떤 사람은 스스로도 평안 가운데 있지 못하고 다른 사람과도 화평하게 지내지 못한다. 그들은 다른 사람들에게 늘 골칫거리가 될 뿐 아니라 스스로도 늘 괴로움을 당한다. 어떤 사람은 스스로 평안 가운데 거하면서, 다른 사람들에게도 평안을 나눠 주고자 애쓴다. 그렇지만 이 비참한 삶 안에서 우리가 온전한 평화를 얻는 길은 역경을 회피하는 데 있는 것이 아니라 이를 겸손히 감당하는 데 있다. 역경을 가장 잘 견디는 사람이 화평 가운데 가장 잘 거할 수 있는 사람이다. 그는 자신에 대한 정복자요, 세상의 주인이며, 그리스도의 친구요, 천국의 후계자다.

순수한 마음과 단순한 뜻

사람은 두 개의 날개로 세상 것을 떠나 위로 올라갈 수 있는데, 그 날개란 단순함과 순수함이다. 우리의 의도는 단순해야 하며, 우리의 감정은 순수해야 한다. 단순함은 하나님을 향해 나아가며, 순수함은 하나님을 이해하고 맛본다.

만약 그대가 내적으로 모든 혼란스러운 애증으로부터 자유로워진다면, 어떤 행위도 그대를 훼방하지 못할 것이다. 만약 그대가 하나님의 뜻과 이웃의 유익 외에는 아무것도 바라거나 구하지 않는다면, 그대는 완전한 내적 자유를 누리게 될 것이다. 만약 그대의 마음이 신실하고 올바르다면, 모든 피조물은 그대에게 있어 삶의 거울이요 거룩한 가르침을 담은 책이 될 것이다. 아무리 작고 비천한 피조물일지라도 하나님의 선하심을 드러내지 않는 것은 하나도 없다(롬 1:20). 만약 그대가 내적으로 선하고 순수하다면, 별 어려움 없이 만물을 밝히 보고 깨달을 수 있을 것이다(시 119:100; 잠 3:3-4). 순수한 마음은 하늘과 지옥을 꿰뚫어 본다. 내적인 사람은 외적인 일도 온전히 판단한다.

만약 세상에 희락이 있다면, 그 희락은 분명 순수한 마음을 가진 자의 소유다. 그리고 만약 어디엔가 환난과 근심이 있다면, 그것을 가장 잘 아는 자는 악한 양심의 소유자다.

불 속에 철이 놓이면 녹이 사라지고 선명하게 붉어지고 뜨거워지듯이, 하나님께 온전히 돌이키는 자는 모든 해이함을 떨쳐 버리고 새사람으로 변화된다. 사람이 미지근해지기 시작하면 사소한 노동도 두려워하게 되고 외적인 위안을 얻으려고 애쓴다. 그러나 일단 자신을 온전히 극복하고 대장부답게 하나님의 길을 담대히 걷기 시작하면, 이전에 힘겹게 보이던 것들도 가볍게 여겨진다.

자아 고찰

우리는 자신을 별로 신뢰할 수 없다(렘 17:5). 이는 종종 우리 안에 은총과 깨달음이 결여되어 있기 때문이다. 우리 안에도 작은 빛이 있기는 하나, 태만으로 인해 우리의 가진 것을 금방 잃어버리고 만다. 또한 흔히 우리는 자신의 내적인 몽매함을 깨닫지 못한다. 우리는 종종 악을 행할 뿐 아니라 자신에 대해 변명함으로써 더 큰 악을 쌓는다(시 141:4). 우리는 때때로 열정에 의해 움직이면서, 이 열정을 열심으로 오인한다.

우리는 다른 사람들의 작은 잘못은 심히 꾸중하면서도 자신의 큰 문제는 그냥 지나쳐 버린다(마 7:5). 우리는 다른 사람들로 인해 당하는 고통은 일일이 따지면서도, 우리 때문에 다른 사람이 당하는 고통은 염두에 두지 않는다. 내적인 그리스도인은 다른 사람들을 걱정하기에 앞서 자신을 먼저 걱정한다(마 16:26). 또한 그는 자신에게 부지런히 타이르고 다른 사람들에 관해서는 많은 말을 하지 않는다. 만약 그대가 다른 사람들의 문제를 잠잠히 넘어가지 않고 자신을 특별히 돌아보지 않는다면, 그대는 결코 내적인 경건을 갖춘 사람이 아니다. 만약 그대가 전적으로 하나님과 자신에게만 마음을 쏟는다면, 그대는 외적으로 보이는 것들로 인해서는 거의 동요하지 않을 것이다(고전 4:3; 갈 1:10).

그대가 자신과 함께 있지 않다면 그대는 과연 어디에 있는가? 그대가 모든 것을 제압할지라도 만약 자신을 추스르지 못한다면 무슨 유익이 있겠는가? 만약 그대가 마음의 평화와 일관된 참 목표를 유지하고자 한다면, 모든 일을 제쳐두고 다만 자신을 잘 살펴야 할 것이다.

그대가 모든 현세적인 관심에서 자유로워지면 그대는 큰 진보를 이룰 수 있다. 현세적인 어떤 것에 높은 가치를 두면 그대는 크게 후퇴하게 될 것이다. 하나님 자신과 하나님께 속한 것 외에는 어느 것도 위대하게, 높게, 즐겁게, 합당하게 여기지 말라. 피조물에게서 받는 위안은 모두 헛된 것으로 간주하라(전 1:14). 하나님을 사랑하는 영혼은 하나님보다 열등한 것은 모두 경멸한다. 하나님 한 분만이 영원하시며, 무한히 위대하시고, 모든 피조물을 충만히 채우시며, 영혼의 위로요 마음의 참 희락이 되신다.

선한 양심이 주는 기쁨

선한 사람의 영광은 선한 양심의 증거다. 선한 양심을 가져라. 그리하면 큰 기쁨을 누릴 것이다. 선한 양심은 심히 많은 것을 감당하나니, 역경 속에서도 명랑함을 잃지 않는다. 악한 마음은 항상 두렵고 평안하지 못하다. 만약 그대의 마음이 그대를 정죄하지 않는다면 그대는 푸근히 쉴 수 있을 것이다. 그대는 온전히 행했을 때 외에는 결코 즐거워하지 말라.

죄인에게는 결코 참된 기쁨과 내적인 평화가 있을 수 없다. 왜냐하면 "악인에게는 평강이 없다"(사 57:21)라고 주께서 말씀하셨기 때문이다. 사람들이 이르기를 "우리는 평안하니 어떤 악한 일도 우리를 덮치지 못할 것이다(눅 12:19). 누가 우리를 해하겠는가?"라고 말할지라도 그들을 믿지 말라. 하나님의 진노는 갑자기 일어나서 그들의 행위를 무로 돌아가게 하시며 그들의 생각을 파멸시키신다.

환난 중에 기뻐하는 것은 사랑이 충만한 자에게 그다지 어렵지 않다. 왜냐하면 그러한 기쁨은 곧 주님의 십자가 안에서 기뻐하는 것이기 때문이다(롬 5:3; 갈 6:14).

인간들끼리 주고받는 영광과 기쁨은 온전하지 못하다(요 5:44). 세상 영광에는 항상 슬픔이 따른다. 선한 자들의 영광은 사람의 입에 있지 않고 그들의 양심에 있다.

의인들의 즐거움은 하나님에게서 나오며(고후 3:5), 하나님 안에 있다. 그들은 오직 진리에 대해 기뻐한다. 영원한 참 영광을 바라는 자는 일시적인 세상 영광에 관심을 두지 않는다. 현세적인 영광을 구하거나 이를 진심으로 멸시하지 않는 자는 하늘 영광에 대해 별로 큰 사랑을 가지지 않는다. 인간의 칭찬이나 비난에 관심을 두지 않는 사람은 마음의 큰 평정을 누린다.

양심이 순수한 사람은 쉽게 만족하고 평안해진다. 그대가 칭찬받는다고 더 거룩해지는 것이 아니요, 비난받는다고 더 무가치해지는 것이 아니다. 있는 그대로의 모습이 그대의 모습이다. 사람들의 칭찬으로 인해 그대가 하나님 앞에서 그대 모습보다 더 위대한 사람이 될 수는 없다. 만약 그대가 그대 안에 있는 자신을 깊이 상고한다면, 자신에 관한 사람들의 말에 관심을 두지 않게 될 것이다. 사람은 외모를 보나 하나님은 마음을 보신다(삼상 16:7). 사람은 행위를 보고 판단하나 하나님은 동기를 중히 여기신다.

항상 올바르게 행동하고 자신을 낮추는 것은 겸손한 영혼의 표징이다. 어떤 피조물에게서도 위안을 구하지 않는 것이 위대한 순결과 내적인 확신의 표징이다. 하나님께 자신을 온전히 의뢰하는 자는 외부에서 자신에 대한 증거를 결코 구하지 않는다. 바울은 말했다. "옳다 인정함을 받는 자는 자기를 칭찬하는 자가 아니요 오직 주께서 칭찬하시는 자니라"(고후 10:18). 내적으로 하나님과 함께 행하고 외부의 애정은 모두 끊어 버린 것, 이것이 영적인 사람의 온전한 위치다.

예수님을 가장 사랑함

예수님을 사랑하는 것이 무엇인지 또 예수님을 위해 자신을 경멸하는 것이 무엇인지 깨닫는 자는 복이 있다(시 119:1-2). 그대는 그대가 사랑하는 주님을 위해 다른 모든 사랑하는 것을 버려야 한다(신 6:5; 마 22:37). 왜냐하면 예수님은 우리가 유일하게 사랑해야 할 분이시기 때문이다. 피조물에 대한 사랑은 기만적이며 일시적이나, 예수님에 대한 사랑은 신실하고 영원하다. 피조물에 연연하는 사람은 연약함 가운데 넘어질 것이나, 예수님을 붙드는 사람은 영원히 견고하게 설 것이다.

예수님을 사랑하고 그를 친구로 삼아라. 모든 사람이 그대 곁을 떠나갈 때도 주는 그대를 버리지 않으시며, 결단코 그대를 멸망 가운데 빠지지 않게 하실 것이다. 그대는 싫든 좋든 언젠가는 모든 것들과 이별해야 한다. 살든 죽든 항상 예수님을 가까이 모시고 그에게 절대적으로 의지하라. 그는 모든 것이 쇠약해질 때 홀로 그대를 도우실 수 있는 분이시다.

그대가 사랑하는 주님은 본래 어떤 경쟁자도 허락하지 않으시고, 오직 그대의 마음을 홀로 소유하시며 그 안에서 왕이 되기를 원하신다. 만약 그대가 모든 피조물에게서 온전히 자유로워질 수 있으면, 예수님께서 기꺼이 그대와 함께 거하실 것이다. 그대가 예수님 외의 다른 사람에게 무엇을 의탁하든 간에, 그 의탁한 것은 잃어버린 것과 다름이 없다. 바람에 나부끼는 갈대를 의지하거나 그것에 기대지 말라. 모든 육체는 풀이요, 그 모든 영광은 들의 꽃과 같이 시들어 버릴 것이다(사 40:6). 만약 그대가 사람의 외모만을 본다면 그대는 곧 기만당하고 말 것이다. 사람 안에서 위안과 유익을 구하면 그대는 종종 실망을 느끼게 될 것이다.

만약 모든 것 안에서 예수님을 구하면, 그대는 분명 예수님을 발견하게 될 것이다. 그러나 만약 그대 자신을 구하면 역시 자신을 찾을 터이나 해를 더불어 받게 된다. 예수님을 찾지 않고 예수님의 대적이나 세상을 구하는 자는 자신에게 큰 해를 입히기 때문이다.

예수님과의 친밀한 대화

예수님이 함께 계시면 모든 것이 순조롭고, 어떤 일도 힘들어 보이지 않는다. 그러나 예수님이 안 계시면 모든 일이 어렵다. 예수님이 우리에게 내적으로 말씀하지 않으시면 다른 모든 위로는 아무런 가치도 없다. 그러나 예수님께서 한마디라도 말씀하시면 우리는 크나큰 위안을 느낀다. 마르다가 와서 "선생님이 오셔서 너를 부르신다"(요 11:28)라고 말했을 때 마리아는 울던 자리에서 곧 일어나지 않았던가? 예수님께서 눈물에서 영적인 희락으로 우리를 부르시는 때는 참으로 즐거운 시간이다!

예수님이 안 계신 그대는 얼마나 메마르고 딱딱한가! 만약 그대가 예수님 외의 다른 것을 원한다면 얼마나 어리석고 허망한가! 그렇다면 이는 그대가 온 세상을 잃는 것보다 더 큰 손실이 아닌가?(마 16:26) 예수님 없이 이 세상이 그대에게 무슨 유익을 줄 수 있는가? 예수님과 함께 있으면 감미로운 낙원이요, 함께 있지 않으면 애통할 만한 지옥이다. 만약 예수님이 그대와 함께하시면 어떤 대적도 그대를 해칠 수 없다(롬 8:35).

예수님을 발견하는 자는 좋은 보화를 발견하는 자니, 참으로 그분은 모든 것보다 뛰어난 보화이시다(마 13:44). 예수님을 잃는 자는 참으로 온 세상보다 더 큰 것을 잃는 자다. 가장 가난한 자는 예수님 없이 사는 자요, 가장 부요한 자는 예수님과 함께 잘 살아가는 자다(눅 12:21). 예수님과 함께 대화하는 법을 아는 것은 큰 기술을 필요로 하는 문제요, 예수님과 지속적으로 동거하는 법을 아는 것은 크나큰 지혜의 문제다.

겸손하고 평안하라. 그리하면 예수님께서 그대와 함께하실 것이다(잠

3:17). 경건하고 잠잠하라. 그리하면 예수님께서 그대와 함께 거하실 것이다. 만약 그대가 외적인 일에 관심을 둔다면, 예수님은 물러가시고 그의 은총도 사라지게 될 것이다.

만약 그대가 예수님을 잃어버린다면, 그대는 어디서 피난처를 얻으며 어디서 친구를 찾겠는가? 그대는 친구 없이 살 수 없으니, 만약 예수님이 그대에게 가장 우선되는 친구가 되지 않으시면, 그대는 참으로 서글프고 고독한 존재가 될 것이다. 그러므로 만약 다른 어떤 사람을 의지하고 그 안에서 즐거워한다면, 이는 지극히 어리석은 행위이다(갈 6:14). 예수님을 우리의 적으로 삼는 것보다 온 세상을 적으로 삼는 편이 훨씬 더 낫다. 그러므로 사랑하는 많은 사람들 가운데서 오직 예수님만을 특별히 사랑하라.

예수님을 위해 모든 사람을 사랑하고, 예수님 자신을 위해 예수님을 사랑하라. 예수 그리스도만을 특별히 사랑할지니, 오직 예수님만이 모든 친구보다 더욱 선하시고 신실하시다. 예수님을 위해, 또 예수님 안에서 친구들과 원수들까지도 사랑하라. 그리고 그들도 모두 예수님을 알고 그를 사랑하게 되도록 기도하라(마 5:44; 눅 6:27-28).

결코 사람들에게 칭찬과 사랑을 받으려고 애쓰지 말라. 오직 하나님께만 속하고자 힘쓸지니, 하나님과 같은 이는 세상에 아무도 없다. 다른 사람의 마음을 얻으려 하지도 말고, 다른 사람에게 마음을 주려고 하지도 말라. 오직 그대 마음 안에 또한 모든 선한 사람들의 마음 안에 예수님을 모시게 하라.

내적으로 순결하고 아무것에도 얽매이지 말라. 피조물로 인해 마음에 혼란을 일으키지 말라. 그대가 아무 거리낌 없이 주님의 감미로움을 느끼고 깨닫고자 한다면, 하나님 앞에 벌거벗은 채로 숨김없이 나서고 순결한 마음을 그에게 올려 드려야 한다. 진실로 그대가 하나님의 은총에 사로잡혀 그 안에 빠지지 않는다면, 세상 모든 것을 떨쳐 버리고 오직 그대 혼자서 오직 하나님과만 연합하는 그 기쁨을 결코 누리지 못할 것이다.

하나님의 은총이 임하시면 우리는 모든 것을 할 수 있게 된다. 그러나 그 은총이 떠나가면 우리는 가난하고 약해지며, 우리를 기다리는 것은 오직 채찍질과 고통뿐이다. 이러한 경우에 그대는 결코 절망하거나 좌절하지 말고, 하나님의 뜻 안에 지속적으로 거하면서 무슨 일이 닥치든 예수 그리스도의 영광을 위해 견뎌라. 겨울이 지나면 봄이 오고 밤이 지나면 아침이 오며, 폭풍이 지나면 크나큰 고요가 임하는 법이다.

위안의 필요성

우리가 하나님의 위로를 가지고 있으면 인간의 위로를 경멸하는 것이 그다지 어렵지 않다. 사람의 위로와 하나님의 위로가 다 필요할 때, 능히 하나님의 영예를 위해 유배당한 것 같은 심정을 기꺼이 견디고, 어디에서든 자신을 구하지 않으며, 자신의 공로를 중히 여기지 않는다면, 이는 매우 위대한 일이다 (빌 2:12).

은총이 임하는 시간에 활기차고 경건하다면 이는 참으로 위대한 일이 아닐 수 없다. 이 시간은 모든 사람이 바라는 시간이다. 하나님의 은총을 지닌 자는 쉽게 달려 나갈 수 있다. 전능자께서 그의 짐을 져 주시고, 만유의 주재이신 하나님께서 그의 안내자가 되셔서 자신의 짐을 전혀 느끼지 못하는 사람은 참으로 놀라운 은총의 수혜자가 아닌가!

우리는 위안을 얻기 위해 항상 무엇인가를 찾는데, 사람이 자신을 내버리는 일은 결코 쉽지 않다. 거룩한 순교자 라우렌티우스(Laurentius)는 그의 사제와 더불어 이 세상을 극복했다. 그는 세상에서 즐거워 보이는 것들을 다 경멸했으며, 그리스도의 사랑을 위해서 그가 가장 사랑하던 하나님의 대사제 식스투스(Sixtus)와의 이별을 참고 견뎠다. 그리하여 그는 창조주에 대한 사랑으로써 인간에 대한 사랑을 정복했으니, 그는 인간의 위안보다 하나님을 기쁘시게 하는 편을 택했다. 그대 역시 하나님의 사랑을 위해서 좋아하는 친구와도 헤어질 각오를 하라. 우리는 모두 결국 헤어져야 한다는 사실을 깨닫고, 친구와 헤어지는 일을 그다지 슬퍼하지 말아야 한다.

사람은 자신 안에서 오랫동안 힘겹게 투쟁한 후에야 비로소 자신을 온전히 통솔할 수 있으며, 자신의 온 마음을 하나님께로 돌이킬 수 있다. 사람이 자신을 의지할 때, 그는 인간의 위안을 구하게 되기 쉽다. 그러나 참으로 그리스도를 사랑하고 열심히 덕을 추구하는 자는, 타락한 위안이나 감각적인 감미로움을 구하지 않고 오히려 고된 수련을 좋아하며 그리스도를 위한 노동을 사랑한다.

하나님에게서 영적인 위안이 그대에게 주어질 때 이를 감사함으로 받아라. 그러나 이는 하나님의 선물이요, 그대의 공로가 아님을 명심하라.

으스대지 말며, 공연히 자랑하거나 지나치게 즐거워하지 말라. 다만 그 선물에 대해 더욱 겸손하고 모든 행위에서 더욱 신중하고 조심하라. 왜냐하면 그 시간이 지나면 시험이 뒤따르기 때문이다. 위안이 그대에게서 떠나갈 때 금방 절망하지 말고, 오직 겸손과 인내로 하늘의 처분을 기다려라. 이는 하나님께서 그대에게 다시 더 큰 위안을 주실 수도 있기 때문이다.

이러한 일은 하나님의 길을 가는 자들에게 결코 새롭거나 낯설지 않다. 위대한 성자들과 옛 선지자들은 그런 종류의 오르내림을 종종 겪어 왔다. 하나님의 은총을 받아 즐거움 가운데 있는 사람은 이렇게 말하곤 한다. "내가 형통할 때에 말하기를 영원히 흔들리지 아니하리라"(시 30:6). 그러나 은혜가 떠나가면 그는 이렇게 외친다. "주의 얼굴을 가리시매 내가 근심하였나이다"(시 30:7). 하지만 이 모든 가운데서도 그는 절망하지 않고 더욱 열심히 주님께 기도한다. "여호와여, 내가 주께 부르짖고 여호와께 간구하기를"(시 30:8). 결국 그는 자신이 드린 기도의 열매를 얻고, 자기의 음성이 상달되었음을 이렇게 증거한다. "여호와여, 들으시고 내게 은혜를 베푸소서. 여호와여, 나를 돕는 자가 되소서 하였나이다"(시 30:10). 그러면 그가 어떻게 되었다는 것인가? 그는 말한다. "주께서 나의 슬픔이 변하여 내게 춤이 되게 하시며 나의 베옷을 벗기고 기쁨으로 띠 띠우셨나이다"(시 30:11).

위대한 성자들도 이와 같이 취급되었으니, 때때로 뜨거웠다 차가웠다 하는 연약하고 보잘것없는 우리는 결코 절망하지 말아야 한다. 왜냐하면 성령께서는 그의 선하시고 기뻐하시는 뜻에 따라 왔다가 또 가시기 때문이다(요 3:8). 그리하여 복된 자 욥은 이렇게 말했다. "아침마다 권징하시며 순간마다 단련하시나이까"(욥 7:18). 그러므로 내가 하나님의 크신 긍휼과 하늘 은총에 대한 소망 외에 어느 것을 소망할 수 있으며 어디에 의지할 수 있겠는가.

나에게 인정 많은 친척과 믿음의 형제, 신실한 친구가 있고 경건한 책과 훌륭한 논문, 감미로운 찬양과 찬송이 있다 할지라도, 만약 은총이 내게서 떠나고 나 홀로 궁핍 가운데 남겨진다면, 그 모든 것이 내게 무슨 도움이 되며 무슨 즐거움을 주겠는가? 그러한 때에는 오래 참고 하나님의 뜻에 따라 자신을 부인하는 것 외에 더 좋은 해결책이 없다(눅 9:23). 아무리 경건하고 독실한 사람이라도 때때로 은총을 잃어버리고 열정을 어느 정도 상실하곤 한다. 아무리 입신을 많이 하고 영안이 밝아도, 조만간 시험을 당하지 않는 사람은 하나도 없다. 왜냐하면 하나님을 위해 어느 정도의 환난을 당함으로써 연단되지 않은 사람은 하나님 보시기에 큰 가치가 없기 때문이다.

앞선 시험은 대개 뒤따르는 평안의 표징이 되곤 한다. 시험을 통해 인정받는 자들에게는 하늘의 평안이 약속되어 있다. 주께서 이렇게 말씀하셨다. "이기는 그에게는 내가 하나님의 낙원에 있는 생명나무의 열매를 주어 먹게 하리라"(계 2:7). 사람이 역경을 감당할 만큼 강해지도록 하기 위해 하나님의 위로가 주어진다. 그다음에는 자신의 선을 자랑하지 못하도록 하기 위해 시험이 뒤따른다. 마귀는 결코 잠자지 않으며(벧전 5:8), 육신 또한 아직 죽은 것이 아니다. 그러므로 전쟁 준비하기를 쉬지 말라. 그대의 좌우편에는 결코 쉬지 않는 대적들이 도사리고 있기 때문이다.

하나님의 은총에 감사함

그대는 노동하기 위해 태어났음에도 불구하고 어찌 쉬기만을 바라는가?(욥 5:7) 그대는 평안보다는 인내를, 희락보다는 십자가 지기를 힘써라(눅 14:27). 영적인 기쁨과 평안을 언제나 소유할 수 있음에도 불구하고 이를 거부하는 사람은 얼마나 세속적인 사람인가! 영적인 위안은 세상의 어떤 기쁨이나 육신적인 쾌락보다 뛰어나다. 모든 세속적인 쾌락은 헛되고 부정하나, 영적인 희락은 즐겁고 정직하며, 덕에서부터 솟아나오고, 하나님에 의해 순결한 마음 안으로 부어진다. 그러나 어느 누구도 이 하나님의 위안을 자기가 원하는 대로 항상 누릴 수는 없다. 머지않아 시험의 때가 다가오기 때문이다.

거짓된 마음의 자유와 자신감은 하늘의 위로와 정면으로 대치된다. 하나님께서는 우리를 선대하셔서 위안의 은총을 주시지만, 사람은 하나님께 감사하지 않는 악을 범한다(롬 1:21). 그러므로 은총의 선물들이 우리에게 제대로 전해질 수 없다. 이는 우리가 선물을 주신 분께 감사하지 않고, 그 선물의 원천이신 하나님께 온전히 보답하지 않기 때문이다. 은총은 마땅히 감사를 드리는 자에게 항상 임한다. 겸손한 자에게 주어지는 은총은 교만한 자에게는 결코 임하지 않는다.

나는 나에게서 마음의 뉘우침을 빼앗아 가는 위로는 전혀 원하지 않으며, 마음에 허영을 심어 주는 묵상은 바라지 않는다. 모든 고상한 것이 다 거룩한 것은 아니며, 감미로운 것이 다 선한 것은 아니다. 또한 바라는 모든 것이 정결한 것은 아니며, 우리에게 사랑스러운 모든 것이 하나님을 기쁘시게 하는 것은 아니다. 내가 기꺼이 받고자 하는 은혜는 그것을 통해 내가 더욱 겸손해지고, 더욱 거룩한 경외심을 가지게 되며, 더욱나 자신을 부인하게 되는 은혜이다. 은혜를 받음으로써 가르침을 받고 은혜를 거두어 가심에 따른 충격으로 경각심을 얻는 사람은, 자신의 선함을 감히 내세우지 않고 오히려 자신의 궁핍과 벌거벗음을 인정한다.

하나님의 것은 하나님께 드리고(마 22:21), 그대 자신의 것은 자신에게 돌려라. 다시 말하면, 하나님께는 은혜에 대한 감사를 돌려 드리고, 자신에게는 오직 죄와 그에 따른 형벌만이 있음을 인정하라. 그대는 자신을 항상 가장 낮은 자리에 두라. 그리하면 가장 높은 자리가 그대에게 주어질 것이다(눅 14:10). 가장 높은 자리는 가장 낮은 마음이 없이는 설 수 없는 곳이다.

하나님 앞에서 가장 큰 성자는 자기가 판단하기에 가장 작은 자다. 내적으로 겸손하면 겸손할수록 그는 더 영광스러운 자다. 진리와 하늘의 영광으로 충만한 사람은 헛된 영광을 부러워하지 않는다. 하나님 안에 굳건히 뿌리박고 안정되어 있는 사람은 결코 교만하지 않다. 그들은 어떤 좋은 은사를 받았든 간에 모든 것을 하나님께 돌리며, 서로의 영광을 구하지 않고, 오직 하나님에게서 오는 영광만을 사모한다. 또한 그들은 무엇보다 먼저 하나님을 찬송하고 성자들을 기리기 원하며, 실제로 항상 이런 일을 행하며 산다.

아무리 작은 은사라도 이에 대해 감사하라. 그리하면 더 큰 은사를 받을 것이다. 가장 작은 은사라도 가장 큰 은사처럼 여기고, 지극히 보잘것없는 은사라도 특별한 가치를 지닌 은사처럼 여겨라. 만약 그 은사를 주신 분이 얼마나 귀한 분이신지를 깨닫는다면, 어떤 은사도 사소하거나 보잘것없는 것으로 여기지 않을 것이다. 지극히 높으신 하나님께서 주시는 것 중에 사소한 것은 있을 수 없기 때문이다. 설사 하나님께서 징벌을 주시고 매질을 하신다 할지라도 마땅히 감사해야 한다. 왜냐하면 그가 허락하셔서 우리에게 일어나는 모든 일은 항상 우리의 안녕을 위한 것이기 때문이다.

하나님의 은총을 유지하기 원하는 자는 주어진 은총에 대해 감사하고, 은총이 떠나갈 때 인내해야 한다. 그는 은총이 다시 돌아오도록 기도해야 하며, 은총을 잃지 않도록 조심하고 겸손해야 한다.

주의 십자가를 사랑하는 사람이 적음

예수님의 하늘나라를 사랑하는 사람은 많지만, 그의 십자가를 지는 사람은 매우 적다. 예수님의 평안을 바라는 사람은 많지만, 그의 고난을 바라는 사람은 매우 적다. 예수님의 식탁에 함께 앉기를 원하는 사람은 많지만, 금욕을 함께하고자 하는 사람은 매우 적다. 예수님과 함께 기쁨을 누리고자 하는 사람은 매우 많지만, 그를 위해서 또한 그와 함께 기꺼이 고난을 견디고자 하는 사람은 별로 없다. 많은 사람들이 예수님을 따르며 그와 함께 떡을 떼고자 하지만, 그의 고난의 잔을 마시고자 하는 사람은 심히 적다(눅 9:14, 22:41-42). 많은 사람들이 예수님이 행하신 기적들을 기리지만, 그의 십자가의 치욕은 별로 따르고자 하지 않는다.

많은 사람들이 역경이 없는 동안에는 예수님을 사랑한다. 많은 사람들이 예수님에게서 위로를 받는 동안에는 그분을 찬양하고 찬송한다. 그러나 일단 예수님이 자신을 숨기시고 잠시 그들을 떠나시면, 그들은 곧 불평을 일삼든지 아니면 지나친 절망 가운데 빠져 버린다. 그러나 예수님을 사랑하되 자신의 특별한 위안을 위해서가 아니라 예수님 그분을 위해서 사랑하는 사람은, 지극히 평안할 때뿐 아니라 모든 환난과 마음의 고민 속에서도 주님께 감사한다. 또한 예수님이 그들에게 아무런 평안도 주시지 않는다고 할지라도, 그들은 주님을 찬양하며 항상 감사하기를 바란다.

아, 자기 유익이나 자기 사랑이 전혀 개입되지 않은, 예수님께 대한 순수한 사랑은 얼마나 능력 있는 사랑인가! 평안만을 구하는 사람은 모두 장사꾼이라 불러야 하지 않겠는가? 항상 자신의 유익만을 생각하는 자는 그리스도를 사랑하는 자가 아니라 자신을 사랑하는 자가 아닌가?(빌 2:21) 아무런 대가도 없이 기꺼이 하나님을 섬기고자 하는 자를 어디서 찾아볼 수 있을까? 세상 것들에 대한 사랑을 모두 벗어 버릴 수 있을 정도로 온전히 영적인 사람은 찾아보기 힘들다. 진실로 심령이 가난하고 모든 피조물에게서 자유로운 사람을 어디서 찾아볼 수 있을까? 그의 가치는 이 세상 전체보다 훨씬 더 크다(잠 31:10).

사람이 자신의 소유를 모두 바친다 해도 이는 아무것도 아니다. 설사 그가 깊이 회개한다 해도 역시 별것 아니다. 그가 아무리 큰 덕을 소유하고 뜨겁게 헌신하는 자라 할지라도 여전히 부족하다. 특별히 그에게는 꼭 필요한 것이 한 가지 있다. 그것이 무엇인가? 이는 곧 모든 것과 더불어 자신을 버리고, 전적으로 자신에게서 물러나며(마 16:24), 어떤 일도 자기 사랑에서 행하지 않는 것이다.

그는 자기가 알고 있는 한 반드시 해야만 하는 일을 했을 때는 아무 일도 하지 않은 것처럼 여겨야 한다. 크게 여겨지는 일을 행했을 때도 이를 크게 여기지 말고, 오직 자신은 참으로 무익한 종이라고 고백해야 한다. 진리 되신 예수님께서도 이렇게 가르치셨다. "너희도 명령받은 것을 다 행한 후에 이르기를 우리는 무익한 종이라 우리가 하여야 할 일을 한 것뿐이라 할지니라"(눅 17:10). 그리하면 참으로 심령이 가난하고 벌거벗게 되어 선지자와 함께 이렇게 외치게 될 것이다. "주여, 나는 외롭고 괴로우니"(시 25:16). 그러나 실로 그는 누구보다도 부유하며 누구보다도 권세 있고 누구보다도 자유롭다. 왜냐하면 그는 자신과 모든 만물을 떨쳐 버릴 수 있고, 자신을 가장 낮은 자리에 둘 수 있기 때문이다.

거룩한 십자가라는 왕도

"누구든지 나를 따라오려거든 자기를 부인하고 자기 십자가를 지고 나를 따를 것이니라"(마 16:24)라는 말씀은 많은 사람들에게 참으로 힘든 말씀처럼 보인다. 그러나 "저주를 받은 자들아, 나를 떠나 마귀와 그 사자들을 위하여 예비된 영원한 불에 들어가라"(마 25:41)라는 마지막 말씀을 듣는 것이 더욱 힘든 일일 것이다.

지금 십자가의 말씀을 기꺼이 듣고 따르는 사람은 그때에 영원한 저

주의 판결을 두려워하지 않을 것이다(시 112:7). 주님께서 심판하시기 위해 오실 때, 이 십자가는 하늘나라에 들어가는 표징이 될 것이다. 그때에, 살아 있는 동안 십자가에 달리신 예수님을 본받았던 모든 십자가의 종들은 크나큰 담대함으로 심판장 되신 그리스도께 나아갈 것이다.

그런데 왜 그대는 하늘나라로 인도해 주는 십자가를 지기 두려워하는가? 십자가 안에 구원이 있고, 생명이 있으며, 적들로부터의 보호가 있다. 또한 십자가 안에서 하늘의 감미로움이 유입되고, 마음이 강해지며, 영이 기쁨을 누리고, 덕이 높아지며, 완전한 성화를 누리게 된다. 오직 십자가 안에만 영혼의 구원과 영생의 소망이 있다.

그러므로 자신의 십자가를 지고 예수님을 따르라(눅 14:27). 그리하면 영생에 들어가게 될 것이다. 주께서 앞서 자신의 십자가를 지고 가셔서 그대를 위해 십자가 위에서 돌아가신 이유는, 그대도 역시 자기 십자가를 지고 그 십자가 위에서 죽기를 사모하게 하시기 위해서였다. 그대가 주님과 함께 죽는다면 또한 함께 살 것이요, 주님과 함께 고난을 받는다면 그의 영광에도 함께 참여하게 될 것이다(고후 1:5).

보라, 모든 것이 십자가 안에 놓여 있으며, 우리가 그 위에서 죽는지 아닌지에 따라 모든 문제가 좌우된다. 왜냐하면 생명과 참된 내적 평안을 얻는 방법은 오직 거룩한 십자가를 지고 매일 죽는 길 외에는 없기 때문이다. 그대가 아무리 원하는 곳으로 가서 원하는 것을 찾아볼지라도, 거룩한 십자가의 길보다 더 높고 안전한 길은 찾지 못할 것이다.

그대의 뜻과 판단에 따라 모든 일을 경영하고 시도해 보라. 그러나 결국 그대는 원하든 원하지 않든 고난의 필연성을 발견하게 되리니, 이렇게 그대는 십자가를 깨닫게 될 것이다. 그대가 육신으로 고통을 당하든 영혼으로 고통을 느끼든 반드시 영적인 환난을 겪게 될 것이다. 때때로 그대는 하나님을 잃어버리며, 때때로 이웃에게서 고난을 당할 것이다. 또한 더욱 자주 그대는 자신에 대해 염증을 느낄 것이다. 어떤 치료나 위안도 그대를 구원하거나 평안하게 해줄 수 없다. 다만 하나님의 마음이 흡족해지실 때까지 그대는 고난을 참고 견뎌야 한다. 하나님은 그대가 어떤 위안도 없이 환난을 견디는 법을 배워 하나님께 더욱 겸손하게 복종하도록 만들고자 하신다.

그리스도께서 겪으신 것과 같은 고난을 직접 체험한 사람보다 더 그리스도의 수난을 마음으로 실감하는 사람은 없다. 십자가는 항상 준비되어 있으며, 어디서든 그대를 기다리고 있다. 그대가 어디로 도망가든 십자가를 피할 수는 없다. 왜냐하면 그대가 가는 곳에는 항상 그대의 자아가 따라가기 때문이다. 위를 향하든 아래를 향하든, 안을 향하든 밖을 향하든, 어디를 향하든 그대는 항상 십자가를 발견하게 될 것이다. 만약 그대가 내적인 평화를 누리고 영원한 면류관을 소유하고 싶다면, 어디서든 반드시 인내해야 할 것이다.

만약 그대가 기쁜 마음으로 십자가를 지면, 오히려 십자가가 그대를 지고 원하는 목표까지 그대를 인도하리니, 원하는 목표란 비록 이 땅에서는 찾을 수 없지만 모든 고통이 끝나는 곳이다. 만약 그대가 억지로 십자가를 진다면, 그대에게는 새 짐이 되어 부담이 더 커질 것이지만, 그래도 그대는 이 짐을 지지 않을 수 없다. 만약 그대가 십자가 하나를 벗어 버리면 틀림없이 또 다른 십자가가 닥칠 터인데, 그 십자가는 어쩌면 더 무거울지도 모른다.

그대는 죽을 수밖에 없는 인간이면 누구든 결코 피할 수 없는 십자가를 감히 피하려고 생각하는가? 세상의 성자들 중에 십자가와 환난을 겪지 않았던 자가 어디 있는가? 우리 주 예수 그리스도조차도 이 세상에 사실 때 수난의 고뇌를 겪지 않으신 적이 단 한 시간도 없었다. 그는 말씀하셨다. "그리스도가 이런 고난을 받고 자기의 영광에 들어가야 할 것이 아니냐"(눅 24:26). 이 왕의 길 곧 거룩한 십자가의 길 외에 다른 길이 어디에 있을 수 있겠는가? 그리스도의 삶은 전체가 십자가요 순교였는데, 그대는 자신의 안식과 기쁨만을 구하는가? 만약 그대가 환난을 견디려 하지 않고 다른 것만 찾으려 한다면, 그대는 기만당한 것이다. 왜냐하면 죽음을 면할 수 없는 이 세상의 삶은 비참함으로 가득 차 있으며(욥 7:1), 길목마다 십자가들이 가로막고 있기 때문이다.

영적으로 큰 진보를 이룬 사람은 이전에 자주 무거운 십자가를 경험했던 사람이다. 이는 유배에 대한 그의 슬픔이 하나님에 대한 사랑을 더욱 증가시켰기 때문이다. 이 사람이 여러 가지로 고난을 당하기는 했으나, 그에게 활력을 주는 위안이 전혀 없었던 것은 아니다. 그는 십자가를 감당함으로써 자신에게 많은 유익이 쌓이고 있음을 감지했기 때문이다. 그가 기꺼이 십자가를 지는 동안, 모든 환난의 짐은 하나님의 위안에 대한 확신으로 변했다. 고난으로 인해 육신이 쇠하면 쇠할수록, 영은 내적인 은총으로 인해 더욱 강화된다. 그런 사람은 그리스도의 십자가를 본받고자 갈망하기 때문에, 아무런 환난과 고통이 없는 생활은 바라지 않고 오히려 때때로 환난과 역경이 임하기를 원한다(고후 4:16, 11:23-

30). 이는 그가 하나님을 위해 견디는 고난이 크면 클수록 또 무거우면 무거울수록, 하나님께서 그를 더 기뻐 받으실 줄 알기 때문이다.

이렇게 연약한 육신으로 많은 일을 행할 수 있는 것은 사람의 능력으로 되는 것이 아니고 오직 그리스도의 은혜이다. 그리하여 본성적으로는 항상 싫어하고 피하는 일도 영적인 열정에 의해 우리는 그것을 대면하고 또 사랑하게 된다. 인간의 본성에 의해서는 십자가를 지거나, 십자가를 사랑하거나, 육신을 질책하거나, 육체를 굴복시키거나, 영예를 멀리하거나, 기꺼이 징계를 당하거나, 자신을 경멸하고 또 경멸받기를 바라는 일은 할 수 없다. 뿐만 아니라 모든 역경과 피해를 견디고 이 세상에서의 번영을 단념하는 일도 할 수 없다.

만약 그대가 자신만을 바라보면, 결코 이러한 종류의 일은 성취할 수 없다(고후 3:5). 그러나 만약 주님을 의지하면 하늘로부터 담대함이 주어질 것이요, 세상과 육신은 그대의 명령에 복종하게 될 것이다. 만약 그대가 믿음으로 무장하고 그리스도의 십자가를 진다면, 원수 마귀도 두렵지 않을 것이다. 그러므로 그대는 그리스도의 선하고 충실한 종답게 담대히 주님의 십자가를 질지니, 그리스도는 그대를 사랑하셔서 친히 십자가에 못 박히셨다.

그대는 이 비참한 세상에서 많은 역경과 각종 고통을 감당할 채비를 하라. 그대가 어디에 있든지 환난과 고통이 함께할 것이요, 그대가 어디로 숨든지 그것들이 따를 것이다. 그러므로 명심하라. 참고 견디는 것 외에는 환난과 슬픔에서 벗어날 수 있는 치유책과 방법은 없다.

그대가 그리스도의 친구가 되고 그와 분깃을 함께 나누고 싶으면 진심으로 주님의 잔을 마셔라(마 20:23; 요 18:11). 위로는 오직 하나님의 처분에 맡겨라. 하나님께서 원하실 때 주시도록 맡겨 두라. 그대는 다만 환난을 견디는 일에 전념하고, 그 환난을 오히려 크나큰 위안으로 여겨라. 왜냐하면 그대가 모든 환난을 끝까지 견뎠을 때 오는 하늘의 영광은 현세의 이 고통에 결코 비교할 수 없기 때문이다.

환난이 달콤하게 여겨지고 그리스도를 위해 받는 고난이 즐겁게 느껴지는 때가 오면(롬 5:3; 갈 6:14), 그때는 모든 일이 잘된 것으로 여길지니, 그대는 지상에서 낙원을 발견한 것이다. 하지만 고통이 그대에게 힘겹게 여겨지고 거기서부터 도망하려는 마음이 가득한 한, 그대는 결코 평안할 수 없을 것이며 환난을 피하고자 하는 갈망이 어디든지 그대를 따라다닐 것이다.

만약 고통과 죽음을 결코 피할 수 없다는 사실을 온전히 받아들인다면, 그대는 곧 훨씬 나아지며 평안을 얻게 될 것이다. 설사 그대가 바울과 함께 셋째 하늘에 올라갔다 왔을지라도(고후 12:4), 이것이 그대가 더 이상 악한 일을 당하지 않으리라는 보장이 될 수는 없다. 예수님께서 바울에 관해 이렇게 말씀하셨다. "그가 내 이름을 위하여 얼마나 고난을 받아야 할 것을 내가 그에게 보이리라"(행 9:16). 만약 그대가 예수님을 기꺼이 사랑하고 계속 그를 섬기고자 한다면 끊임없이 고난을 받게 될 것이다.

아, 과연 그대가 예수님의 이름을 위해서 고난당할 만한 자격이 있는가? 만약 그렇다면 이는 그대 자신에게 얼마나 큰 영광이며, 모든 하나님의 성자들에게 얼마나 큰 기쁨이고, 또 그대의 이웃에게 얼마나 큰 덕이 되겠는가! 모든 사람이 인내를 칭찬하지만, 기꺼이 고통을 견디는 자는 참으로 적다. 마땅히 그대는 그리스도를 위해서 당하는 작은 고난을 기쁜 마음으로 감당해야 하나니, 이는 세상을 위해 더 심한 고통도 참고 견디는 자가 많기 때문이다.

그대는 매일 죽는 생활을 감당해야 함을 명심하라(시 44:22). 사람이 자신에 대해 많이 죽으면 죽을수록, 그는 하나님에 대하여 더 많이 살게 된다. 그리스도를 위해 역경을 참고 견디지 않는 사람은 하늘나라의 일을 결코 깨달을 수 없다. 그리스도를 위해 즐거운 마음으로 고난을 견디는 것보다 더 하나님을 기쁘시게 하고 이 세상에서 유익한 것은 없다. 할 수만 있으면 그대는 여러 가지 위안을 받고자 하는 대신 그리스도를 위해 역경을 참고 견디기를 소원해야 할지니, 이를 통해 그대는 그리스도를 더욱 닮게 되며 모든 성자들을 본받게 될 것이다.

우리의 가치와 영적인 능력은 많은 희락과 위안을 누리는 데서 오는 것이 아니라, 큰 고통과 환난을 철저히 참고 견디는 데서 온다. 만약 고난을 참고 견디는 것보다 더 인간의 구원에 유익한 일이 있었다면, 분명히 그리스도께서 말씀과 행동으로 이를 일러 주셨을 것이다. 예수님은 자신을 따르는 제자들과 또 그를 따르고자 하는 모든 자에게 십자가를 지라고 분명히 권고하셨다. "아무든지 나를 따라오려거든 자기를 부인하고 날마다 제 십자가를 지고 나를 따를 것이니라"(눅 9:23).

지금까지 우리가 충분히 말씀을 읽고 살폈으니, 이와 같이 결론을 내리도록 하자. "우리가 하나님의 나라에 들어가려면 많은 환난을 겪어야 할 것이라"(행 14:22).

제3권

내적인 위안에 관한 권면

신실한 영혼에게 주시는
그리스도의 내적인 말씀

"내가 하나님 여호와께서 하실 말씀을 들으리니"(시 85:8). 자기 안에서 말씀하시는 하나님의 음성을 듣고(삼상 3:9), 그의 입에서 나오는 위로의 말씀을 받는 영혼은 복이 있다.

하나님의 작은 음성에 즐거이 귀 기울이고(마 13:16-17), 이 세상의 많은 속삭임에는 전혀 주의하지 않는 귀는 복이 있다.

밖에서 들려오는 음성은 듣지 않고 안에서 울려 나오는 진리의 가르침에 주의하는 귀는 참으로 복이 있다.

외부의 것들은 보지 않고 내부의 것에만 집중하는 눈은 복이 있다.

내부의 것을 깊숙이 파고들며, 하늘의 비밀을 받기 위해 매일 수련을 통해 더욱더 자신을 준비하고자 애쓰는 자는 복이 있다.

세상의 모든 장애를 다 떨쳐 버리고 기쁜 마음으로 하나님을 위해 시간을 내는 자는 복이 있다.

아, 내 영혼아, 이 일을 깊이 상고하고 감각적인 욕망의 문을 닫아걸

라. 그리하면 주 하나님께서 그대 안에서 하시는 말씀을 들을 수 있을 것이다(시 85:8). 그대의 사랑하는 주님이 말씀하신다. "나는 너의 구원이요(시 35:3), 평안이요, 생명이다. 네가 내 곁에 거하면 평안을 얻을 것이다. 일시적인 모든 것은 보내 버리고 영원한 것을 찾아라. 모든 일시적인 것이 유인하는 올무가 아니고 무엇이겠는가? 만약 네가 창조주에게서 버림받는다면 모든 피조물이 너에게 무슨 유익이 있겠는가? 일시적인 것을 떨쳐 버리고 너의 창조주께 충성하고 그를 기쁘시게 하도록 노력하라. 그리하면 참된 축복을 얻을 것이다."

소리 없이 내면에서 들리는 진리의 말씀

제자

오 주님, 당신의 종이 듣겠으니 말씀하소서(삼상 3:9). 나는 당신의 종이니, 내게 깨달음을 주셔서 당신의 증거를 알게 하소서(시 119:125). 당신 입의 말씀에 내 마음을 기울이니, 당신의 말씀을 이슬처럼 방울방울 내리소서.

과거 이스라엘 자손들은 모세에게 이렇게 말했습니다. "당신이 우리에게 말씀하소서. 우리가 들으리이다. 하나님이 우리에게 말씀하시지 말게 하소서. 우리가 죽을까 하나이다"(출 20:19). 그러나 주님, 내가 간구하오니 그리하지 마소서. 나는 선지자 사무엘처럼 겸손히 엎드려 간구합니다. "주여, 말씀하소서. 주의 종이 듣겠나이다." 모세나 다른 선지자가 내게 말하도록 하지 마시고, 모든 선지자에게 영감의 빛을 주셨던 주 하나님 당신께서 직접 말씀하소서. 그들 없이도 주님은 나를 온전히 가르치실 수 있지만, 주님 없이 그들은 내게 아무런 유익도 끼칠 수 없습니다.

그들은 실제로 많은 말을 할 수 있으나 성령을 줄 수는 없습니다. 그들은 지극히 아름답게 말할 수 있으나, 당신이 잠잠하시면 결코 마음에 불을 일으킬 수 없습니다. 그들은 글자를 가르치지만, 당신은 깨달음을 주십니다. 그들은 신비로운 것을 말하지만, 당신은 감춰진 것의 의미를 풀어 주십니다. 그들은 당신의 계명을 선포하지만, 당신은 우리가 그 계명을 성취할 수 있게 도와주십니다. 그들은 길을 제시하지만, 당신은 걸어갈 수 있는 힘을 주십니다. 그들은 오직 외적인 일만을 행할 수 있지만, 당신은 마음에 가르침과 깨달음을 주십니다. 그들은 외적으로 물을 주지만, 당신은 충만한 결실을 주십니다. 그들은 말로 크게 외치지만, 당신은 그 들음에 깨달음을 부여해 주십니다.

그러므로 모세가 내게 말하게 하지 마시고, 영원한 진리이신 주 나의 하나님 당신께서 내게 말씀하소서. 혹시 내가 외적으로만 경고를 받고 내적으로 불붙지 않아 아무런 결실도 맺지 못하고 죽을까 두렵습니다. 말씀을 듣되 행하지 않고, 알되 사랑하지 않고, 믿되 준행하지 않으면 그 말씀으로 인해 내가 정죄받을까 두렵습니다.

그러므로 주님, 말씀하소서. 종이 듣겠나이다. 주님의 말씀은 영생의 말씀이기 때문입니다(요 6:68). 나에게 말씀하시고, 내가 비록 온전하지는 못할지라도 내 영혼에 위안을 주시며, 나의 온 생활을 올바로 고치시고, 영원토록 당신께 찬양과 영광과 존경을 돌리게 하소서.

하나님의 말씀을 겸손히 들음

그리스도

내 아들아, 나의 말을 들어라. 이 말은 이 세상의 어떤 철학자나 현인의 가르침보다 뛰어난 지극히 감미로운 말씀이다. 나의 말은 영이요 생명이니(요 6:63), 사람의 학문으로는 이를 헤아릴 수 없다. 내 말을 헛된 만족을 위해 듣지 말고, 침묵 가운데 들으며, 지극히 겸손하고 애정 어린 마음으로 받아라.

제자

주님, 당신에게서 배우고 당신의 율법으로 가르침을 받는 사람은 복이 있습니다. 당신께서 그에게 약한 날에도 쉼을 주시리니(시 94:12-13), 그가 땅 위에서 결코 외롭지 않을 것입니다.

그리스도

내가 처음부터 선지자들을 가르쳤으며(히 1:1) 오늘날까지 끊임없이 모든 사람에게 말해 왔으나, 많은 사람들이 완악했고 내 말에 귀를 닫았다. 대부분의 사람들이 하나님의 말씀보다 세상의 말에 더 귀를 기울이며, 하나님의 선하시고 기뻐하시는 뜻보다 자기 육신의 소욕을 더 속히 따른다. 세상은 일시적이고 비천한 것을 약속하는데도 많은 사람들이 이를 열심으로 섬긴다. 그러나 나는 지극히 높고 영원한 것을 약속하는데도 사람들의 마음이 이를 받으려고 하지 않는다.

세상과 그 권세자들을 섬기듯 큰 열심으로 모든 일에서 나를 섬기고 순종하는 사람이 누군가? 옛적에 바다가 "시돈이여, 너는 부끄러워할지어다"(사 23:4)라고 말한 적이 있는데, 그 이유를 알고 싶거든 이 말씀을 들어라.

적은 소득을 얻기 위해서도 긴 여행을 떠나는데, 영생을 위해서는 많은 사람들이 땅에서 한 발짝도 떼려고 하지 않는다. 사람들은 지극히 보잘것없는 상급도 열심히 찾아 헤매나니, 한 줌의 돈을 위해 때때로 수치스러운 싸움을 벌이기도 하고, 헛된 물질과 사소한 약속을 위해 밤낮으로 피땀 흘리기를 두려워하지 않는다.

그러나 오호라! 변하지 않는 선과 무한한 상급과 지극히 높은 영예와 끝없는 영광을 위해서는 작은 노력마저 인색해하는구나. 그러므로 너 게으르고 불평 많은 종아, 부끄러워하라. 네가 생명으로 나아가려는 마음보다 그들이 멸망으로 나아가려는 열심이 더 크다. 네가 진리 안에서 가지는 기쁨보다 그들이 허영 안에서 가지는 기쁨이 더 크다.

실제로 그들의 희망은 종종 좌절되곤 하지만, 나의 약속은 아무도 속이지 않으며(마 24:35; 롬 1:16), 나를 신뢰하는 자들을 결코 빈손으로 돌려보내지 않는다. 사람이 내 사랑 안에 끝까지 신실하게 머물면, 나는 나의 약속한 바를 줄 것이요 나의 말한 바를 선하게 이룰 것이다. 나는 모든 선한 자의 상급이요(마 5:6, 25:21; 계 2:23), 나에게 헌신하는 모든 자의 강력한 후원자다.

너는 나의 말을 네 마음에 새기고 부지런히 이를 묵상하라. 시험의 때에 그 말씀이 네게 크게 유용할 것이다. 읽어도 깨닫지 못하는 말씀은 성령께서 오실 때 알게 될 것이다.

나는 늘 두 가지 방법으로 내가 택한 자들을 찾아오나니, 곧 시험과 위안이다. 또한 나는 매일 두 가지 방법으로 그들에게 교훈을 주나니, 하나는 그들의 악을 꾸짖는 것이요 또 하나는 그들의 덕을 높이도록 권면하는 것이다. 내 말을 받고도 이를 경멸하는 자는 마지막 날에 큰 심판을 받을 것이다.

헌신의 은총을 탄원하는 기도

주 나의 하나님! 당신은 나에게 전적으로 선이 되십니다. 내가 무엇이기에 감히 당신께 말하겠습니까?(창 18:27; 삼상 18:18, 23) 나는 감히 말로 표현할 수 없을 만큼 지극히 가련하고 보잘것없는 종이요, 가장 사악한 인간입니다. 그러나 주님, 나를 기억하소서. 이는 내가 아무것도 아니요, 아무것도 소유하고 있지 않으며, 아무것도 할 수 없기 때문입니다.

오직 당신만이 선하시고 공의로우시고 거룩하십니다. 당신은 모든 것을 하실 수 있으며, 모든 일을 성취하시고, 모든 것을 채우시되 죄인은 빈손으로 버려두십니다. 당신의 긍휼을 기억하시고 내 마음에 당신의 은총을 채우셔서, 당신이 하신 일이 헛되지 않게 하소서.

당신께서 자비와 은총으로 내게 힘주지 않으시면 내가 어떻게 이 비참한 생활에서 자신을 감당할 수 있겠습니까? 당신의 얼굴을 내게서 돌리지 마시고(시 69:17), 지체하지 말고 나를 찾아오시며, 당신의 위안을 내게서 거두지 마소서. 내 영혼이 당신 앞에서 마른 땅같이 될까 두렵습니다.

주님, 나를 가르쳐 당신의 뜻을 행하게 하시며(시 143:10), 당신 보시기에 값지고 겸손히 살게 하소서. 당신은 나의 지혜시요, 이 세상이 생기기 전부터 또 내가 태어나기 전부터 당신은 나를 아시되 진실로 아시기 때문입니다.

하나님 앞에서 진실과 겸손으로 살아감

그리스도

내 아들아, 너는 내 앞에서 참되게 행하고 소박한 마음으로 나를 찾아라(창 17:1). 내 앞에서 참되게 행하는 자는 악한 자의 공격을 면할 것이요, 진리가 그를 모든 유혹자와 악한 자의 비방에서 벗어나게 할 것이다(요 8:32). 만약 진리가 너를 자유롭게 하면, 너는 참으로 자유로워지며 인간의 헛된 말에 동요하지 않을 것이다.

제자

주님, 그 말씀은 진리입니다. 당신의 말씀에 따라 간구하오니, 그 말씀이 내게 이루어지게 하소서. 당신의 진리로 가르치시고 보호하셔서,

끝날까지 나를 안전하게 보전하소서. 모든 악한 감정과 부절제한 사랑에서 벗어나게 하소서. 그리하면 마음의 큰 자유 안에서 내가 당신과 함께 행할 것입니다.

그리스도

무엇이 내 앞에서 올바르고 기뻐 받을 만한 일인지 내가 너에게 가르치겠다.

큰 슬픔과 걱정으로 자신의 죄를 반성하며, 자신의 선행을 내세워 으스대지 말라. 참으로 너는 죄인이요 여러 가지 열정에 사로잡혀 있으니, 항상 헛된 것에만 마음을 쏟고, 쉽게 넘어지고 쉽게 정복당하며, 쉽게 혼란해지고 쉽게 해이해진다. 너는 스스로 자랑할 것이 아무것도 없으되(고전 4:7) 수치스럽게 여길 것은 많으니, 이는 네가 네 자신의 생각보다 훨씬 더 연약하기 때문이다.

그러므로 네가 무엇을 행하든 그것을 크게 여기지 말라. 영원한 것 외에는 어떤 것도 중요하거나 귀하거나 놀랍거나 높거나 참으로 칭찬할 만하거나 바람직한 것으로 여기지 말라. 영원한 진리를 너의 가장 큰 즐거움으로 삼으며, 너 자신의 지극히 무가치함을 늘 안쓰럽게 여겨라. 너의 죄와 잘못을 무엇보다도 두려워하고 비난하고 피하라. 이러한 것이 세상의 어떤 보화를 잃는 것보다 더 슬퍼해야 할 일이다.

어떤 자는 내 앞에서 신실하게 행하지도 않으면서(고후 2:17) 호기심과 교만 때문에 나의 비밀을 알고자 하고 하나님의 고귀한 일들을 깨닫고자 하지만, 자신과 자신의 구원에 대해서는 신경을 쓰지 않는다. 이러한 자는 내가 그들을 거부하면 그 교만과 호기심 때문에 종종 큰 시험과 죄에 빠지게 된다. 너는 하나님의 심판을 두려워하고 전능자의 진노를 무서워하라. 지극히 높으신 이의 일에 관해 토론하지 말고 다만 자신의 불의가 어떠한지, 자신이 얼마나 큰 죄를 지었는지, 또 자신이 얼마나 선행에 게을렀는지 부지런히 살펴라.

어떤 자는 오직 책이나 그림 같은 외적인 기호와 방식으로만 자신의 헌신을 표현한다. 어떤 자는 입으로만 나를 말하고 마음으로는 별로 섬기지 않는다(사 29:13). 그러나 어떤 자는 지식에 깨달음을 얻고 감정이 정결하게 되어 항상 영원한 것을 사모하고, 이 세상 것에는 귀를 기울이려 하지 않으며, 본성적으로 필요한 일을 할 때마다 애석해한다. 이러한 자는 진리의 성령이 그들 안에서 하시는 말씀을 온전히 깨닫는다(시 25:5). 왜냐하면 진리의 성령은 그들에게 세상 것을 멸시하고 하늘의 것을 사모하며, 세상을 무시하고 밤이나 낮이나 하늘을 갈망하도록 가르치기 때문이다(시 1:2).

하나님 사랑의 놀라운 효과

제자

하늘에 계신 아버지, 우리 주 예수 그리스도의 하나님, 내가 당신을 찬양하니, 이는 당신께서 비천한 피조물인 나를 기억하겠다고 약속하셨기 때문입니다. 자비의 아버지시며 위로의 하나님(고후 1:3), 당신께 감사하니, 당신은 아무런 자격 없는 나에게 위안을 주셔서 새 힘을 얻게 하셨습니다. 내가 항상 당신의 독생자와 보혜사 성령과 더불어 영원토록 당신을 찬송하고 영화롭게 하겠습니다.

아, 내 영혼이 지극히 사랑하는 거룩한 주 하나님, 당신이 내 마음에 임하시면 내 속에 있는 모든 것이 기뻐 뛰놉니다. 당신은 나의 영광이시요, 내 마음의 큰 희열이십니다. 또한 당신은 나의 소망이시요 환난 날에 나의 피난처이십니다(시 32:7, 59:16).

그러나 나는 아직 사랑이 약하고 덕이 불완전하기에 당신의 힘과 위안을 필요로 합니다. 자주 찾아오셔서 모든 거룩한 교훈으로 나를 가르치소서. 악한 열정과 마음의 온갖 혼란스러운 애증에서 나를 자유롭게 하시고, 내적으로 온전히 정화되고 치유되어 올바로 사랑하게 하시며, 고난을 견딜 만큼 용기 있게 하시고, 신앙을 끝까지 지키게 하소서.

사랑은 위대한 것이니, 참으로 위대하고 선하다. 사랑은 모든 무거운 것을 가볍게 만들고 고르지 못한 것을 고르게 한다. 사랑으로 나르는 짐은 결코 짐이 아니요(마 11:30), 아무리 쓰디쓴 것도 사랑이 있으면 달콤하고 맛있게 된다. 예수님의 고상한 사랑은 사람이 위대한 일을 하도록 강권하고 항상 더욱 완전한 것을 바라도록 만든다.

사랑은 높여 주기를 바라며, 낮고 천하다고 해서 회피하지는 않는다. 사랑은 모든 세상의 애증으로부터 분리되어 자유롭기를 바라는데, 이는 내적인 통찰력이 방해를 받지 않고, 일시적인 번영에 얽매이지 않으며, 역경에 굴복되지 않기 위해서다.

하늘과 땅에서 사랑보다 더 감미롭고 더 용감하고 더 높고 더 넓고 더 기쁘고 더 충만하고 더 훌륭한 것은 없다. 왜냐하면 사랑은 하나님에게서 나온 것이요, 오직 하나님 안에만 거하고, 모든 피조물을 초월하기 때문이다.

사랑하는 자는 날고뛰고 즐거워한다. 그는 자유로우며 어떤 제지도 받지 않는다. 그 사람은 모든 것을 다 나눠 주나, 모든 것을 다 소유하고 있다. 왜냐하면 그는 만물 위에 계시면서 모든 좋은 것의 근원이 되시는 지존자 하나님을 의지하기 때문이다. 그는 은사 자체를 존중히 여기지 않고, 모든 좋은 것보다 이를 주신 하나님께로 자신을 돌이킨다. 사랑은 종종 한계를 뛰어넘어서 한량없이 뜨거워진다. 사랑은 짐을 느끼지 않고, 괴로움을 생각하지 않으며, 힘에 넘치는 일도 과감히 시도하고, 불가능하다고 불평하지 않는다. 사랑은 모든 것을 합당하게 여기고 모든 것이 가능하다고 믿기 때문이다. 그러므로 사랑은 모든 일을 감당할 수 있으며, 사랑하지 않는 자라면 기진맥진해서 쓰러질 많은 일들도 완수하고 효력을 발휘하게 한다.

사랑은 늘 깨어 있으며, 졸거나 자지 않는다. 사랑은 피곤해도 처지지 않으며, 압박을 받아도 굴복하지 않고, 위기가 닥쳐도 동요하지 않는다. 오히려 활기찬 불꽃과 타오르는 횃불처럼 사랑은 힘차게 위로 솟구치며 안전히 모든 역경을 돌파한다.

사랑하는 사람은 이 음성의 외침이 무엇인지 깨닫는다. 왜냐하면 열렬한 애정을 지닌 영혼이 "나의 하나님, 나의 사랑이시여, 당신은 나의 전부요 나는 당신의 전부입니다"라고 말할 때 이는 하나님의 귀에 우렁찬 외침이 되기 때문이다.

나의 사랑을 넓히소서. 그리하여 내 마음의 입으로 사랑이 얼마나 달콤한지 맛보게 하시고, 당신의 사랑 안에 녹아져 잠기게 하소서. 내가 사랑에 사로잡혀, 넘치는 열정과 감탄으로 나 자신을 초월할 수 있게 하소서.

내 사랑하는 하나님, 나로 하여금 사랑의 노래를 부르게 하시고, 높이 당신을 따르게 하시며, 내 영혼이 온전히 당신을 찬양하고 사랑으로 기뻐 뛰놀게 하소서. 나 자신보다 당신을 더 사랑하게 하시고, 나를 위해서가 아니라 당신을 위해 사랑하게 하소서. 그리고 사랑의 율법이 명하는 대로, 당신을 진실로 사랑하는 모든 자가 당신 안에서 환히 빛나게 하소서.

사랑은 민첩하고, 성실하며, 정감 있고, 기쁘며, 친근하고, 용감하며, 오래 참고, 신실하며, 신중하고, 늠름하며, 결코 자신의 유익을 구하지 않는다(고전 13:5). 어떠한 환경에서든 자신의 유익을 구하는 사람은 사랑에서 떨어진 자다(고전 10:33; 빌 2:21). 사랑은 조심스럽고, 겸손하며, 정직하다. 사랑은 경박하거나 유약하지 않으며, 헛된 일에 신경을 쓰지 않는다. 사랑은 술 취하지 않고, 순결하며, 한결같고, 조용하며, 매사에 경계를 게을리하지 않는다. 사랑은 상급자에게 순종하고, 자신에 대해서는 인색하며, 하나님께는 감사와 헌신을 드리고, 설사 하나님께서 어떤 달콤한 위안도 주지 않으실 때라도 늘 그를 의지하고 소망하는데, 이는 누구라도 슬픔 없이는 사랑 안에서 살 수 없기 때문이다.

모든 고통을 당할 각오가 되어 있지 않거나 사랑하는 하나님의 뜻을 행할 준비가 되어 있지 않은 사람은 하나님을 사랑하는 자라고 불릴 자격이 없다(롬 8:35). 사랑하는 자는 사랑하는 이를 위해 모든 어려움과 환난을 기꺼이 감수해야 하며, 어떠한 역경이 와도 사랑하는 이를 버려서는 안 된다.

그리스도에 대한 참사랑의 증거

그리스도

내 아들아, 너는 아직 용기 있고 사려 깊은 사랑을 가지지 못했다.

제자

왜 그렇게 말씀하십니까, 주님?

그리스도

이는 네가 조그만 역경에도 너의 직무를 이탈하고 너무나 열심히 위안을 구하기 때문이다. 용기 있는 사랑을 지닌 자는 시험에서 굳건히 견디며, 원수의 교활한 설득에 현혹되지 않는다. 번영 중에 내가 그를 기뻐하듯이, 역경 중에서도 그는 나를 슬프게 하지 않는다(빌 4:11-13).

신중한 사랑을 지닌 자는 자신이 사랑하는 이가 주시는 선물에 관심을 두기보다는 그 선물을 주시는 이에게 애정을 둔다. 그는 선물의 가치보다는 그 선의를 귀하게 여기고, 모든 선물은 자신이 사랑하는 이보다 아래에 둔다. 고상한 마음을 지닌 사랑의 사람은 선물 그 자체보다 나를 의지한다. 만약 네가 원하는 만큼은 되지 못할지라도 어느 정도의 애정을 나와 내 성자들에게 때때로 느낀다면, 모든 것을 다 상실한 것은 아니다.

네가 때때로 느끼는 달콤하고 좋은 애정은 은총이 함께한 결과요, 네 하늘 집에 대한 일종의 경험이다. 그러나 너는 여기에 너무 의지하지 말지니, 이러한 감정은 왔다가 가곤 하기 때문이다. 그러나 마음에서 일어나는 악한 동기와 싸우고 마귀의 제의를 비웃음으로 배척하는 일은 훌륭한 덕의 표징이니(마 4:10), 후에 큰 상급을 얻을 것이다.

그러므로 이상한 환상에 들떠 요동하지 말며, 어떤 문제에 관한 것이든 네 마음에 몰려 들어와 너를 괴롭히지 못하게 하라. 하나님을 향한 굳은 의지와 용기를 가지고 네 목표를 끝까지 견지하라. 때때로 네가 갑자기 높은 곳으로 끌려 올라가는 듯한 환희에 빠졌다가 곧바로 다시 떨어져 마음에 늘 숨어 있던 여러 허영으로 되돌아온다면, 이는 참된 환상이 아니다. 네가 이러한 일을 사모하는 것이 아니라 할 수 없이 당하곤 하니, 네가 그런 일을 싫어하고 대항해서 싸우는 한, 이는 결코 손실이 아니요 상급을 받을 만한 일이다.

옛 원수 마귀는 무슨 수단을 써서라도 선에 대한 너의 갈망을 방해하고 모든 경건한 수련을 막고자 애쓰고 있음을 명심하라. 특히 그가 방해하는 일들은 하나님의 성자들에 대한 존경과 나의 수난에 대한 경건한 기념, 죄에 대한 유익한 기억, 네 마음에 대한 경계, 덕의 진보를 위한 확고한 목표 설정 등이다. 마귀는 너에게 여러 가지 악한 생각을 주입해서, 네가 내적으로 지치고 무서워 기도와 경건한 독서를 하지 못하게 막으려고 한다. 마귀는 겸손한 고백을 싫어하며, 할 수만 있으면 영성체를 통한 하나님과의 교제도 막으려고 한다.

　마귀가 너를 속이려고 종종 올무를 놓으니, 너는 결코 그를 신뢰하지 말고 그에게 주의를 기울이지 말라. 마귀가 너에게 악하고 부정한 생각을 넣으려고 하거든 이렇게 꾸짖어라. "물러가라, 이 부정한 귀신아!(마 4:10, 16:23) 부끄럽지도 않은가, 너 비루하고 악한 것아! 내 귀에 그런 말을 속삭이다니, 너는 참으로 부정하기 짝이 없구나. 너 악한 거짓말쟁이야, 내게서 떠나라. 너는 나에게서 아무것도 얻지 못한다. 예수님께서 용맹한 장수가 되셔서 나와 함께 계시니, 너는 놀라 기겁할 것이다. 내가 마귀 너에게 동조하느니 차라리 죽음과 고문을 당하겠다. 고요하고 잠잠하라. 네가 아무리 많은 고통을 나에게 준다 해도 나는 더 이상 너의 말을 듣지 않겠다. '여호와는 나의 빛이요 나의 구원이시니 내가 누구를 두려워하리요'(시 27:1). 모든 군대가 나를 대항해 설지라도 내 마음은 두렵지 않으니, 이는 주께서 나의 보호자요 구원자이시기 때문이다."

　좋은 군사답게 싸워라(시 27:14; 딤전 6:12). 때때로 연약하여 넘어지더라도, 더욱 풍성한 나의 은총을 믿고 이전보다 더 강하게 일어서라. 너 자신의 헛된 쾌락과 교만을 물리치기 위해 각별히 주의하라.

　교만은 많은 사람들을 오류에 빠지게 하며, 때때로 거의 회생이 불가능할 정도로 눈멀게 한다. 교만한 자가 어리석게 주제넘은 행동을 하다가 넘어지는 것을 보면, 너는 경고를 받아 항상 겸손함을 유지하라.

겸손하게 은총을 숨김

그리스도

내 아들아, 헌신의 은총을 숨기는 것이 너에게 오히려 유익하고 안전하니, 너는 절대 들뜨지 말고 그에 관해 많은 말을 하지 말며 거기에 너무 집착하지 말라. 오직 너는 자신을 낮추고, 받은 은혜에 자격이 없는 자같이 이를 두려워하라. 그 기쁜 감정에 너무 열심히 의존하지 말라. 곧 반대 감정으로 바뀔 수도 있기 때문이다. 네가 은총을 받았을 때는, 그 은총이 없으면 얼마나 비참하고 궁핍할까를 생각하라.

네게 위로의 은총이 함께할 때만 영적인 생활에서 진보가 이루어지는 것은 아니다. 은총이 거두어질 때에라도, 네가 만일 기도의 훈련을 게을리하지 않고 그 외 여러 가지 일상의 의무를 소홀히 하지 않는 가운데 겸손과 자기 부인과 인내를 유지한다면, 큰 진보를 이룰 수도 있다. 너의 힘과 이해가 닿는 데까지 최선을 다해 너의 행할 바를 즐거이 행하고, 네가 느끼는 마음의 건조함과 걱정 때문에 자신의 의무를 포기하지 말라.

사람들 중에는 자신의 일이 성공을 거두지 못하면 금방 안달하고 자포자기하는 자가 많다. 인간의 길은 항상 자신의 권한 내에 있는 것이 아니요(렘 10:23; 롬 9:16), 오직 모든 것을 주시는 하나님께 속해 있다. 하나님은 자신이 원하실 때 원하는 자에게 원하는 만큼의 위안을 주시는데, 이는 사람이 그를 얼마나 기쁘시게 하느냐에 달려 있다.

조언을 받지 않은 어떤 자들은 헌신 생활의 은총 안에서도 자신을 파멸에 몰아넣곤 했는데, 이는 그들이 자신의 연약함은 고려하지 않고 이성의 판단보다는 마음의 욕심을 따라 자신의 능력 이상의 일을 하려고 덤볐기 때문이다. 또한 그들은 하나님을 기쁘시게 하기보다는 그저 더 큰 일을 떠맡는 데만 신경을 썼기 때문에 금방 그의 은총을 잃고 말았다.

스스로 하늘에 둥지를 만든 자들은 무기력하고 참담한 추방자로 전락했다(사 14:13). 그리고 나서야 결국 그들은 궁핍하고 겸손하게 되어 자신의 날개로 나는 대신 내 깃털 아래 의지하는 법을 배우게 되었다.

사려 깊은 사람의 조언에 따라 자신을 잘 관리하지 않는 한, 주님의 길에 관해 초심자요 초보자인 그들은 쉽게 속임수에 넘어가 산산조각으로 깨지기 쉽다. 만약 그들이 경험 많은 사람들을 신뢰하지 않고 자신의 견해에 따라서만 행동하고자 한다면, 그들의 결말은 위험하기 짝이 없다. 그러나 최소한 그들이 자신의 분별없는 기만에서 벗어나려는 의지만 있다면 상황은 달라질 것이다. 스스로 지혜롭다고 여기는 자가 겸손하게 다른 사람의 지시를 따르는 경우는 참으로 드물다. 지식은 적더라도 겸손함이 풍부한 것이(시 16:2, 17:10), 많은 배움의 보화를 지니고서 허망한 자기만족에 빠져 있는 것보다 훨씬 낫다. 너를 교만하게 만드는 것은 적게 지닐수록 좋다.

무분별한 자는 쾌락에 온통 몰두해서 이전의 자신의 무기력과 주님께 대한 정결한 두려움을 망각해 버리는데, 그 두려움이란 한 번 받은 은총을 잃는 것에 대한 두려움이다. 또한 역경이나 환난의 때에 절망적인 생각에 너무 많이 사로잡혀, 나에 대한 확신을 제대로 가지지 못하는 자

역시 지혜롭지 못하다.

평안한 때에 너무 자신만만해하는 자는, 전쟁의 때에 종종 지나치게 좌절하고 두려움에 사로잡히곤 한다. 만약 네가 지혜로워서 항상 네 안에 겸손함과 단정함을 유지하고 철저히 네 영을 절제하고 주관한다면, 너에게는 금방 위험이나 죄에 빠지는 일이 없을 것이다. 여기 조언이 하나 있으니, 곧 네 안에 영의 불이 뜨겁게 타고 있을 때 혹시 장래에 그 불이 꺼져 버리면 어떻게 될 것인지 곰곰이 생각해 보라는 것이다. 그리고 실제로 이러한 일이 일어나면, 그때는 너에 대한 경고로 내가 나의 영광을 위해 잠시 은총을 거두었으나 그 불은 조만간 다시 돌아올 것이라는 사실을 기억하라(욥 7장).

네가 너의 뜻에 따라 항상 모든 일에 형통하는 것보다 이렇게 시험당하는 것이 종종 더 유익하다. 왜냐하면 인간의 가치는 그가 얻는 위안과 환상의 많고 적음이나, 성경 지식의 많고 적음 혹은 입신 경험의 많고 적음에 의해 평가되는 것이 아니기 때문이다. 그 가치는 그가 진정한 겸손과 하나님의 사랑에 넘쳐 땅에 엎드리는지 그렇지 않은지, 그가 항상 순수하고 신실하게 하나님의 영예를 구하는지 그렇지 않은지, 그가 자신에 대해 전혀 생각하지 않고 다른 사람들에게 칭찬받을 때보다 멸시와 학대를 받을 때 더 즐거워하는지 그렇지 않은지에 의해 판가름 나는 것이다.

하나님 앞에서 자신을 낮춤

제자

재와 먼지에 불과한 내가 어떻게 주님께 한마디라도 할 수 있겠습니까?(창 18:27) 만약 내가 자신을 이보다 더 나은 존재로 여긴다면, 당신께서 나를 대적하여 서실 것이요 나의 죄가 참 증거를 드러내리니, 내가 결코 부인할 수 없을 것입니다. 그러나 만약 내가 자신을 비워 스스로 아무것도 아니라고 여기며 모든 자만심을 버리고 진토에까지 자신을 낮춘다면, 당신의 은총이 선하게 임하시며 당신의 빛이 내 마음에 가까이 오시리니, 그리하면 모든 자만심이 조금씩 나의 무(無)의 골짜기 안으로 삼켜져 들어가 영원히 사라져 버릴 것입니다. 거기서 당신은 당신을 내게 보이시고, 또 내가 현재 어떠한 자며 과거에 어떠했고 미래에 어떠할지 보여주시리니, 이는 내가 아무것도 아니요 아무것도 알지 못하기 때문입니다.

내가 혼자 남겨지면, 보소서, 나는 연약함 외에 아무것도 아닙니다. 그러나 당신이 잠시라도 나를 돌아보시면, 곧 강해지고 새로운 기쁨으로 넘치게 됩니다. 그리고 참으로 놀라운 일은, 나의 무거운 짐으로 인해 항상 밑으로 가라앉기만 하던 내가 당신의 품에 은혜롭게 안길 때 돌연 위로 올라가게 된다는 것입니다. 이는 당신의 사랑 때문이니, 당신의 사랑은 은혜로 나를 붙드시고, 수많은 궁핍에서 건져 주시며, 밀려오는 위험에서 지켜 주시고, 헤아릴 수 없는 악에서 끌어내 주십니다.

자신을 사랑할 때 나는 나 자신을 잃고 말지만(요 12:25), 당신만을 찾고 순수한 마음으로 당신을 사랑할 때 나는 당신뿐 아니라 나 자신도 찾게 됩니다. 그리고 그 사랑으로 인해 나는 더욱더 자신을 무로 여기게 됩니다. 지극히 다정하신 주님, 이는 당신께서 나의 모든 공로 이상으로 또한 내가 감히 바라고 부탁한 것 이상으로 나를 선대하시기 때문입니다.

나의 하나님, 당신께 경배드립니다. 이는 내가 비록 모든 선을 누릴 자격이 없지만, 당신의 고결한 관대하심과 무한한 선하심으로, 이 감사하지 않는 자를 끊임없이 선대하시고 멀리 떠난 자를 돌보시기 때문입니다(마 5:45). 우리가 당신께 돌이켜 감사와 겸손과 헌신을 드리니, 당신은 우리의 구원이시요 용기시요 힘이십니다.

만물의 최종 목적을 하나님께 둠

그리스도

내 아들아, 네가 진정 축복받기를 원한다면, 나를 너의 최고이자 궁극적인 목적으로 삼아라. 그러면 이러한 의지를 통해서, 너무나 자주 무절제하게 이기심과 피조물에 대한 열정에 빠지곤 하던 너의 감정이 정결하게 될 것이다. 어떤 것 안에서든 네 자신을 추구하면, 너는 곧 나약하고 무능해지고 만다. 그러므로 너는 모든 것을 나에게 돌려라. 이는 내가 모든 것을 준 자이기 때문이다. 모든 것이 다 최고선으로부터 흘러오는 것임을 명심하라(약 1:17). 그러므로 만물은 그것의 근원인 나에게로 돌려져야 한다.

생수의 원천인 나에게서 작은 자나 큰 자, 가난한 자나 부한 자가 다 같이 생명의 물을 길어가나니(요 4:14), 누구든지 나를 기꺼이 섬기는 자는 은혜 위에 은혜를 받을 것이다. 그러나 나 외에 다른 것 안에서 자랑하고자 하는 자나(고전 1:29) 자신의 어떤 선 안에서 즐거움을 얻고자 하는 자는 참된 기쁨을 누리지 못하고, 마음이 넓어지지 못하며, 다만 여러 가지로 훼방받고 핍절할 것이다. 그러므로 너는 너에게 선한 것이 조금이라도 있다고 여기지 말며 사람 안에 덕이 있다고도 여기지 말고, 오직 모든 것을 하나님께 돌려라. 하나님 없이는 사람이 아무것도 가질 수 없기 때문이다. 내가 너희에게 모든 것을 주었으니(고전 4:7), 나의 뜻은 모든 것이 내게 다시 돌아오는 것이다. 그리고 나는 내게 감사가 돌아오기를 엄밀히 요구한다.

이것이 진리이니, 이로써 헛된 자랑이 날아가 버릴 것이다. 하늘의 은총과 참사랑이 네 안에 들어가면 마음에 시기나 옹졸함이 없어질 것이요, 자기 사랑도 사라져 버릴 것이다. 하나님의 사랑은 모든 것을 이기며 영혼의 모든 능력을 증대시키기 때문이다. 만약 네가 진실로 지혜롭다면 오직 내 안에서만 즐거워할 것이요 내 안에서만 소망을 가지리니, 이는 하나님 한 분 외에는 선한 이가 없기 때문이다(마 19:17; 눅 18:19). 하나님은 모든 것 위에 높이 찬양받으시며 모든 것 안에서 축복받으실 분이시다.

세상을 경멸하고
하나님을 섬기는 복된 생활

제자

주님, 이제 내가 다시 말하고 잠잠하지 않으리니, 나의 주, 높이 계신 왕, 나의 하나님께 들리도록 내가 말하겠습니다. "주를 두려워하는 자를 위하여 쌓아 두신 은혜 곧 주께 피하는 자를 위하여 인생 앞에 베푸신 은혜가 어찌 그리 큰지요"(시 31:19).

그러면 당신을 사랑하고 온 마음으로 당신을 섬기는 자에게는 어떠하십니까? 당신을 묵상할 때 당신을 사랑하는 자에게 베푸시는 그 감미로움은 말로 다할 수 없습니다.

이 가운데서 무엇보다도 당신은 내게 당신에 대한 사랑의 감미로움을 보이시고, 내가 존재하지 않을 때 나를 만드셨으며, 내가 당신을 떠나 멀리 헤맬 때 나를 다시 돌아오게 하셔서 당신을 섬기며 당신을 사랑하도록 명하셨습니다(창 1:27; 시 119:73; 마 10:37).

영원한 사랑의 원천이시여, 내가 당신에 관해 무슨 말을 하겠습니까? 내가 멀리 떠나 길을 잃었을 때도 나를 기억하겠다고 약속하신 당신을 내가 어찌 잊을 수 있겠습니까? 당신은 당신의 종에게 상상하지 못할 긍휼을 보이셨으며, 공로에 훨씬 넘치는 호의와 자상함을 보이셨습니다. 이 은혜를 내가 어떻게 보답하겠습니까?(시 116:12) 모든 것을 버리고 세상을 떠나 수도 생활을 감당하는 것은 모든 사람에게 허락된 일이 아니기 때문입니다.

모든 피조물이 반드시 섬겨야 하는 당신을 내가 섬긴다 해서 이것이 대단한 일이 될 수 있겠습니까? 당신을 섬기는 것이 내게 큰일이 될 수는 없습니다. 오히려 당신께서 저처럼 보잘것없고 부족한 자를 받아 주시고 당신의 종으로 삼아 주시겠다고 약속하신 것이 내게는 참으로 크고 놀라운 일입니다.

보소서, 내가 가진 모든 것이 당신의 것이며, 당신을 섬기기 위해 사용하는 모든 도구도 당신의 것입니다(고전 4:7). 그런데 내가 당신을 섬기는 것이 아니라 당신이 나를 섬기십니다. 보소서, 인간을 섬기기 위해 당신이 창조하신 하늘과 땅은 늘 준비를 하고 당신이 명하신 모든 것을 매일 이행하고 있습니다. 또한 이것도 모자라, 당신은 천사들까지 지정하셔서 인간에게 봉사하게 하셨습니다(시 91:11; 히 1:14). 그러나 이 모든 것보다 더욱 놀라운 일은 당신께서 친히 인간을 섬기시고 그에게 자신을 주시겠다고 약속하신 것입니다.

이 끝없는 은혜에 대해 내가 당신께 무엇을 드릴 수 있습니까? 내가 사는 동안 매일 당신을 섬길 수만 있으면 좋겠습니다. 바라기는, 최소한 단 하루만이라도 당신께 흡족한 봉사를 해드릴 수 있으면 좋겠습니다. 진실로 당신은 모든 봉사와 영예와 영원한 찬양을 받으시기에 합당하신 분이십니다. 진실로 당신은 나의 주님이시오 나는 당신의 보잘것없는 종이니, 내가 마땅히 해야 할 일은 온 힘을 다해 당신을 섬기고 쉼 없이 당신을 찬양하는 것입니다. 이것이 내가 원하고 바라는 바니, 부디 당신께서 내게 부족한 것을 다 채워 주시길 간구합니다.

당신을 섬기고 당신을 위해 모든 것을 경멸하는 일은 크나큰 영예요 영광입니다. 당신께 지극히 거룩한 봉사를 드리기 위해 자신을 기꺼이 굴복시키는 자에게는 크나큰 은총이 주어질 것입니다. 당신을 사랑하기 위해 모든 육신의 희락을 던져 버리는 자는 성령의 크신 위로를 얻게 될 것입니다(마 19:29). 당신의 이름을 위해서 좁은 길로 들어가며(마 7:14) 모든 세속적인 관심을 끊어버리는 자는 마음의 크나큰 자유를 얻을 것입니다.

아, 하나님께 대한 봉사는 참으로 감미롭고 즐거우니(마 11:30; 요일 5:3), 이를 통해 사람이 진정 자유롭고 거룩하게 될 것이다! 아, 신앙의 봉사는 얼마나 거룩한 일인지요! 이를 통해 사람은 천사와 동등하게 되며 하나님을 기쁘시게 하고 마귀를 떨게 하니, 모든 신실한 자에게서 칭송을 들을 만한 일입니다. 아, 봉사를 원하고 바라오니, 그 안에서 우리는 가장 좋은 것으로 보상을 받고 끝없는 기쁨을 얻게 됩니다!

반성하고 절제해야 할 욕망

그리스도

내 아들아, 너는 아직 배움이 부족하니 많은 것들을 더 배울 필요가 있다.

제자

그것이 무엇입니까, 주님?

그리스도

너의 소욕을 나의 선하고 기뻐하는 뜻에 전적으로 맞추며(시 108:1; 마 6:10), 자신에 대한 사랑을 버리고 나의 뜻을 열심히 따르는 것이다. 여러 가지 갈망과 소욕이 네 안에서 자주 불일 듯 일어나 사정없이 너를 몰아가니, 너는 혹시 자신의 이익을 위해 움직이고 있는지 아니면 나의 영예를 위해 움직이고 있는지 늘 숙고하라. 만약 그 일이 나로 말미암아 온 것이면, 너는 내가 마련한 모든 것을 통해서 온전한 만족을 얻을 것이다. 그러나 만약 네 안에 자신을 추구하는 마음이 숨어 있으면(빌 2:21) 보라, 네가 훼방을 받을 것이요 속으로 억눌림을 당할 것이다.

그러므로 너는 자신의 선입견이 담긴 소욕에 너무 의지하지 말고 먼저 나의 조언을 구하라. 그렇지 않으면 나중에 후회하게 되리니, 처음에는 즐겁던 일이 괴롭게 될 것이며, 처음에는 최선으로 여겨 열심히 추구하던 일이 오히려 너를 불쾌하게 할 것이다. 어떤 생각이 좋아 보인다고 금방 따르지 말고, 반대로 어떤 감정이 네게 거슬린다고 단번에 폐기하지 말라.

때로는 선한 소욕과 열심도 자제해야 할 필요가 있으니, 이는 지나친 열정으로 인해 마음이 곤비해지는 것을 막고, 자제심이 부족한 것으로 인해 다른 사람들 가운데 너에 관한 악담이 생겨나지 못하게 하며, 다른 사람들의 저지와 저항을 받아 네가 갑자기 흥분하여 타락하지 못하게 하려 함이다.

때때로 너는 자신에게 육체적인 학대를 가할 필요가 있으니(빌 2:12), 육신이 원하든 원하지 않든 상관없이 너는 담대하게 너의 감각적인 취향을 거부하라(롬 8:1-13; 고후 4:10, 10:3). 육신의 뜻을 거부하는 수고를 감당하면 육신이 영에 복종하게 될 것이다(고전 9:27). 또한 육신에게는 더 이상 주인 노릇을 하지 못하도록 억누르고 채찍질할 필요가 있으니, 모든 일에 준비가 되고, 작고 평범한 일에도 만족하며, 더 이상 불편함 때문에 불평하는 일이 없을 때까지 그리하라.

인내를 얻고 정욕을 거부함

제자

주 나의 하나님, 내가 분명히 깨닫는바 인내가 나에게 지극히 필요합니다(히 10:36). 이는 많은 역경이 이 세상 삶 속에서 우리에게 일어나기 때문입니다. 내가 평화를 얻기 위해 무슨 계획을 세울지라도, 나의 삶은 결코 전쟁과 슬픔을 피할 수 없습니다(욥 7:1).

그리스도

그렇다, 내 아들아. 그러나 나의 뜻은 이러하니, 곧 너는 어떠한 시험도 없고 역경도 느껴지지 않는 평화를 구하지 말고, 오히려 각종 환난으로 훈련받고(약 1:2) 많은 역경으로 시험당할 때 평화를 발견하게 됨을 기억하라. 만약 네가 여기서 그것을 참고 견딜 수 없다면, 죽은 후에 불을 어떻게 견디겠느냐? 두 가지 악한 일 중에 가벼운 것을 항상 택하는 법이다. 네가 장래에 영원한 징벌을 면하고자 하거든, 하나님을 위해 현재의 불행을 인내로써 견디도록 노력하라.

　너는 이 세상 사람들이 고난을 전혀 혹은 거의 겪지 않는다고 생각하느냐? 크나큰 쾌락을 누리고 있는 듯이 보이는 사람들에게 물어보라. 그들의 대답은 네 예상과 전혀 다를 것이다. 그러나 너는 그들이 많은 쾌락을 누리며 자신의 고통에 관해서는 많은 생각을 하지 않는다고 말할 것이다. 옳다. 그들은 자신이 원하는 대로 행동한다. 그러나 그것이 얼마나 지속될 수 있다고 생각하느냐? 보라, 이 세상의 부요한 자들은 연기처럼 흩어질 것이요(시 68:2), 그들의 과거 희락을 기억할 수 없을 것이다! 그들은 아직 살아 있는 동안에도 쓰라림과 피곤과 두려움에서 벗어날 수가 없다. 이는 그들이 희락을 얻으리라고 기대하던 것에게서 종종 비탄이라는 징벌을 받곤 하기 때문이다. 무절제하게 쾌락을 추구하고 따르던 그들이 그 쾌락으로 말미암아 수치와 쓰라림을 당하는 것 역시 당연한 일이 아닐 수 없다.

　아, 그러한 모든 쾌락은 얼마나 짧고 얼마나 허망하며 얼마나 혼란스럽고 지저분한가! 그러나 사람들은 술 취하고 눈멀어 이를 깨닫지 못한다. 마치 미련한 짐승처럼 이 썩어질 세상의 작은 쾌락을 위해 영혼의 죽음도 마다하지 않는다. 그러므로 내 아들아, 너는 네 정욕을 따르지 말고 너의 탐욕을 삼가라. "또 여호와를 기뻐하라. 그가 네 마음의 소원을 네게 이루어 주시리로다"(시 37:4).

　네가 참 희락과 나에게서 오는 풍성한 위안을 얻기 원한다면, 모든 세상 것들을 경멸하고 비천한 쾌락을 다 끊어라. 그리하면 큰 축복과 넘치는 위안이 너와 함께할 것이다. 그러나 처음에는 이 위안을 얻는 데에 어느 정도의 서글픔과 힘겨운 투쟁이 따를 것이다. 해묵은 옛 습관이 저항할 터이나, 더 좋은 습관에 의해 그것은 전부 극복될 것이다. 육신이 너에게 불평할 것이나, 영의 뜨거운 열기가 그 불평을 잠재울 것이다. 옛 뱀이 너를 유혹하고 괴롭힐 터이나, 기도에 의해 이를 물리칠 수 있을 것이다. 또한 기도를 잘 사용하면 마귀의 더 큰 접근도 막을 수 있을 것이다.

그리스도의 본을 따른 겸손한 순종

그리스도

내 아들아, 순종을 거부하는 자는 은총에서 멀어질 것이요, 각별한 특권을 추구하는 자는 모든 사람에게 공통으로 주어지는 특권들을 잃고 말 것이다(마 16:24). 상급자에게 기쁜 마음으로 자원하여 순복하지 않는 사람은 그의 육신이 아직 영에 완전히 순종하지 않고 때때로 저항과 불평을 일삼는다는 증거다. 그러므로 네가 자신의 육체를 계속 멍에 아래 두기 원한다면, 너의 상급자에게 재빨리 순복하기를 힘써라. 이는 내적인 사람이 늑장을 부리지 않으면 외부의 적을 더 빨리 정복할 수 있기 때문이다.

네가 성령과 조화를 이루고 있지 않으면, 네 영혼의 가장 크고 고통스러운 대적은 바로 너 자신이 될 것이다. 네가 혈과 육에 대항해서 이기고자 한다면, 자신에 대한 진정한 경멸이 참으로 필요하다.

네가 아직 자신을 너무 무절제하게 사랑하고 있기 때문에, 자신을 다른 사람의 뜻에 전적으로 내맡기기를 두려워한다. 만물을 무에서부터 창조한 전능자요 지극히 높은 자인 나도 너를 위해 겸손히 사람에게 복종했는데, 진토요 무에 불과한 네가 하나님을 위해 사람에게 순복한다고 해서 그것이 대단한 일이겠느냐?(눅 2:7; 요 13:14) 내가 모든 사람 가운데 가장 비천하고 비참한 자가 되었으니, 이는 네가 나의 겸손으로써 너의 교만을 극복하게 하려 함이다.

먼지여, 너는 순종하는 법을 배워라. 진토여, 너는 겸손하게 되기를 힘쓰고 모든 사람의 발 아래 엎드리는 법을 배워라. 너 자신의 뜻을 깨뜨리고 모든 사람의 종이 되는 법을 배워라. 자신에 대해 맹렬히 분노하고, 네 안에 교만이 거하지 못하도록 몰아내라. 오직 겸손하고 자신을 지극히 작게 낮추어, 모든 사람이 네 위로 행하고 거리의 진흙처럼 너를 짓밟고 가게 하라.

헛된 사람아, 네가 무슨 불평할 것이 있느냐? 추악한 죄인이여, 너를 욕하는 자에게 네가 무슨 대답을 할 수 있느냐? 너는 자주 하나님을 거역하고, 지옥에 가야 마땅할 일들을 여러 번 행하지 않았느냐? 그러나 나의 눈이 너를 아꼈으니, 이는 너의 영혼이 내 앞에 고귀하기 때문이다. 그러므로 너는 나의 사랑을 깨닫고, 나의 호의에 감사하라. 또한 너는 계속 참 순종과 겸손을 유지하고, 너에게 닥칠지 모르는 어떠한 멸시도 인내로써 참고 견뎌라.

교만을 버리기 위해 하나님의 심판을 상고함

제자

주님, 당신께서 내게 천둥처럼 심판을 발하시니, 내 온 뼈가 두려움과 떨림으로 흔들리고 나의 영혼이 혼비백산합니다. 내가 놀라 일어서서 "하늘이라도 그가 보시기에 부정하거든"(욥 15:15)이라는 말씀을 상고합니다. 당신께서는 천사들에게서도 악함을 발견하시고(욥 4:18) 그들을 아끼지 않으셨는데, 내가 과연 어찌 되겠습니까? 별들마저도 하늘에서 떨어졌는데(계 8:10), 먼지에 불과한 내가 무슨 기대를 걸겠습니까? 치하할 만하게 보이던 자가 가장 낮고 비참한 처지로 굴러 떨어졌으며, 이전에 천사의 떡을 먹던 자가(시 78:25) 돼지 먹이에 기뻐 달려드는 것을 내가 보았습니다.

그러므로 주님, 당신께서 손을 거두어들이시면 고상함이 있을 수 없습니다. 주님이 우리를 다스리지 않으시면 지혜가 아무 소용도 없습니다. 당신이 우리를 견고히 붙들지 않으시면 용기가 아무 도움도 주지 못합니다. 당신이 보호해 주지 않으시면 결코 순결을 유지할 수 없습니다. 당신의 거룩한 경성하심이 우리와 함께하지 않으시면 우리 자신의 경계가 아무 소용도 없습니다. 이는 우리가 혼자 남겨지면 가라앉고 멸망하나, 당신이 우리에게 오시면 솟아올라 살게 되기 때문입니다. 진실로 우리는 견고하지 못하나 당신을 통해 확고해지고, 시들어 차가우나 당신에 의해 불타오르게 됩니다.

아, 나는 스스로를 얼마나 낮고 천하게 생각해야 하는지요! 나에게 어떤 선한 것이 있어 보일 때 나는 얼마나 그것을 무로 여겨야 하는지요! 당신의 측량할 수 없는 판단에 나는 얼마나 깊은 겸손으로 복종해야 하는지요! 주님, 내가 어디서 나 자신이 여전히 무에 불과하다는 사실을 발견할 수 있겠습니까? 측량할 수 없이 크신 분이시요 결코 건널 수 없는 바다이신 주님, 내가 거기서 전적으로 무라는 것을 발견하게 됩니다. 그러니 어디에 영광을 감출 수 있겠으며, 덕이 있음을 확신할 수 있는 곳이 어디에 있겠습니까? 모든 헛된 자랑은 나에 대한 심판의 심오함 안에서 삼켜져 버립니다.

당신이 보시기에 모든 육체는 무엇입니까? 과연 진흙이 자기를 만드신 자 앞에서 자랑할 수 있습니까? 진실한 마음으로 하나님께 순복하는 자가 어떻게 헛된 말로 인해 들뜨겠습니까?(사 29:16) 진리에 복종하는 자는 어떤 말로도 부추길 수 없으며, 그의 모든 소망을 하나님 안에 확고히 두는 자는 그를 칭찬하는 사람들의 혀에 의해 요동하지 않습니다. 말하는 자 역시 아무것도 아니니, 그들은 자기의 말소리와 함께 다 사라져 버리지만 주님의 진리는 영원히 남습니다(시 117:2).

바라는 것에 대해 가져야 할 태도

그리스도

내 아들아, 너는 모든 일에서 이렇게 말하라. "주님, 이것이 주께서 기뻐하시는 일이면 그대로 이루어지게 하소서(약 4:15). 주님, 이것이 당신께 영광이 된다면, 당신의 이름으로 이 일을 이루소서. 주님, 이것이 당신 보시기에 선하고 나에게 유익이 된다면, 내가 이것을 당신의 영광을 위해 사용하도록 허락해 주소서. 그러나 만약 이것이 나에게 해롭고 내 영혼의 건강에 아무런 유익도 주지 못한다면, 그런 열망을 내게서 거두어 가소서."

사람의 눈에는 선하고 올바르게 보일지라도, 모든 소욕이 다 성령께 속한 것은 아니다. 너의 소욕이 선한 영에 의해 일어났는지 악한 영에 의해 일어났는지 아니면 너 자신의 영에 의해 생겨났는지 정확히 판단하기는 참으로 어렵다. 많은 사람들이 처음에는 선한 영의 인도함을 받는 것같이 따라가다가 결국 속곤 한다. 그러므로 마음에 무슨 소욕이 일어나거든, 너는 항상 하나님께 대한 두려움 가운데서 겸손한 마음으로 기도한 후에 비로소 그 소욕을 취하든지 버리든지 하라.

무엇보다도 너는 자신을 온전히 버리고 모든 것을 나에게 맡겨라. 그리고 이렇게 말하라. "주님, 당신은 무엇이 나를 위한 최선인지 잘 아시니, 당신의 뜻대로 일을 이루소서. 당신이 원하시는 것을 원하시는 만큼 원하시는 때에 나에게 주소서. 당신 생각에 선하신 대로, 당신이 가장 기뻐하시는 대로, 당신의 영광이 가장 잘 드러나도록 나의 일을 처리하소서. 당신이 원하시는 곳에 나를 두시고 당신이 원하시는 대로 모든 일을 처리하소서. 나는 당신 손 안에 있으니, 당신이 원하시는 방식대로 나를 어디로든지 이끄소서. 보소서, 나는 당신의 종이니, 무슨 일이든 준비가 되어 있습니다. 나는 일을 가치 있고 온전하게 하기 위해 자신을 버리고 당신을 향해 살기를 원합니다."

하나님의 뜻이 이루어지기를 구하는 기도

지극히 자비로우신 예수님, 당신의 은총을 나에게 허락하셔서 항상 나와 함께 있게 하시고, 나와 함께 수고하게 하시며, 끝날까지 내 곁에 머물게 하소서. 내가 항상 당신께 가장 기쁘고 가장 받으실 만한 일만 바라고 원할 수 있도록 허락하소서. 당신 뜻이 내 뜻이 되게 하시며, 내 뜻이 항상 당신 뜻을 따라 당신 뜻과 완전히 일치되게 하소서. 나의 원함과 원하지 않음이 모두 당신의 것과 일치되게 하시고, 당신의 뜻과 일치되지 않는 것은 원할 수도 없게 하소서.

이 세상에 속한 모든 것에 대해 죽게 하시고, 당신을 위해 이 세상에서 이름 없이 멸시받게 하소서. 내가 바랄 수 있는 다른 모든 것보다 먼저 내가 당신 안에서 쉼과 마음의 평화를 얻게 하소서. 당신은 진정한 마음의 평화이시요 유일한 안식처이십니다. 당신을 떠나면 모든 것이 힘겹고 쉼이 없습니다. 바로 이 평화요, 오직 지극히 높으시고 영원히 선하신 당신 안에서 내가 자며 쉴 것입니다(시 4:8). 아멘.

하나님 안에서만 발견되는 참된 평안

제자

나는 나의 위안을 위해서 무엇을 바라거나 상상하는 것을 이 세상에서 구하지 않고 저 세상에서 구한다. 이는 설사 내가 세상의 모든 위안을 얻고 모든 희락을 누린다 할지라도(마 16:26), 그것들이 오래 지속될 수 없음을 확실히 알기 때문이다. 그러므로 내 영혼아, 너는 하나님 외에는 어디에서도 온전한 위안과 기쁨을 얻을 수 없으니(시 77:1-2), 하나님은 가난한 자의 위로자요 겸손한 자의 후견자이시다.

내 영혼아, 너는 조금만 더 하나님의 약속을 기다려라. 그리하면 하늘의 모든 좋은 것들을 풍성히 얻을 것이다. 만약 네가 현재의 것을 무절제하게 갈망한다면 하늘의 영원한 것을 놓치게 될 것이다. 일시적인 것은 사용하고, 영원한 것을 갈망하라. 너는 일시적인 사물로는 만족함을 얻을 수 없으니, 이는 네가 그런 것을 누리며 즐거워하도록 창조되지 않았기 때문이다.

네가 모든 피조물을 소유한다 할지라도 거기서 기쁨과 행복을 찾을 수 없으리니, 오직 만물을 창조하신 하나님 안에서만 온전한 행복과 축복을 누릴 수 있을 것이다. 그러한 행복은 세상을 사랑하는 어리석은 자에게는 보이거나 느껴지지 않으며, 오직 착하고 충실한 그리스도의 종들과 신령하고 마음이 정결하여 시민권이 하늘에 있는 자들만이(빌 3:20) 이를 고대하고 때때로 맛볼 수 있다. 모든 인간의 위안은 짧고도 헛되다. 진리로부터 내적으로 받는 위안이 참되고 복된 위안이다.

헌신의 사람은 어디를 가든지 항상 자신의 위로자 예수님을 모시고 다니며 늘 이렇게 말한다. "주 예수님, 언제 어디서나 나와 함께 계셔주소서. 모든 인간적인 위안을 기쁜 마음으로 끊는 이것이 나의 위안이 되게 하소서. 그리고 당신의 위안이 나와 함께하지 않을 때는, 나에 대한 당신의 뜻과 공정한 시험이 나의 크나큰 위안이 되게 하소서. 이는 당신의 분노가 항상 지속되지 않으며, 당신의 위협이 영원히 계속되지 않는 줄 알기 때문입니다(시 103:9)."

모든 염려를 하나님께 맡김

그리스도

내 아들아, 너는 내가 기뻐하는 일을 행하고자 애써라. 나는 너에게 무엇이 가장 좋은 일인지 알기 때문이다. 너는 보통 사람들처럼 생각하고, 많은 일에서 인간적인 느낌에 따라 판단한다.

제자

주님, 당신의 말씀이 옳습니다. 당신이 나를 위해서 염려하시는 것이 내가 나 자신을 위해서 염려하는 것보다 더 크십니다(마 6:30). 자신의 모든 염려를 당신께 드리지 않는 사람은 제대로 서 있지 못하고 심히 비틀거리게 됩니다. 주님, 만약 나의 의지가 당신을 향해 곧고 굳게 서 있을 수만 있으면, 내가 무엇을 하든지 당신을 기쁘시게 할 수 있을 것입니다. 당신이 나와 함께 일하시면 무엇이든지 선한 것이 되지 않을 수 없기 때문입니다.

만약 내가 어두움 가운데 처하는 것이 당신의 뜻이라면, 당신께서 찬양받으소서. 만약 내가 빛 가운데 거하는 것이 당신의 뜻이라면, 역시 당신께서 찬양받으소서. 만약 내게 위안을 허락해 주신다면, 당신께서 찬양받으소서. 그리고 만약 내게 고통을 주시고자 하신다면, 그래도 똑

같이 당신께서 찬양받으소서.

그리스도

내 아들아, 네가 만약 나와 함께 행하기를 바란다면, 너의 태도가 이와 같아야 한다. 너는 희락뿐 아니라 고통도 기꺼이 받을 준비가 되어야 한다. 너는 충만과 부요뿐 아니라 궁핍과 가난까지도 기쁜 마음으로 받아들여야 한다.

제자

주님, 당신을 위해서 나는 당신의 허락 하에 닥치는 모든 고난을 기쁜 마음으로 감당하겠습니다(욥 2:10). 나는 당신의 손에서 선과 악, 단 것과 쓴 것, 기쁨과 슬픔을 구별 없이 기꺼이 받으며, 내게 닥치는 모든 일에 대해 감사할 것입니다. 나를 모든 죄에서 안전하게 지키소서. 그리하면 내가 죽음과 지옥도 두려워하지 않겠습니다(시 23:4). 당신이 나를 영원히 쫓아내지 않으시고 나의 이름을 생명책에서 지워 버리지 않으시는 한, 어떤 환난도 결코 나를 해하지 못할 것입니다.

그리스도의 본을 따라 현세의 고난을 인내함

그리스도

내 아들아, 나는 너를 구원하기 위해 하늘에서 내려와(요 3:13) 너의 고난을 감당했나니(사 53:4), 내가 이와 같이 행한 것은 필요 때문이 아니요 사랑 때문이었다. 그러므로 너는 인내를 배우고 불평 없이 세상의 일시적인 고통을 견뎌라.

나는 태어난 날부터 십자가에 달려 죽는 순간까지 슬픔과 고난에서 벗어나 본 적이 없었다. 나는 세상 것들에 있어서 지극히 궁핍했으며, 나에 대한 불평도 많이 들었으나 모든 창피와 욕설을 온유하게 참아 냈다. 은혜를 베풀었으나 배신을 당했으며, 기적을 베풀었으나 모독을 겪었고, 하늘의 가르침을 베풀었으나 비난을 받았다.

제자

주님, 당신은 생전에 여러 고난을 참으시면서도 아버지의 계명을 온전히 지키셨습니다(요 5:30). 그 때문에 지극히 비천한 죄인인 내가 당신의 뜻을 따라 나 자신을 참고 인내하며, 당신께서 나를 위해 선택해 주신 것이기에, 이 썩을 수밖에 없는 삶의 짐을 내 영혼의 안녕을 위해 감당하고자 합니다. 현재의 삶은 비록 부담스럽지만 당신의 은총으로 인해 큰 유익이 되며, 당신의 본과 성자들의 발자취로 말미암아 연약한 자들에게 더욱 분명하고 견딜 만한 것이 됩니다.

지금은 이전의 구약 시대보다 훨씬 더 위로가 넘치니, 구약 시대에는 하늘문이 닫혀 있었고, 하늘 가는 길도 희미했으며, 하늘나라를 찾으려고 관심을 쏟는 자도 적었습니다(마 7:14). 뿐만 아니라 그때에는 구원을 얻기에 합당할 만큼 의로운 자들도 하늘나라에 들어가지 못하고, 당신께서 수난당하셔서 거룩하신 죽음으로 우리 빚을 온전히 탕감해 주실 때까지 기다릴 수밖에 없었습니다.

아, 당신께서 나와 모든 신실한 자들에게 당신의 영원한 나라에 들어가는 올바르고 선한 길을 보여주셨으니, 내가 얼마나 감사를 드려야 하는지요! 당신의 삶은 우리의 길이니, 거룩한 인내로써 우리가 우리의 면류관이신 당신께로 나아갑니다. 만약 당신께서 앞서 가셔서 우리를 가르치지 않으셨다면, 누가 감히 따를 수 있었겠습니까! 오호라, 당신의 지극히 고귀한 본을 상고하지 않았다면, 얼마나 많은 사람들이 뒤에 남아 멀리 쳐졌겠습니까! 보소서, 우리가 당신의 수많은 기적과 가르침을 듣고서도 이렇게 차가운데, 만약 당신께로 이끄는 큰 빛이 우리에게 없었다면 우리가 어찌 되었겠습니까!(요 12:46)

상처를 견디는 것과 참된 인내의 증거

그리스도

내 아들아, 네가 무슨 말을 하느냐? 불평을 그치고 나의 수난과 다른 성인들의 고난을 상고해 보라. 너는 아직 피 흘리기까지 저항하지 않았다(히 12:4). 너는, 저 크나큰 고난과 강한 시험과 비통한 고초를 당하고 여러 가지로 시련을 겪은 자들에 비해 아주 적은 고난을 받고 있을 뿐이다(히 11:37). 그러므로 너는 다른 사람들이 진 더 큰 고난의 짐을 상기하라. 그리하면 너의 작은 고난을 더 쉽게 감당할 수 있을 것이다. 만약 너의 짐이 작아 보이지 않거든, 네가 인내하지 못하기 때문에 그렇게 보이는 것은 아닌지 주의해서 살펴라. 아무튼 짐이 크든 작든 간에 인내로써 그 짐을 지려고 최선을 다하라. 네가 인내하고자 애쓰면 애쓸수록 너는 더 지혜롭게 행동하는 것이요, 더 큰 상급을 얻게 될 것이다. 만약 마음과 습관으로써 부지런히 인내하며 준비한다면, 고난을 훨씬 쉽게 견딜 수 있을 것이다.

너는 이렇게 말하지 말라. "나는 그런 사람에게서 이러한 고초를 당하는 것을 참을 수 없습니다. 이는 그가 나에게 큰 잘못을 저질렀고, 상상하지도 못할 누명을 씌웠기 때문입니다. 그러나 다른 사람에게서 당하는 고초라면 내가 기꺼이 견디고, 다른 종류의 일이라면 내가 잘 참을 것입니다." 이러한 생각은 어리석은 것이니, 이는 인내의 덕이 무엇인지 모르며, 인내의 면류관이 누구에 의해 주어지는지도 생각하지 않고, 다만 잘못과 그 잘못을 저지른 사람만 중시하는 까닭에서 오는 것이다.

자신이 좋다고 여기는 한도 내에서만 인내하고 자기가 좋아하는 사람만 참아 주는 사람은 진정으로 인내하는 사람이 아니다. 그러나 참으로 인내하는 사람은 누가 고난을 주든 상관하지 않는다. 상급자든 동급자든 아니면 하급자든, 또 선하고 거룩한 사람이든 악하고 천한 사람이든 상관없이 다 참는다. 또한 어떠한 피조물에게서 얼마만큼 얼마나 자주 역경이 밀어 닥치느냐에 상관없이, 이를 하나님께서 주신 것으로 알고 감사히 받으며 큰 이익으로 생각한다. 하나님이 함께하실 때 아무리 작은 고난이라도 하나님을 위해 잘 견디면, 반드시 보상을 받게 되기 때문이다.

그러므로 네가 승리를 얻고자 한다면 항상 싸울 준비를 하라. 싸움 없이 너는 결코 인내의 면류관을 얻을 수 없다(딤후 2:3-5). 네가 참기를 싫어한다면 이는 면류관을 거부하는 것이다. 만일 네가 면류관 얻기를 바란다면 담대하게 싸우고 굳건히 인내하라. 노동이 없이는 휴식이 있을 수 없고, 싸움이 없이는 승리가 있을 수 없다.

제자

주님, 나의 본성으로는 불가능한 듯하니, 당신의 은혜로 이 일을 가능하게 하소서. 당신은 내가 조금밖에 견딜 수 없다는 것과 조그만 역경이 와도 곧 넘어진다는 사실을 잘 아십니다. 당신의 이름을 위해서 모든 환난의 훈련을 바람직하게 여기도록 만드소서. 당신을 위해 고난을 잠자코 견디는 일은 내 영혼에 매우 유익하기 때문입니다.

인간의 연약함과 삶의 고난

제자

내가 부득이 나 자신의 불의를 고백하며(시 32:5) 나의 연약함을 주님께 고백합니다. 조그만 일들이 자주 나를 슬프게 하고 괴롭힙니다. 용기 있게 행동하겠노라고 다짐해 보지만, 조그만 시험이라도 찾아오면 나는 대번에 큰 고민에 빠집니다. 때때로 아주 사소한 일에서부터 큰 시험이 시작됩니다. 느긋하고 안전하다고 생각하는 그때에, 느닷없이 숨 한번 제대로 쉬지 못하고 시험에 완전히 붙잡히는 경우가 종종 있습니다.

그러므로 주님, 나의 비천한 상태를 보소서(시 25:18). 모든 면에서 연약한 나의 모습을 당신께 고백합니다. 나를 긍휼히 여기시고 수렁에서 건지소서. 내가 수렁에 깊이 박혀 영원히 버린 바 되지 않게 하소서(시 69:14). 나는 넘어지기 쉽고 자신의 정욕을 제어하기에 너무 연약하기 때문에, 자주 뒷걸음질하고 당신 앞에서 당황하게 됩니다. 내가 정욕을 완전히 따르는 것은 아니지만, 정욕의 끈질긴 공격이 나를 우울하고 괴롭게 합니다. 매일 이와 같은 갈등 속에서 산다는 것은 너무나 지겨운 일입니다. 못된 공상들이 내 마음속으로 쉽게 몰려들어 잘 떠나지 않으니, 나의 연약함을 내가 잘 알 수 있습니다.

이스라엘의 전능하신 하나님, 신실한 영혼들을 뜨겁게 사랑하시는 주님! 당신은 당신 종의 노고와 슬픔을 돌아보시고 그가 감당하는 모든 일에서 그를 도와주시는 분이십니다. 하늘의 용기로써 나를 강하게 하셔서, 옛 사람 곧 아직 영에 온전히 순복하지 않은 비천한 육신이 승리를 거두어 활개 치지 못하게 하소서. 나는 이 비천한 삶을 사는 동안 육신과 싸워야 할 필요가 있습니다.

오호라, 이것이 어찌된 삶이기에 환난과 고초가 끊이지 않고 올무와 원수가 우글대는 것입니까! 한 가지 시험과 환난이 지나가면 또 다른 것이 오고, 첫 번째 싸움이 아직 계속되고 있는 동안 다른 많은 것들이 예기치 않게 줄지어 다가오고 있습니다. 이렇게 큰 쓰라림이 있고 수많은 재난과 고초가 있는 삶을 어떻게 사랑할 수 있습니까? 또한 이렇게 많은 죽음과 질병을 만들어 내는 것을 어떻게 삶이라고 부를 수 있습니까? 그런데도 사람들은 이를 사랑하고 그 안에서 희락을 찾고자 합니다. 사람들은 세상을 향해 헛되고 기만적이라고 자주 비난하면서도 좀처럼 세상과 결별하지 못합니다. 이는 육체의 욕망이 심히 고르지 않기 때문입니다.

어떤 것은 우리가 세상을 사랑하게 만들고, 어떤 것은 경멸하도록 이끕니다. "육신의 정욕과 안목의 정욕과 이생의 자랑"(요일 2:16)은 우리가 세상을 사랑하게 만드나, 이런 것들의 뒤를 반드시 따르는 고통과 비참함은 세상을 미워하고 싫어하게 합니다. 그러나 오호라, 악한 쾌락에 대한 맹목적인 사랑은 세상에 중독된 사람의 마음을 완전히 사로잡아 가시나무 아래 있는 것도 즐거움으로 여기게 합니다(욥 30:7). 이는 그가 하나님의 감미로움을 맛보지 못하고, 덕으로 인한 내면의 상쾌함을 깨닫지 못했기 때문입니다.

그러나 세상을 완전히 경멸하고 경건한 수련 속에서 하나님을 향해 살고자 애쓰는 자들은 세상을 버린 자들에게 약속된 하나님의 감미로움을 잘 알고 있습니다. 또한 그들은 세상이 얼마나 서글프게 잘못되어 있으며 얼마나 여러 가지로 속이고 있는지 명확하게 볼 수 있습니다.

선이나 은사보다 하나님을 의지함

제자

나의 영혼아, 모든 것보다 먼저 또 모든 일에서 너는 항상 주님을 의지하라. 그가 모든 성자들의 영원한 안식처이시기 때문이다.

지극히 자비롭고 다정하신 예수님, 내가 모든 피조물보다 먼저 당신을 의지하게 하시고(롬 8:19-22), 모든 건강과 아름다움보다, 모든 영광과 영예보다, 모든 권력과 위엄보다, 모든 지식과 기술보다, 모든 부귀와 예술보다, 모든 쾌락과 기쁨보다, 모든 명예와 칭찬보다, 모든 감미로움과 위안보다, 모든 소망과 약속보다, 모든 공로와 욕망보다 당신을 더 의지하게 하소서. 당신이 우리에게 주실 수 있는 모든 은사와 선물보다, 인간의 마음이 받아 누릴 수 있는 그 어떤 희락과 환희보다 당신을 더 의지하게 하소서. 마지막으로 천사와 천사장, 하늘의 모든 천군, 보이거나 보이지 않는 모든 것보다, 당신이 아닌 그 어떤 것보다 나의 하나님 당신을 더 의지하게 하소서.

주 나의 하나님, 이는 당신이 모든 것보다 훨씬 더 선하시고, 오직 당신만이 지극히 높으시며, 당신만이 지극히 권세 있으시고, 당신만이 지극히 풍족하시며, 당신만이 지극히 감미로우시고 위로로 충만하시기 때문입니다. 오직 당신만이 지극히 아름답고 사랑스러우시며, 오직 당신만이 모든 것보다 더욱 고상하고 영화로우시니, 당신 안에서 모든 선한 것들이 함께 온전히 존재해 왔고, 지금도 존재하며, 앞으로도 존재할 것입니다.

그러므로 내가 당신을 직접 보고 온전히 소유하지 않는 한, 당신이 주시는 것 중 당신 이외의 모든 은사와 계시와 약속은 너무나 작고 미흡할 뿐입니다. 모든 은사와 모든 피조물을 초월하여 바로 당신 안에서 쉬지 않는 한, 나의 마음은 진정 쉼을 얻거나 온전한 만족을 얻을 수 없습니다. 지극히 사랑하는 내 영혼의 배우자 예수 그리스도님, 당신은 가장 정결하신 연인이요 모든 피조물의 주인이십니다. 아, 나에게 참 자유의 날개가 있다면 멀리 날아가 당신 안에서 쉬련만!(시 55:6)

아, 나의 주 하나님, 언제쯤 내가 마음의 평정 안에서 당신의 감미로우심을 묵상하여 온전히 깨닫게 될 수 있겠습니까! 언제쯤 내가 당신 안에 온전히 몰입되어 당신께 대한 사랑 때문에 자신을 잃어버리고, 모든 감각이 남들이 알 수 없는 방식으로 오직 당신만을 느끼게 될 수 있겠습니까!(단 10장) 그러나 나는 지금 자주 탄식하고 불행의 눈물을 삼킵니다. 이는 수많은 악한 일들이 비참한 생의 골짜기 안에서 일어나 자주 나를 괴롭히고 슬프게 하며 구름으로 덮기 때문입니다. 너무나 자주 나는 방해받고 곤비하며 미혹되고 얽매이기 때문에 자유롭게 당신께 나아갈 수 없으며, 복된 영혼들을 위해 마련한 감미로운 영접도 누릴 수 없습니다. 아, 나의 한숨과 이 땅에서 당하는 수많은 고초가 당신을 움직일 수만 있다면!

예수님, 당신은 영원한 영광의 광채이시요 순례자의 영혼의 위로자이시니, 나의 입이 소리 없이 당신과 말하고 침묵 중에 당신께 아룁니다. 나의 주님께서는 얼마나 오래 지체하신 후에 오시렵니까? 불쌍하고 비천한 이 종에게 찾아오셔서 나를 기쁘게 하소서. 당신의 손을 내미셔서 이 불쌍하고 몹쓸 자를 모든 고뇌에서 건져 주소서. 오소서, 오소서, 당신 없이 나는 하루 한 시도 즐거울 수 없으니, 당신만이 나의 희락이십니다. 당신 없는 나의 식탁은 공허할 뿐입니다. 나는 얼마나 가련한 피조물인지요! 당신께서 당신의 빛으로 나를 생기 있게 하셔서 자유를 주시고 당신의 친근한 얼굴을 나에게 보여주실 때까지, 나는 차꼬에 채여

감옥에 갇혀 있을 수밖에 없습니다.

다른 사람들이 모두 당신을 찾지 않고 자기네 좋은 것들을 추구한다 할지라도 나를 기쁘게 하는 것은 오직 당신뿐이시니, 당신은 나의 하나님이요 소망이요 영원한 구원자이십니다. 당신의 은총이 나에게 다시 돌아오고 당신께서 내적으로 나에게 말씀하실 때까지, 내가 기도를 쉬지 않고 나의 평화를 놓치지 않을 것입니다.

그리스도

보라, 내가 여기 있노라. 보라, 내가 너에게 가니 이는 네가 나를 불렀음이라. 너의 눈물과 네 영혼의 갈망, 너의 겸손과 마음의 참회가 나를 너에게로 돌이키게 했구나.

제자

주님, 내가 당신을 불렀고 당신을 즐거워하기 원하오니, 당신을 위해 모든 것을 거부할 준비가 되어 있습니다. 이는 당신께서 먼저 나를 감동시키셔서 당신을 찾게 하셨기 때문입니다. 주님, 무한한 당신의 긍휼에 따라 종에게 이렇게 선한 일을 베푸셨으니 당신께서 찬양받으소서.

종이 당신 앞에서 무슨 말을 더 할 수 있겠습니까? 종은 다만 자신의 불의와 부정을 안타까워하며, 당신 앞에 지극히 겸손하게 나 자신을 굽힐 뿐입니다. 하늘과 땅에 온갖 놀라운 것이 있다 할지라도 당신 같으신 분은 결코 없습니다(시 35:8). 당신의 일은 매우 선하시며 당신의 판단은 참되시니, 당신의 섭리로써 우주가 다스림을 받습니다. 그러므로 아버지의 지혜이신 당신께 찬양과 영광을 돌려 드립니다. 내 입과 내 영혼 그리고 모든 피조물이 다 함께 당신을 찬양하고 찬송합니다.

하나님의 은혜를 기억함

제자

주님, 당신의 율법으로 내 마음을 여시고, 당신의 계명 안에서 행하도록 나를 가르치소서(시 119편). 내가 당신의 뜻을 깨닫게 허락하시고, 큰 존경심과 부지런한 고찰로써 당신의 은혜를 일반적인 것이든 특별한 것이든 다 기억하게 하셔서, 이제 후로는 당신께 마땅한 감사를 드릴 수 있게 하소서.

그러나 내가 인정하고 고백하오니, 나는 당신이 베푸시는 은혜에 대해 마땅한 감사를 드릴 수 있는 능력이 조금도 없습니다. 나는 당신의 모든 은혜 가운데 가장 작은 은혜보다도 작으며, 당신의 고아한 풍요로우심을 상고하면 그 거대함으로 인해 내 영이 기운을 잃고 맙니다.

우리의 영혼과 육체 안에 있는 모든 것, 우리가 외적으로나 내적으로, 자연적으로나 초자연적으로 소유하고 있는 모든 것이 당신의 은혜입니다. 그것들이 다 우리에게 모든 좋은 것들을 주신 당신의 관대하심과 자비로우심과 선하심을 증거합니다.

어떤 사람은 많이 받고 어떤 사람은 적게 받으나 이에 상관없이 모든 것이 다 당신 것이니, 당신 없이는 아무리 작은 축복이라도 가질 수 없습니다. 많이 받은 자라도 자신의 공로를 자랑할 수 없고, 다른 사람 앞에서 우쭐대거나 적게 받은 자를 모욕할 수 없으니, 이는 자신의 공로를 내세우지 않고 겸손하고 경건하게 감사를 돌리는 자가 더 크고 훌륭한 자이기 때문입니다. 그리고 자신을 모든 사람 가운데 가장 비천하고 가장 무가치한 자로 여기는 사람이야말로 더 큰 축복을 받기에 합당한 자입니다.

또한 적게 받은 자라도 이로 인해 슬퍼하거나 괴로워하면 안 되고, 또 더 큰 창고에 풍성히 채워진 다른 사람들을 시기해서도 안 됩니다. 오히려 그는 자신의 마음을 당신께 돌리고 당신의 선하심을 높이 찬양해야 합니다. 이는 당신께서 어떤 사람이든 상관없이 당신의 선물을 관대하게, 기꺼이 또한 값없이 주시기 때문입니다. 만물이 다 당신에게서 나오니, 만물 안에서 당신이 찬양받으실 것입니다.

당신은 각 사람에게 얼마만큼의 은사가 적당한지 잘 알고 계십니다. 그러므로 인간은 왜 이 사람에게는 은사가 많고 저 사람에게는 적은지 따질 수 없고, 오직 각자에게 적합한 양을 정확히 아시는 당신만이 판단하실 수 있습니다.

그러므로 주 하나님, 나는 외적으로 많은 것을 얻지 못하고 사람들 생각에 영화롭고 칭찬할 만하다고 여겨지는 것을 많이 가지고 있지 못하나, 오히려 이를 큰 은혜로 여깁니다. 왜냐하면 자신이 가난하고 무가치하다고 생각하는 사람은 서글픔과 비애를 느끼거나 넘어지지 않고 오히려 큰 평안과 즐거움을 누리기 때문입니다. 하나님, 당신은 가난하고 겸손하며 당신을 위해 이 세상에서 멸시받는 자들을 택하셔서 당신 가까이에서 당신의 집을 섬기게 하셨습니다(고전 1:27). 당신의 사도들이 이 일에 증인이니, 당신은 그들을 온 세상의 왕자들로 삼으셨습니다(시 45:16). 그들은 이 세상에서 살 때 어떤 불평도 하지 않았으며(살전 2:10), 겸손하고 소박했고 악의나 속임수가 없었으며, 당신의 이름을 위해 질책받는 것을 오히려 즐거워했고(행 5:41), 세상에서 멸시받는 일을 크게 환영했습니다.

그러므로 당신을 깊이 사랑하고 당신의 은혜를 인정하는 사람에게, 그를 향한 당신의 뜻보다 더 기쁜 것은 없고 당신의 영원한 예비하심보다 더 즐거운 것은 없습니다. 또한 다른 사람들은 가장 큰 자가 되기를 바라지만, 그는 기꺼이 가장 작은 자가 되기를 바라는 가운데 만족과 위안을 누리게 됩니다. 그는 첫 자리에 앉을 때뿐 아니라 마지막 자리에 앉아서도 평안과 만족을 누리며, 남들보다 지위나 영예가 뛰어날 때뿐 아니라 아무런 이름이나 명성 없이 버림받고 멸시받을 때도 그러합니다. 이는 이미 받았거나 받을 모든 은혜보다 당신의 뜻과 당신의 영광에 대한 사랑이 더 뛰어나고, 그에게 더 큰 평안과 기쁨을 주기 때문입니다.

마음의 평화를 가져다주는 네 가지 길

그리스도

내 아들아, 이제 내가 너에게 참 자유와 평화를 얻는 길을 가르쳐 주겠다.

제자

주님, 내가 간구하오니, 당신이 말씀하신 대로 나에게 가르치소서. 이를 듣는 것은 내게 큰 기쁨입니다.

그리스도

내 아들아, 너는 자신의 뜻이 아닌 다른 이의 뜻을 행하도록 노력하라 (마 26:39; 요 5:30, 6:38).

항상 많이 가지기보다는 적게 가지기를 힘써라 (고전 10:24).

항상 낮은 자리를 찾고 모든 사람보다 낮아지도록 노력하라 (눅 14:10).

네 안에서 하나님의 뜻이 온전히 이루어지도록 항상 기도하고 바라라 (마 6:10).

보라, 이와 같이 하는 자는 평안과 안식의 경계 안으로 들어간다.

제자

주님, 당신의 이 짧은 말씀 속에는 많은 온전함이 들어 있습니다 (마 5:48). 이 가르침은 비록 말로는 짧으나 의미와 열매에서는 지극히 풍부합니다. 이 말씀을 신실하게 준행하면, 내가 결코 쉽게 흔들리지 않을 것입니다. 내가 불안하고 괴롭게 느껴지던 때를 돌이켜 보면, 그때마다 나는 이 가르침에서 벗어나 있었음을 깨닫게 됩니다.

그러나 당신은 모든 것을 할 수 있으시며 내 영혼의 유익을 간절히 바라고 계시니, 내 안에 당신의 은혜를 더욱더 부어 주셔서 당신의 뜻을 성취하고 나 자신의 구원을 이룰 수 있게 하소서.

악한 생각을 물리치는 기도

주 나의 하나님, 내게서 멀리 떠나지 마시고 부디 나를 도와주소서(시 71:12). 여러 악한 생각이 나를 거슬러 일어났으며, 크나큰 두려움이 내 영혼을 압박합니다. 내가 어떻게 무사히 이것들을 빠져나갈 수 있겠습니까? 내가 어떻게 이것들을 완전히 깨뜨릴 수 있겠습니까?

주님이 말씀하시나니, "내가 너를 앞서 가서 이 땅의 큰 자들을 비천하게 하겠다. 내가 감옥의 문들을 열며, 감춰진 비밀들을 너에게 드러낼 것이다(사 45:2-3)." 주님, 당신 말씀대로 그리하소서. 내 모든 악한 생각이 당신 얼굴 앞에서 날아가 버리게 하소서. 나의 유일한 위안과 소망은, 모든 환난을 당할 때 당신께로 피하며 당신을 의지하고 내 마음으로부터 당신을 불러 인내로써 당신의 위안을 기다리는 것입니다.

정신적인 깨달음을 구하는 기도

자비로우신 예수님, 맑게 비치는 내면의 빛으로써 나를 밝히시고 내 마음에 거하는 모든 어두움을 몰아내 주소서. 방황하는 나의 많은 생각들을 제어하시고, 격렬하게 공격해 들어오는 저 시험들을 깨뜨려 주소서. 당신께서 나를 위해 강력하게 싸워 주시고 악한 짐승들 곧 나를 유혹하는 육신의 소욕들을 무찌르셔서, 내가 당신의 능력을 힘입어 평화를 얻게 하시고, 당신의 거룩한 정원 곧 정결한 양심 안에 당신께 대한 넘치는 찬양이 메아리치게 하소서.

바람과 폭풍에게 명하소서. 바다에게 잔잔하라 하시고(마 8:26), 북풍에게 멈추라 하소서. 그래야 크나큰 고요가 있을 것입니다. 당신의 빛과 진리를 보내셔서 땅 위를 비추게 하소서(시 43:3). 당신께서 내게 빛을 비추시기 전까지 나는 땅처럼 혼돈하고 공허할 뿐이기 때문입니다. 당신의 은총을 위에서 부으셔서 하늘의 이슬로 내 마음을 채우시고, 땅 표면에 물을 주듯 헌신의 맑은 시내를 허락하셔서 좋고 뛰어난 열매들을 내게 하소서.

죄의 짐에 억눌린 나의 마음을 일으켜 세우시고, 내 모든 소망을 하늘의 것들에 두게 하소서. 하나님의 감미로운 희락을 맛보고 나면 세상 것들은 생각만 해도 넌더리가 날 것입니다. 피조물의 모든 일시적인 위안들에게서 나를 건지셔서 멀리 옮기소서. 어떤 피조물도 내 마음에 온전한 평안과 쉼을 줄 수 없기 때문입니다. 끊어지지 않는 사랑의 줄로써 나를 당신께 매소서. 오직 당신만이 당신을 사랑하는 자에게 만족을 주실 수 있으니, 당신이 없으면 만물이 허사요 보잘것없는 것일 뿐입니다.

타인에 대한 헛된 호기심을 피함

그리스도

내 아들아, 괜한 호기심을 가지지 말며 쓸데없는 걱정으로 자신을 괴롭히지 말라(딤전 5:13). 이러저러한 일들이 너에게 무슨 상관이냐? 너는 나를 따르라(요 21:22). 저 사람이 이러저러하고 이 사람이 이런저런 말과 행동을 한다고 해서 너에게 무슨 상관이냐? 너는 다른 사람들을 위해 대답할 필요가 없고 오직 너 자신을 위해 해명해야 한다(갈 6:4-5). 그런데 왜 너는 자꾸 다른 사람의 일에 말려드느냐?

보라, 나는 모든 사람을 알고 있고 태양 아래서 일어나는 모든 일을 보고 있다. 또한 나는 모든 사람의 형편이 어떠하며 그들이 무슨 생각과 소원과 의도를 가지고 있는지 다 알고 있다. 그러므로 너는 모든 일을 내게 위임하고 조용히 평온을 유지하라. 떠드는 자들은 그들이 하고 싶은 대로 떠들게 내버려 두라. 그들이 무슨 말을 하고 무슨 행동을 하든지, 그 결과가 다 그들에게 돌아갈 것이다. 이는 그들이 결코 나를 속일 수 없기 때문이다.

위대한 명성의 그림자를 바라지 말며, 많은 사람들과의 친근한 교제를 추구하지 말고, 사람들과의 사적인 애정에 유인되지 말라. 이러한 것들은 마음을 어지럽히며 크게 어둡게 한다. 만약 네가 나의 임재를 부지런히 살피고 네 마음의 문을 나에게 열면, 기꺼이 내가 나의 말을 전하며 내 비밀을 너에게 드러낼 것이다. 너는 늘 조심하여 기도로 깨어 있으며, 모든 일에서 자신을 겸손히 낮추라.

마음의 확고한 평화와
참된 영적 진보의 비결

그리스도

내 아들아, 나의 이 말을 기억하라. "평안을 너희에게 끼치노니 곧 나의 평안을 너희에게 주노라. 내가 너희에게 주는 것은 세상이 주는 것과 같지 아니하니라"(요 14:27). 평안은 모든 사람들이 원하는 바나, 참 평안이 어떻게 오는지에 대해서는 별로 관심을 두지 않는다. 나의 평안은 마음의 겸손함과 온유함에서 오나니, 오래 참는 가운데서 네가 평안을 누릴 것이다. 네가 나의 말을 듣고 내 음성을 따르면 큰 평안을 누릴 수 있을 것이다.

제자

주님, 그러면 내가 어떻게 해야 합니까?

그리스도

너는 매사에 자신을 살펴 네가 무슨 일을 하며 무슨 말을 하는지 주의하라. 그리고 오직 나만을 기쁘게 하고 나 외의 다른 어느 것도 원하거나 구하지 않도록 전심전력하라. 남의 말이나 행동을 성급하게 판단하지 말고 네게 맡겨진 일 외에는 관여하지 말라. 이렇게 함으로써 너는 마음의 혼란을 최소화할 수 있을 것이다.

그러나 슬픔을 결코 느끼지 않고 마음과 몸으로 아무런 고통도 겪지 않는 것은 이 세상에서는 불가능한 일이요, 오직 영원한 안식의 상태에서만 가능하다. 그러므로 설사 아무런 짐을 느끼지 않는다 할지라도 결코 참 평화를 얻었다고 생각하지 말며, 설사 너에게 아무 역경이 없다 할지라도 모든 일이 잘되었다고 여기지 말라. 또한 너의 소원에 따라 모든 일이 이루어진다 할지라도 그것을 온전하다고 여기지 말라.

네가 큰 헌신의 마음을 가지고 여러 가지 감미로운 체험을 한다 할지라도, 결코 우쭐대지 말며 자신이 특별한 사랑을 받고 있다고 속단하지 말라. 이러한 것이 덕에 대한 참 사랑의 증거는 아니며, 사람의 진보와 온전함이 이러한 일에 달려 있는 것도 아니기 때문이다.

제자

주님, 그러면 어디에 달려 있습니까?

그리스도

온 마음으로 자신을 하나님의 뜻에 맡기며, 큰일에서든 작은 일에서든, 세상일에서든 천국 일에서든 자신의 이익을 구하지 않는 데 달려 있다. 그러므로 너는 순탄할 때든 역경에 처할 때든 모든 일에 평형을 잃지 말고 감사함으로써 한결같은 마음가짐을 유지하라. 너는 용기와 인내로써 소망을 굳게 붙들라. 만약 내적인 평안마저 잃는다면 너는 더 큰 고난을 당할 각오를 하라. 자신은 이렇게 큰 고초를 당할 이유가 없다고 스스로 정당화하지 말고, 내가 정해 주는 대로 따르며 계속 나의 거룩한 이름을 찬송하라.

그리하면 너는 참되고 올바른 길을 행하게 될 것이요, 큰 기쁨으로 나의 얼굴을 다시 보는 굳건한 소망을 가지게 될 것이다. 만약 네가 자신을 전적으로 경멸하게 된다면, 너는 이 나그네 같은 세상에서 얻을 수 있는 최대한의 풍성한 평화를 누릴 수 있게 될 것이다.

독서보다는 겸손한 기도로 얻는 마음의 자유

제자

주님, 항상 마음으로 하늘의 것만을 생각하고 여러 가지 걱정에 결코 주의를 기울이지 않는 것이 완전한 사람의 일입니다. 그것은 모든 감정이 메말라 버린 것이 아니라, 자유로운 마음의 특권으로 말미암아 어떤 피조물에도 무질서한 애정을 두지 않는 것입니다.

나의 가장 은혜로우신 하나님, 내가 당신께 간구하오니, 이 세상 염려에서 벗어나게 하셔서 거기에 너무 얽매이지 않게 하소서. 또한 육체의 여러 가지 필요에서 벗어나게 하셔서 쾌락에 사로잡히지 않게 하시고, 영혼에 장애를 주는 모든 것에서 벗어나게 하셔서 걱정에 짓눌려 넘어지지 않게 하소서. 내가 말씀드리는 것은 세상 허영에 들뜬 자들이 열심히 추구하는 그런 것이 아니라, 여러 가지 징벌과 죽음이라는 공통의 저주를 가리키는 것입니다(창 3:17; 롬 7:11). 이런 것은 당신 종의 영혼을 짓누르고 훼방하여, 그 영혼이 마땅히 누려야 할 영의 자유를 얻지 못하도록 자주 가로막습니다.

형언할 수 없이 감미로우신 나의 하나님, 모든 육신의 위안이 나에게 쓰디쓴 것이 되게 하소서. 육신적인 위안은 내가 영원한 것을 사랑하지 못하게 잡아끌며, 내 앞에 현세의 기쁘고 좋은 것을 벌여 놓고는 여러 가지 악한 방법으로 나를 유혹합니다. 주님, 내가 혈과 육에 굴복하지 않게 하소서(롬 12:21). 세상과 그에 속한 짧은 영광이 나를 속이지 못하게 하시고, 마귀와 그의 간교한 농간이 나를 몰아내지 못하게 하소서. 내게 저항할 수 있는 힘과 오래 견딜 수 있는 인내와 끈질긴 믿음을 주소서. 내게 모든 세상의 위로 대신에 지극히 감미로운 성령의 향유를 주시고, 육신의 사랑 대신에 당신의 이름에 대한 사랑을 허락하소서.

보소서, 고기와 음료수, 옷 등과 같은 육신을 위한 필수품은 열심 있는 영에게는 부담스러운 짐입니다. 내가 그런 물품을 검소하게 사용하게 하시고, 그런 것에 대한 지나친 욕심을 품지 않게 하소서. 모든 것을 다 던져 버리는 것은 합당하지 못하니, 이는 우리의 육체도 유지되어야 하기 때문입니다. 그러나 겉으로 멋있는 것만 추구하고 즐거움만 바라는 것은 거룩한 법이 금지하는 일입니다. 그리하면 육신이 영을 거역할 것이기 때문입니다. 이에 내가 당신께 간구하오니, 당신의 손으로 나를 주관하시고 가르치셔서 내가 마땅히 지켜야 할 범주를 벗어나지 않도록 하소서.

최고선의 성취를 방해하는 자기 사랑

그리스도

내 아들아, 너는 모든 것을 온전히 주고 자신을 위해 아무것도 가지지 말라. 자신에 대한 사랑은 이 세상 모든 것보다 더욱 너에게 해로운 것임을 명심하라. 네가 사물에 대해 얼마나 많은 애정과 사랑을 가지느냐에 따라 그 사물에 대한 너의 집착 정도가 결정된다. 만약 너의 사랑이 정결하고(마 6:22) 단순하며 질서 정연하다면, 너는 사물에 얽매이지 않을 것이다. 네가 가지기에 합당하지 않은 것을 탐하지 말라. 너를 훼방하고 너의 내적인 자유를 빼앗아 가는 것들을 탐하지 말라. 참으로 이상한 일은 네가 전심전력으로 마음의 깊은 데서부터 나에게 온전히 자신을 맡기지 않는 것이다.

왜 너는 헛된 슬픔으로 자신을 수척하게 하고(출 18:18; 미 4:9), 쓸데없는 걱정으로 자신을 피곤하게 하는가? 나의 선한 즐거움을 받아들여라. 그리하면 전혀 손상을 입지 않을 것이다. 네가 더 많은 이익과 즐거움을 누리기 위해 이 일 저 일을 하며 여기저기로 헤맨다면, 너는 결코 쉼을 얻지 못하고 마음의 근심에서 벗어나지 못할 것이다. 이는 어느 경우에든 너에게 모자라는 것이 생기고 어디로 가든 너를 거스르는 자가 있을 것이기 때문이다.

너의 안녕은 외적인 것을 얻고 그것을 함께 쌓아 놓는 데 있는 것이 아니라, 그것을 경멸하고 네 마음에서 온전히 뿌리 뽑는 데 있다. 이는 반드시 수입이나 재물에만 한정되는 말이 아니라, 명예나 헛된 칭찬 같은 이 세상의 모든 없어질 것들에 다 해당한다. 열정의 영이 없는 장소는 아무런 유익이 없으며, 외적인 것을 통해 추구하는 평화는 오래 가지 못한다(사 41:13). 만약 네 마음의 상태가 참 기초를 결여하고 있다면, 다시 말해 네가 내 안에 견고하게 서 있지 않다면, 너는 자신을 결코 개선시킬 수 없을 것이다.

깨끗한 마음과 하늘의 지혜를 구하는 기도

하나님, 성령의 은혜로써 나를 강하게 하소서(시 2:12). 내적인 사람 안에 있는 힘으로 나를 강하게 하시고(엡 3:16), 쓸데없는 근심과 걱정을 내 마음에서 몰아내소서(마 6:34). 귀한 것이든 천한 것이든 사물에 대한 여러 가지 소욕에 미혹되지 않게 하시고, 모든 것을 다 사라져 버릴 것으로 여기고 나 자신도 역시 그것과 함께 사라질 것으로 간주하게 하소서.

해 아래서는 영원한 것이 없고, 모든 것이 헛되며 영혼을 괴롭히는 것뿐입니다(전 1:14, 2:1). 아, 이러한 것을 깨닫는 자는 얼마나 지혜로운 자입니까?

주님, 내게 하늘의 지혜를 허락하셔서, 모든 것보다 먼저 당신을 찾고 모든 것보다 먼저 당신을 기뻐하고 사랑하는 법을 알게 하시며, 당신의 지혜의 순서에 따라 다른 모든 것을 있는 그대로 이해할 수 있게 하소서. 내게 아첨하는 자를 신중하게 물리치게 하시며, 내게 반대하는 자를 인내로써 참게 하소서. 말 한마디 한마디에 요동하는 것은 지혜가 아니요(엡 4:14), 비방과 아첨에 귀 기울이는 것 역시 그러합니다. 이렇게 조심함으로써 우리는 우리가 시작한 길을 안전히 나아갈 수 있을 것입니다.

비방하는 말

그리스도

내 아들아, 너는 어떤 사람이 네게 대해 악담하고(고전 4:13) 차마 들을 수 없는 말을 하더라도 이를 마음에 두지 말라. 너는 너 자신의 악한 점을 판단하고, 너보다 연약한 자에 대해서는 생각하지 말라. 네가 영적으로 행한다면 떠도는 말들에 큰 주의를 기울이지 않을 것이다. 불행할 때에 침묵을 유지하며, 내적으로 자신을 하나님께 돌이키고, 사람들의 판단에 괴로워하지 않는 것은 적잖은 지혜다.

사람들의 말에 따라 네 평안이 흔들리게 하지 말라. 그들이 좋은 말을 하든 나쁜 말을 하든 그에 따라 네가 다른 사람이 되는 것은 아니기 때문이다. 어디에 참 평화와 영광이 있는가? 바로 내 안이 아니냐?(요 16:33) 사람들의 비위를 맞추고자 애쓰지 않고 그들의 비위를 건드릴까봐 두려워하지 않는 사람은 큰 평화를 누릴 것이다. 무질서한 사랑과 헛된 두려움에서 모든 마음의 불안과 곤비함이 생겨난다.

환난 때에 하나님을 부르고 찬양함

제자

주님, 당신의 이름이 영원토록 찬양받으소서(욥 1:21; 시 113:2). 나에게 임하는 이 환난과 시험이 당신을 기쁘시게 하는 일이 될 것입니다. 나는 이 환난에서 벗어날 수 없으니 오직 당신께 피할 수밖에 없습니다. 당신께서 나를 도우시고, 악은 선으로 바꾸소서.

주님, 내가 고통 중에서 마음이 상하고 괴로워합니다. 사랑하는 아버지, 이제 내가 무슨 말을 하겠습니까?(요 12:27) 내가 역경 중에 붙들렸으니 이 시간 나를 구원하소서. 그리고 내가 이 시간까지 왔으니, 크게 겸손해져서 당신에 의해 구원을 받을 때 당신께서 영광받으소서. 주님, 나를 구원하심으로 기쁨을 얻으소서(시 37:40). 나는 심히 비참하니, 당신 없이 무엇을 할 수 있으며 어디로 갈 수 있겠습니까? 주님, 지금처럼 급박한 때에도 나에게 인내를 허락해 주소서. 나의 하나님, 나를 도우소서. 그리하시면 내가 아무리 심한 고통 중에서도 두려워하지 않겠습니다.

이제 내가 이 환난 중에 무슨 말을 하겠습니까? 주님, 당신의 뜻이 이루어지게 하소서(마 6:10). 나는 고통과 슬픔을 당해 마땅한 자입니다. 나는 마땅히 이를 참아 내야 합니다. 폭풍이 지나가고 잠잠해질 때까지 나는 인내로써 참고 견뎌 내야 합니다. 그러나 당신은 전능하신 손길로 이 시험을 내게서 옮기실 수도 있고, 내가 완전히 가라앉지 않도록 시험을 완화시킬 수도 있으십니다. 나의 자비하신 하나님, 당신께서는 지금까지 종종 나에게 그렇게 해오지 않으셨습니까! 나에게 힘들면 힘들수록 당신께는 더욱 쉬운 일이니, 지극히 높으신 이의 오른손으로 이 일은 당장 변화될 수 있습니다.

하나님의 도우심을 구하고 회복의 은총을 확신함

그리스도

내 아들아, 나는 환난 날에 네게 힘을 주는 주님이다(나 1:7). 어려움이 닥치면 나에게 오라(마 11:28). 네가 기도하는 일에 너무 게으르기 때문에 하늘의 위안이 임하는데 크나큰 훼방을 받는다. 너는 중간에 여러 가지 위안을 찾아보고 외적인 데서 기쁨을 추구한 다음에야 비로소 내게 열심히 간구하지 않느냐! 네가 나를 너 자신의 신뢰하는 자요 구원자로 온전히 깨닫기 전에는 어떤 일도 네게 별 유익이 될 수 없으니, 나 외에는 강력한 도움과 유익한 조언과 지속적인 처방이 있을 수 없다.

그러나 너는 이제 폭풍 후에 한숨을 돌리게 되었으니, 내 자비의 빛 안에서 다시 기력을 모아라. 나는 너의 모든 것을 전부 풍성히 수리하기 위해 가까이에 와 있다. 나에게 어려운 일이 있을 수 있겠느냐? 약속도 하지 못하고 이행도 하지 못하는 거짓 신들과 내가 같을 수 있겠느냐?(마 23:35) 너의 믿음이 어디 있느냐? 굳게 서서 끝까지 견뎌라. 용기를 가지고 인내하라. 때가 되면 평안이 네게 임할 것이다. 기다려라. 나를 기다려라. 내가 가서 너를 고칠 것이다.

너를 괴롭히고 있는 것은 하나의 시험일 뿐이며, 너를 떨게 하는 것은 헛된 두려움이다. 네가 장래에 일어날 일을 걱정한들 무슨 소용이 있겠느냐? 슬픔 위에 슬픔을 쌓는 일이 아니냐? "한 날의 괴로움은 그날로 족하니라"(마 6:34). 어쩌면 결코 일어나지 않을 수도 있는 장래의 일 때문에 괴로워하거나 즐거워하는 것은 헛되고 무익하다.

그러나 본성적으로 사람은 그러한 착각에 빠지기 쉬우니, 원수의 꾐에 쉽게 말려드는 것은 아직 마음이 연약하다는 증거다. 원수는 자신의 말이 사실이든 거짓이든 상관없이, 또한 현세에 대한 사랑으로든 미래에 대한 두려움으로든 상관없이 너를 유혹하고 속이려 한다. 그러므로 너는 마음으로 떨거나 두려워하지 말라. 나를 의지하고 나의 자비를 확신하라(시 91:1). 네가 나에게서 멀리 떨어져 있다고 생각할 때, 종종 나는 너에게 더욱 가까이 있다. 네가 거의 모든 것을 다 잃었다고 생각할 때, 종종 더욱 큰 상급이 네 가까이에 있다.

어떤 일이 순탄하지 않을 때에도 모든 것을 다 잃어버린 것은 아니다. 너는 현재의 느낌에 따라 판단하지 말며, 일의 결과에 따라 마치 모든 회복의 희망이 완전히 사라진 것처럼 슬퍼하거나 포기하지 말라. 환난을 당하고 너의 바라는 평안이 사라진다 할지라도 자신이 완전히 버림받았다는 생각은 하지 말라. 하늘나라에 이르는 길은 늘 이러하기 때문이다. 역경 가운데서 훈련받는 일은 자기 원대로 모든 일이 순탄하게 풀리는 것보다 너와 나의 모든 종들에게 더 유익한 일임에 틀림없다.

나는 네 마음의 숨겨진 생각을 다 아나니, 네가 때때로 영적인 감미로움을 맛보지 못하고 메마른 상태에 버려지는 것이 너의 안녕을 위해 매우 유익하다. 이는 네가 자신의 번영에 대해 헛된 생각을 품거나 가식적인 자신의 모습을 보고 기뻐하지 못하도록 하기 위해서다. 나는 언제든 내가 준 것을 거두어 갈 수도 있고, 내가 원하는 때에 이를 다시 회복시킬 수도 있다. 내가 어떤 것을 너에게 주었을 때도 그것은 여전히 내 것이며, 내가 그것을 다시 취했을 때도 나는 결코 너의 것을 빼앗은 것은 아니다. 모든 선하고 온전한 선물이 다 나의 것이기 때문이다(약 1:17). 내가 네게 고통과 역경을 보낸다 할지라도 너는 슬퍼하거나 낙담하지 말라. 나는 너를 곧 구원하며 네 모든 괴로움을 기쁨으로 바꿀 수 있는 자다. 내가 너를 그와 같이 다룰 때에도 나는 공의로우며 지극히 찬양받을 자다.

네가 지혜로워서 이를 올바르게 상고한다면, 너는 어떤 역경이 닥친다 해도 결코 낙담하여 애곡하지 않을 것이요 오히려 기뻐하며 감사할 것이다. 참으로, 내가 너를 아낌없이 슬픔과 고통에 내준다 할지라도 너는 이를 각별한 기쁨으로 간주할 것이다. "아버지께서 나를 사랑하신 것 같이 나도 너희를 사랑하였으니"(요 15:9)라고 나는 사랑하는 제자들에게 말했다. 나는 분명 그들을 세상 쾌락을 누리도록 보낸 것이 아니라 큰 투쟁을 하도록 보냈으며, 영예가 아니라 멸시를, 안일함이 아니라 노동을, 휴식이 아니라 인내로써 많은 열매를 맺도록 하기 위해 보냈다. 내 아들아, 너는 이 말을 기억하라!

모든 피조물을 경멸하고 창조주를 찾음

제자

주님, 내가 사람이나 어떤 피조물에 의해 전혀 훼방받지 않는 경지에 이르려면 아직 더 많은 은혜가 필요합니다. 다른 것들이 나를 붙들고 있는 한 나는 자유롭게 당신께 날아갈 수 없습니다. 당신께 자유롭게 날아가기를 원하는 자는 이렇게 말합니다. "만일 내게 비둘기같이 날개가 있다면 날아가서 편히 쉬리로다"(시 55:6).

한결같은 눈으로 사는 것보다 더 평온한 삶이 어디 있으며(마 6:22), 세상에서 아무것도 바라지 않는 것보다 더 자유로운 삶이 어디 있겠습니까? 그러므로 사람은 마땅히 모든 피조물을 초탈하고 자신을 온전히 버리며 마음의 황홀경 가운데서 당신을 바라봐야 하니, 당신은 만물의 창조자시요 피조물 중에 당신 같으신 이가 결코 없습니다. 사람이 피조물에 얽매여 있는 한 마음의 자유를 얻고 하나님을 섬기는 일은 불가능합니다. 관조적인 사람이 매우 적은 이유가 바로 그것이니, 피조물과 썩어질 것에게서 온전히 돌아설 수 있는 사람은 별로 많지 않습니다.

이를 얻기 위해서는 영혼을 들어올려 줄 은총이 많이 필요합니다. 사람이 영적으로 들어올려 모든 피조물로부터 자유로워지고 하나님과 전적으로 연합하지 않는 한, 그의 지식과 소유가 아무 소용도 없습니다. 영원하시고 무한하시며 유일하신 하나님 외에 다른 어떤 것을 위대하게 여기는 자는 결국 작은 자가 되며 비천하게 땅에 구를 것입니다. 하나님 외에는 그 어느 것도 무(無)이니, 마땅히 무로 여겨야 합니다.

깨우침을 받은 경건한 신앙인의 지혜와 유식한 학자의 지식 사이에는 크나큰 간격이 있습니다. 사람의 연구로 고생스럽게 얻은 학식보다 위에서부터 하나님의 은혜로 얻은 지식이 훨씬 더 고상합니다. 많은 사람들이 관조를 바라지만, 관조를 얻는 데 필요한 훈련은 행하려고 하지 않습니다. 큰 장애 중 하나는 사람들이 자신을 온전히 낮추는 데는 별로 주의를 기울이지 않고 표적과 보이는 것에만 의지한다는 것입니다. 우리가 일시적이고 낮은 것만을 늘 갈망하고 온전한 마음의 반성과 함께 내적인 문제에 관심 두는 일은 심히 게을리하니, 우리가 무슨 영에 의해 이끌리고 있는지, 과연 우리가 영적인 자라 불릴 수 있는지 알 수가 없습니다.

오호라, 반성이라고는 한순간 얄팍하게 하고서 곧 다시 일에 착수하니, 우리의 행위에 대한 엄격한 검토가 이루어지지 않습니다. 우리는 자신이 가지고 있는 애정의 대상에 대해 신경 쓰지 않으며, 우리의 모든 행위 안에 담겨 있는 부정함에 대해 애통해하지 않습니다. 모든 혈육 있는 자의 행위가 부패했으므로 대홍수가 뒤따르게 되었습니다(창 6:12, 7:21). 그 이후로 우리 내면의 애정은 더욱 부패하게 되었으며, 거기에서 우러나오는 우리의 행동 역시 부패하지 않을 수 없게 되었으니, 이는 우리 안에 생기가 부족하다는 증거입니다.

정결한 마음에서 선한 삶의 열매가 생겨납니다. 우리는 사람이 얼마나 많은 일을 했는지는 묻지만, 그가 얼마나 높은 덕의 원칙을 가지고 행동했는지는 별로 숙고하지 않습니다. 우리는 그가 과연 용감한지, 부자인지, 늠름한지, 재주가 많은지, 좋은 작가인지, 훌륭한 가수인지, 좋은 노동자인지 묻곤 하지만, 그가 얼마나 가난한 심령인지, 얼마나 참을성 있고 온유한지, 얼마나 경건하고 신령한지는 별로 말하지 않습니다. 본성은 사람의 외적인 면을 보지만, 은총은 내적인 것을 주목합니다. 본성적인 사람은 종종 실망하지만, 은총의 사람은 하나님을 의지하므로 결코 속지 않습니다.

자기를 부인하고 모든 욕망을 거부함

그리스도

내 아들아, 네가 온전히 자신을 부인하지 않는 한 너는 완전한 자유를 소유할 수 없다(마 16:24, 19:8-9). 오직 자기 이익만을 구하고 자신만을 사랑하는 자는 차꼬에 매인 자니, 그들은 탐욕스럽고 호기심 많은 방랑자들이다. 그들은 예수 그리스도보다는 항상 공교한 것을 추구하며, 견고하지 못한 일을 고안하고 도모한다.

그러나 하나님께 속하지 않은 것은 다 쇠망할 것이다. "모든 것을 버리면 모든 것을 찾을 것이다"라는 짧지만 참된 말씀을 기억하라. 모든 무분별한 소욕을 버려라. 그리하면 안식을 찾게 될 것이다. 이를 잘 기억하고 실천에 옮기면 모든 것을 다 이해할 수 있을 것이다.

제자

주님, 이는 어린이들의 놀이도 아니고, 하루아침에 해낼 수 있는 간단한 일도 아닙니다. 참으로 이 짧은 한마디 말씀 안에 믿는 자들의 온전함이 모두 포함되어 있습니다.

그리스도

내 아들아, 너는 온전함에 이르는 길에 관해 들을 때 뒤로 돌이키거나 금방 쓰러지지 말고, 더 높은 것을 얻기 위해 분발하며 최소한 그것에 대한 열망을 지녀라. 바라기는, 이와 같이 행하여 더 이상 자신을 사랑하지 않고 오직 나와 내가 네게 지정해 준 상급자들의 분부에만 순종한다면, 나는 너로 인해 지극히 기뻐하며 너의 모든 삶을 기쁨과 평화로 채울 것이다.

너에게는 아직 결별해야 할 것들이 많이 있으니, 만약 나를 위해 그것들을 온전히 포기하지 않으면 너는 원하는 것을 결코 얻을 수 없을 것이다. "내가 너를 권하노니 내게서 불로 연단한 금을 사서 부요하게 하고"(계 3:18). 이 금은 곧 모든 열등한 세상 것들을 초월하는 하늘의 지혜를 가리킨다. 세상 지혜를 따르지 말며, 자기 자신이나 남을 기쁘게 하려고 애쓰지 말라.

값지고 귀한 것을 바쳐 비천해 보이는 것을 사라고 한 나의 말을 기억하라. 하늘의 참된 지혜는 평범해 보이고 가치가 없는 듯해서 사람들 가운데 거의 잊혔으니, 이는 스스로 교만하지 않고 세상에서 으쓱거리지 않기 때문이다. 실로 많은 사람들이 입으로는 이를 칭찬하나 생활로는 멀리 떨어져 있다. 그러나 이 지혜야말로 숨겨진 값진 진주다(마 13:46).

변덕스러운 마음과 하나님께로 향하는 의지

그리스도

내 아들아, 너의 감정을 신뢰하지 말라. 이는 금방 다른 것으로 변할 수 있기 때문이다. 네가 살아 있는 한, 너는 싫든 좋든 변화를 받지 않을 수 없다(욥 14:2). 그리하여 한순간 즐거웠다가 곧 슬퍼지며, 잠잠했다가 다시 요란해지고, 경건했다가 다시 세속적이 되며, 부지런했다가 다시 게을러지고, 심각했다가 다시 경박해진다.

그러나 지혜롭고 영으로 가르침을 잘 받은 자는 이 변화무쌍한 일들 가운데서도 굳건히 서서, 자신의 감정이나 불안정한 바람의 행로에 주의를 기울이지 않고 오직 전심전력으로 의롭고 선한 목표를 추구한다. 그와 같이 변화무쌍한 사건들 가운데서도 계속 마음의 눈을 나에게서 떼지 않으면, 그는 늘 일관되고 흔들리지 않는 삶을 살 수 있을 것이다.

마음의 의도가 순수하면 순수할수록, 그를 공격하는 갖가지 폭풍을 뚫고 지날 때 훨씬 더 안정을 유지할 수 있다(마 6:22). 그러나 많은 사람들에게 있어서 마음의 맑은 눈은 점차 어두워지고 마나니, 이는 다가오는 세상의 쾌락으로 금방 눈을 돌려 버리기 때문이다. 자아 추구라는 허물에서 온전히 벗어나 있는 사람은 찾아보기가 심히 어렵다. 이전에 유대인들이 베다니로 마리아와 마르다를 찾아온 이유는 예수님만을 뵙기 위해서가 아니라 나사로도 구경하기 위해서였다(요 12:9). 너희는 자신의 의도를 정화해 그 눈을 오직 한 군데에 올바로 두어야 하나니(마 6:22), 중간에 환경이 어떻게 변한다 할지라도 항상 하나님만을 바라보라.

만물보다 감미로우신 하나님

제자

"보소서 나의 하나님, 당신은 나에게 모든 것이 되십니다." 내가 무엇을 더 원하며 무슨 행복을 더 바랄 수 있겠습니까? 참으로 감미롭고 향기로운 말씀이여! 그러나 이는 말씀을 사랑하는 자만이 느낄 수 있으며, 세상과 그 안에 있는 자들은 깨달을 수 없습니다. "나의 하나님, 나의 전부이시여!" 깨달을 수 있는 자는 이 말씀의 의미를 충분히 아나니, 하나님을 사랑하는 자에게는 아무리 들어도 기분 좋은 말씀입니다.

당신이 함께하시면 모든 것이 나에게 기쁨을 주나, 당신이 떠나가시면 모든 것이 지겹습니다. 당신은 마음의 평정과 크나큰 화평과 넘치는 기쁨을 주십니다. 당신은 우리가 모든 것을 좋게 생각하게 하시며, 모든 것 안에서 당신을 찬미하게 하십니다. 당신 없이는 지속적인 희락이 있을 수 없으니, 어떤 일이 즐겁고 감격스럽기 위해서는 반드시 당신의 은총이 함께하고 당신의 지혜로 감미롭게 조미되어야 합니다. 당신께서 기뻐하시는 자에게는 즐겁지 않은 일이 하나도 없습니다. 또한 당신께서 기뻐하시지 않는 자에게는 즐거운 일이 하나도 있을 수 없습니다.

세상의 지혜자와 육신의 일을 즐기는 자에게는 당신의 지혜가 임할 수 없으니(롬 8:5; 고전 1:26; 요일 2:16), 그들에게는 허영과 죽음이 있을 뿐입니다. 그러나 당신을 따르며 세상 것을 경멸하고 육신을 제어하는 자들은 참으로 지혜롭다 인정받으리니, 그들은 허영에서 진리로, 육신에서 영으로 변화된 자들입니다. 이러한 자들은 하나님을 즐겁게 하나니, 피조물 안에서 어떠한 선을 발견하든지 그들은 창조자에게 전적으로 찬양을 돌립니다.

창조주와 피조물, 영원과 유한한 시간, 영원한 빛과 반사된 빛 사이에서 느껴지는 감미로움의 차이는 참으로 크고 큰 것입니다. 하나님, 당신은 모든 창조된 빛보다 훨씬 뛰어나신 영원의 빛이시니, 위에서부터 오는 당신의 밝은 광채는 내 마음 구석구석을 꿰뚫어 버립니다. 그 빛의 모든 능력으로 내 영을 정화하시며 기쁘고 밝고 생기 있게 하셔서, 넘치는 기쁨과 승리로 당신께 의지하게 하소서.

아, 당신께서 당신의 임재하심으로 나를 충만히 채우시고 나의 모든 것이 되실 그 복되고 즐거운 시간이 언제쯤 오겠습니까! 이 일이 내게 허락되지 않는 한, 나는 온전한 기쁨을 누릴 수 없습니다. 오호라! 아직도 옛 사람이 내 안에 살고 있으니, 그는 온전히 십자가에 못 박혀 죽지 않았습니다(롬 7장). 옛 사람은 여전히 영에 맞서 강력히 싸움을 벌이고 내적인 전쟁을 부추기니, 그는 내 영혼에 평화가 깃드는 것을 참지 못합니다.

그러나 당신은 바다의 세력도 다스리시고 넘치는 파도도 잔잔하게 하시니(시 89:9), 이제 일어나셔서 나를 구원하소서! 전쟁을 원하는 나라들을 깨뜨리시고(시 68:30), 당신의 능력으로 그들을 무너뜨리소서. 내가 당신께 간구하오니, 당신의 위대하심을 보이시고 당신의 오른손이 영광받게 하소서. 주 나의 하나님, 내게는 당신 외에 다른 소망이나 피난처가 전혀 없기 때문입니다(시 31:14).

이 세상에서 피할 수 없는 시험

그리스도

내 아들아, 이 세상에는 결코 안전지대란 없으니, 네가 살아 있는 동안 너는 항상 영적으로 무장해야 한다(욥 7:1). 너는 원수들 가운데 살고 있으니, 좌우에서 계속 공격을 당할 것이다(고후 6:7). 그러므로 만일 네가 인내의 방패로써 자신을 방어하지 않으면, 상처를 입어 오래 견디지 못할 것이다. 뿐만 아니라, 네가 나를 위해 모든 것을 기꺼이 견디겠다는 신실한 마음으로 나를 온전히 의지하지 않으면, 너는 이 전쟁의 뜨거운 열기를 감당하지 못하며 축복 가운데 있는 성자들의 승리를 얻지 못할 것이다. 그러므로 너는 모든 일에 있어서 담대히 향하고 어떤 역경을 만나든지 강력히 밀고 나아가라. 시련을 극복하는 자에게는 만나가 주어질 것이요, 이를 감당하지 못하는 자에게는 비참함만이 남을 것이다.

네가 이 세상에서 쉼을 누리고자 한다면 어떻게 영원한 안식을 얻겠느냐? 쉼을 누리고자 애쓰지 말고 많이 참으려고 노력하라. 참된 평화를 땅 위에서 찾으려 하지 말고 하늘에서 찾으며, 사람이나 다른 피조물 안에서 찾으려 하지 말고 오직 하나님 안에서 찾아라.

하나님의 사랑을 위해 너는 모든 것을 기쁜 마음으로 감당해야 하나니, 곧 모든 노동과 슬픔, 시험, 노여움, 걱정, 궁핍, 연약함, 상해, 피곤, 비난, 굴욕, 수치, 책망, 멸시 등이 그것이다. 이것들은 덕을 쌓는 데 도움을 주며, 그리스도 안에서 초심자들을 연단하고, 하늘의 면류관을 준비시켜 준다. 나는 짧은 노동에 대해 영원한 상급을 주며, 잠깐의 수치에 대해 무한한 영광을 줄 것이다.

너는 영적인 위안을 항상 마음대로 누릴 수 있다고 생각하느냐? 내 성자들은 그렇지 못했으니, 그들은 많은 고난과 갖가지 시험과 크나큰 불편을 겪었다. 이러한 가운데서 그들은 인내로써 모든 것을 감당하며 자신보다 하나님을 더욱 의지했으니, 이는 이 세상의 고통이 장래의 영광과 족히 비교할 수 없음을 그들이 알았기 때문이다 (롬 8:18).

다른 이들이 수많은 눈물과 수고를 거친 후에 힘겹게 얻은 것을 너는 단번에 얻으려고 하느냐? 너는 주님을 기다리고 담대히 행하며 용기를 가져라(시 27:14). 절망하지 말며, 자기 위치를 떠나지 말고, 오직 하나님의 영광을 위해 몸과 영혼을 지속적으로 바쳐라. 내가 네게 풍성한 상급을 줄 것이요, 모든 환난에서 너와 함께할 것이다.

인간의 헛된 판단

내 아들아, 너는 마음을 주님께 굳건히 돌리고, 네 양심이 너의 경건과 무죄를 증거하거든 사람의 판단을 두려워하지 말라. 그와 같은 방식으로 고난당하는 것은 즐겁고 좋은 일이니, 겸손하게 하나님만을 의지하는 마음에는 이 일이 아무런 부담도 되지 않을 것이다.

대부분의 사람들은 그저 말만 많이 할 뿐이니, 너는 그들을 그다지 신뢰하지 말라. 뿐만 아니라 모든 사람을 다 만족시키는 것은 불가능하다. 주님 안에서 온전히 기뻐하고자 애쓰고 주님을 자신의 모든 것으로 삼은 바울은(고전 9:22; 고후 4:2), 사람에게서 판단받는 것을 아주 작은 일로 여겼다(고전 4:3; 골 1장). 그는 무슨 일을 하든지 가능한 한 다른 사람들의 덕을 세우고 구원을 이루기 위해 했으나, 때때로 다른 사람들에게서 판단을 받고 멸시당하는 일을 결코 피하지 못했다. 그는 모든 것을 아시는 하나님께 전적으로 의지했으며, 불의한 혀를 가진 자들과 헛된 생각으로 거짓말하고 마음대로 뻔뻔스럽게 지껄이는 자들에 대해 겸손과 인내로써 자신을 방어했다. 물론 때때로 그는 대답을 하기도 했는데, 이는 연약한 자들이 그의 침묵으로 인해 실족하지 않게 하기 위해서였다(행 26장; 빌 1:14).

죽을 인간을 두려워하는 너는 누군가? 인간은 오늘 있다가 내일 더 이상 보이지 않는다. 하나님을 두려워하라. 그리하면 인간을 더 이상 두려워할 필요가 없을 것이다. 사람이 말과 폭력으로 네게 무슨 해를 끼칠 수 있겠는가. 그는 너를 해치는 것이 아니라 오히려 자기 자신을 해치는 것이며, 그가 누구든 간에 하나님의 심판을 피하지 못할 것이다(롬 2:3; 고전 11:32).

그러므로 너는 항상 하나님을 바라보고, 사람들의 불평에 대꾸하지 말라. 잠시 패배한 것 같고 부당하게 수치를 당하는 것같이 보일지라도 결코 불평하지 말며, 안달함으로써 네 면류관을 손상시키지 말라(히 12:1-2). 오직 너는 눈을 들어 하늘에 있는 나를 바라보라. 나는 너를 모든 수치와 잘못에서 건져낼 수 있으니, 나는 각자의 행위에 따라 상벌을 내리는 자니라.

마음의 자유를 얻기 위해 자신을 포기함

그리스도

내 아들아, 너는 자신을 버려라. 그리하면 나를 찾게 될 것이다(마 16:24). 어느 것도 너 자신을 위해서 취하지 말며 횡령하지 말라. 그리하면 다 얻을 것이다. 네가 자신을 온전히 포기하고 다시 돌이키지 않는다면, 더 큰 은혜가 네게 더해질 것이다.

제자

주님, 내가 얼마나 자주 자신을 포기해야 하며, 어떤 일에서 자신을 버려야 합니까?

그리스도

너는 항상 매시간 자신을 포기하며, 큰일에서나 작은 일에서나 자신을 버려라. 나는 네가 오직 모든 것을 떨쳐 버리기를 기대하고 바랄 뿐이다. 만약 네가 외적으로나 내적으로나 자신의 의지를 모두 벗어 버리지 않는다면, 어떻게 네가 나의 것이 되고 내가 너의 것이 될 수 있겠느냐? 네가 이 일을 빨리 행하면 행할수록 더 좋은 일이 너에게 임할 것이요, 네가 신실하고 온전하게 행하면 행할수록 내가 너를 더욱 기뻐할 것이며 더 큰 유익이 네게 있을 것이다.

어떤 이들은 특정한 기대를 가지고 자신을 포기하는데, 그들은 하나님께 전적으로 의지하지 않고 자신을 위해 무엇을 챙길 것인지 부지런히 계산한다. 어떤 이들은 처음에는 모든 것을 다 바치지만, 후에 시험에 빠져 이전 위치로 다시 돌아가 버리므로 덕의 순례길에서 아무런 진보도 이루지 못한다. 처음에 자신을 온전히 포기하고 또 매일 자신을 나에게 제물로 바치지 않는 자는 정결한 마음의 참 자유를 얻지 못하며, 나와의 감미로운 교제를 이루는 은총을 누리지 못할 것이다. 이렇게 하지 않고는 누구도 나와 함께 결실 있는 연합을 이룰 수 없기 때문이다.

내가 네게 자주 말했거니와 이제 다시 말하노니, 너는 자신을 버려라 (마 16:24). 자신을 단념하라. 그리하면 내면의 평화를 풍성히 누릴 수 있을 것이다. 모든 것을 다 나눠 주고, 아무런 대가도 구하지 말라. 내 안에서 확신을 가지고 정결하게 거하라. 그리하면 나를 소유할 것이요 마음에 자유함을 얻으리니, 어두움이 너를 짓누르지 못할 것이다.

모든 이기심을 다 벗어 버리고 온전히 단순하게 나만을 따르는 것이 너의 모든 소원이요 기도요 노력이 되게 하라. 너 자신에 대해 죽는 것은 나에 대해 영원히 사는 것임을 명심하라. 그리하면 모든 헛된 공상과 악한 번민과 불필요한 걱정은 다 날아갈 것이다. 또한 걷잡을 수 없는 두려움도 네게서 떠나고 무절제한 사랑도 사라질 것이다.

외적인 일을 다스리고
위험 중에 하나님께 의지함

그리스도

내 아들아, 너는 어디에서 무슨 행동을 하든 외적인 일에 대해 내적으로 자유함을 유지하고, 자신을 온전히 통제하며, 사물 아래 눌리는 것이 아니라 사물을 누를 수 있도록 부지런히 노력하라. 너는 자기 행동의 주인이 되어야 하며 하인이나 고용인이 되어서는 안 된다. 너는 자유자요 참 히브리인이 되어 하나님의 자녀들이 누리는 기업과 자유에 이르러야 한다. 하나님의 자녀들은 현세에 속한 것 위에 서서 영원에 속한 것을 관조한다. 그들은 왼쪽 눈으로는 세상 것을 바라보나 오른쪽 눈으로는 하늘의 것을 바라본다. 그들은 세상 것에 이끌려 얽매이지 않고 오히려 그것들을 이끌어 자신에게 봉사하게 하는데, 이것이 곧 하나님께서 분부하시고 지정하신 올바른 길이다. 대주재이신 하나님께서는 자신의 피조물을 올바른 질서 없이 그냥 버려두는 법이 없으시다.

만일 네가 모든 경우에서 굳건히 서며, 외모로나 육신의 눈으로 사물을 평가하지 않고 오직 무슨 일에든 모세와 함께 성막에 들어가 하나님의 자문을 구한다면, 때때로 너는 하나님의 응답을 들을 것이요 현재 일이나 장래 일에 관해 많은 가르침을 얻을 수 있을 것이다. 모세는 의문이 생긴 일을 결정하기 위해 항상 성막으로 달려가 하나님과 대화했으며, 사람들에게서 불의와 위험을 당할 때도 도움을 구하기 위해 하나님께 기도했다. 이와 같이 너도 네 마음의 골방으로 들어가 하나님의 은혜를 간절히 구하라(마 6:6). 너희가 말씀에서 보거니와, 여호수아와 이스라엘 자손들이 기브온 사람들에게 속임을 당했으니, 이는 그들이 하나님의 조언을 구하지 않고 그들의 호의 있는 말을 너무 쉽게 신뢰함으로써 그들의 가장된 경건에 미혹되었기 때문이다.

무슨 일이든지 조급해하지 않음

그리스도
내 아들아, 너는 무슨 일이든 항상 나를 위해서 하라. 그리하면 적당한 때에 내가 선하게 보응할 것이다. 너는 나의 지시를 기다려라. 그리하면 그 일이 너에게 선하다는 사실을 깨달을 것이다.

제자

주님, 내 노력은 별로 소용이 없으니, 내가 기쁜 마음으로 모든 일을 당신께 의탁합니다. 바라기는, 내가 장래 일에 대해 너무 조바심 내지 않게 하시고, 주저 없이 자신을 포기하여 주님의 선하시고 기뻐하시는 뜻을 따르게 하소서.

그리스도

내 아들아, 흔히 사람들은 자신이 원하는 것을 격렬하게 추구하다가 그것을 성취하게 되면 또다시 다른 것을 추구하기 시작한다. 이처럼 사람의 애정은 한 가지 대상에 오래 계속 붙어 있는 것이 아니라 여기서 저기로 자주 옮겨 다닌다. 그러므로 사람이 지극히 작은 일에서조차 자신을 버리면 이는 적잖은 이익이 된다.

사람의 참된 진보는 자신을 부인하는 데 달려 있으니, 이처럼 자기를 부인하는 자는 크나큰 자유와 안정을 누릴 수 있다. 그러나 선한 자들을 항상 대적하는 옛 원수는 한시도 쉬지 않고 시험을 가하며, 밤낮으로 음흉하게 기다리면서 할 수만 있으면 조심성 없는 자들을 속임수의 덫에 던져 넣으려고 애쓴다(벧전 5:8). 그래서 나는 "시험에 들지 않게 깨어 기도하라"(마 26:41)라고 말했던 것이다.

사람 안에는 자랑할 것과 선한 것이 없음

제자

"사람이 무엇이기에 주께서 그를 생각하시며 인자가 무엇이기에 주께서 그를 돌보시나이까"(시 8:4). 인간에게 과연 당신의 은총을 받을 만한 자격이 있습니까? 주님, 당신이 나를 버리신다 해도 내가 어찌 불평할 수 있으며, 내 소원을 들어 주시지 않는다 해도 내가 어찌 당신의 판단에 대해 감히 왈가왈부할 수 있겠습니까? 내가 참된 생각으로 분명히 말합니다. 주님, 나는 아무것도 아니요, 아무것도 할 수 없습니다. 내 안에는 선한 것이 전혀 없으니, 모든 면에서 나는 부족하고, 아무 일도 성취할 수 없습니다. 만약 당신께서 나를 도와주시지 않고 내적으로 나를 가르치시지 않는다면, 나는 완전히 미지근해지고 무력해질 수밖에 없습니다.

그러나 주님, 당신은 언제나 동일하시며 영원토록 변함없으십니다(시 102:12). 당신은 항상 선하시고 의로우시며 거룩하시니, 모든 일을 올바로 거룩하게 잘 행하시며, 지혜롭게 모든 일을 처리하십니다. 그런데 앞으로 나아가기보다는 뒤로 물러나기를 잘하는 나는 항상 같은 상태에 머무를 수 없으니, 각기 다른 "일곱 때"(단 4:16)를 지내야 합니다. 그러나 만약 당신께서 이를 기뻐하셔서 당신의 손을 내게 펼쳐 도와주신다면, 내 상태는 곧 호전될 것입니다. 당신은 어떤 인간의 도움 없이도 나를 건지시고 강하게 하실 수 있으니, 내 안색이 더 이상 변하지 않을 것이요, 내 마음이 오직 당신께로 향하여 안식을 얻게 될 것입니다.

죽을 수밖에 없는 인간에게서는 위안을 얻을 수 없어 당신을 찾지 않을 수 없을 때 혹은 온전한 헌신을 드리고자 할 때, 내가 모든 인간적인 위안을 온전히 떨쳐 버릴 수 있다면, 나는 당신의 은총을 소망하며 새로운 위안의 선물을 통해 즐거워하게 될 것입니다.

당신께 감사하오니, 일이 내게 순탄할 때에도 모든 것을 주시는 이는 당신이십니다. 하지만 당신 보시기에 나는 다만 헛된 존재요, 무요, 불안하고 연약한 인간일 뿐입니다. 그러므로 내가 어떻게 자랑할 수 있으며, 어떻게 존경받기를 바랄 수 있겠습니까? 아무것도 없이 존경받을 수 있습니까? 그렇게 바란다면 이는 가장 헛된 것입니다. 공허한 영광은 참으로 악한 질병이요 크나큰 허사입니다. 이러한 허영은 참된 영광을 가리고, 사람에게서 하늘의 은총을 도적질하기 때문입니다. 자신을 기쁘게 하는 자는 당신을 슬프게 하고, 사람의 칭찬을 갈망하는 자는 참된 덕을 잃어버리게 됩니다. 참된 영광과 거룩한 환희는 자신을 자랑하는 것이 아니라 당신 안에서 자랑하고(합 3:18), 자신의 덕과 힘을 기뻐하는 것이 아니라 당신의 이름을 기뻐하고, 피조물 안에서 즐거움을 구하는 것이 아니라 당신을 위해 사는 것입니다.

내 이름이 아니라 당신의 이름이 찬양받으시고, 내 행위가 아니라 당신의 역사가 높임받으소서. 당신의 거룩하신 이름이 영광받으시고, 내게는 사람들의 칭찬이 조금도 돌려지지 않게 하소서(시 113:3, 115:1). 당신은 내 영광이시오, 내 마음의 희락이십니다. 당신 안에서 내가 자랑하고 온종일 즐거워하겠습니다. 그러나 나를 위해서는 자랑하지 않고 내 연약함 안에서도 즐거워하지 않겠습니다.

유대인들은 서로 영광을 구했을지라도(요 5:44), 나는 오직 하나님에게서 오는 영광만을 구할 것입니다. 당신의 영원한 영광에 비하면, 모든 인간의 영광과 현세의 영예와 세상 희락은 헛되고 어리석은 것일 뿐입니다. 나의 진리요 자비이신 복되신 삼위하나님, 오직 당신께만 찬양과 영예와 권세와 영광이 영원무궁토록 있습니다.

현세의 모든 영예를 경멸함

그리스도

내 아들아, 다른 사람들이 영예와 영광을 누리고 너는 멸시와 천대를 당한다 할지라도 결코 상관하지 말라. 너는 마음을 하늘로 돌려 나를 바라보라. 그리하면 이 땅에서 사람들에게서 당하는 멸시가 너를 슬프게 하지 못할 것이다.

제자

주님, 우리는 눈이 멀었으므로 헛된 것에 곧 미혹되어 버립니다. 만약 내가 자신을 잘 관찰한다면, 어떤 피조물이라도 내게 잘못을 범했다고 말할 수 없습니다. 나는 멸시를 당해도 마땅한 자니, 내가 당신께 무슨 불평을 할 수 있습니까?

나는 종종 당신께 크나큰 죄를 짓곤 하므로 모든 피조물이 내게 대항하는 것이 마땅합니다. 그러므로 내게는 수치와 멸시가 돌려지는 것이 당연하며, 당신께는 찬미와 영예와 영광이 돌려지는 것이 마땅합니다. 만약 기쁜 마음으로 멸시를 당하고 모든 피조물을 떨쳐 버리며 온전히 무로 간주될 각오가 되어 있지 않으면, 나는 내적인 평화와 안정을 얻을 수 없고, 영적인 깨달음을 누릴 수 없으며, 당신과 온전한 연합을 이룰 수 없습니다.

사람에게서는 얻을 수 없는 평안

그리스도

내 아들아, 만일 네가 어떤 선입견 때문에 혹은 긴밀한 친분 관계 때문에 어떤 사람에게 의지하고 거기에서 평안을 찾고자 한다면, 너는 불안하고 복잡한 상황에 놓이게 될 것이다. 그러나 만일 네가 영원히 존재하는 진리에 의존한다면, 친구의 죽음이나 이별 때문에 심히 슬퍼하는 일은 없을 것이다. 네 친구에 대한 관심은 마땅히 내 안에 근거를 두어야 하나니, 이는 네가 이 세상에서 사모하는 사람이 누구든 간에 가장 먼저 사랑해야 할 자는 바로 나이기 때문이다. 내가 없으면 우정이 결코 오래 지속될 수 없고, 나와 연결되지 않으면 사랑이 결코 진실하거나 순결할 수 없다.

너는 사랑하는 친구들에 대한 애정을 마땅히 죽여야 하나니, 너 자신에 관한 한 사람들과의 교제 없이 살기를 바라야 한다. 세상의 모든 위안을 멀리 떠나면 떠날수록 사람은 하나님께 더 가까이 접근하게 된다.

자기 안으로 깊이 내려갈수록 또한 자신을 비천하게 간주할수록, 그는 하나님께로 더 높이 올라가게 된다. 그러나 자기 안에 선한 것이 있다고 여기는 자는 하나님의 은총이 임하는 것을 가로막나니, 성령의 은총은 겸손한 마음을 찾기 때문이다(벧전 5:5). 만일 네가 자신을 없애는 법과 모든 피조물에 대한 사랑을 끊는 법을 온전히 알게 된다면, 내가 넘치는 은총을 안고 네 안으로 날아들 것이다. 네가 피조물을 바라볼 때 창조주의 시선은 네게서 떠나신다.

모든 일을 할 때 창조주에 대한 사랑으로 너 자신을 극복하고자 애쓰면, 너는 하나님의 지식을 얻을 수 있을 것이다. 네가 아무리 작은 것이라도 무분별하게 사랑하고 사모한다면, 이는 너의 영혼을 상하게 하고 큰 선에 도달하지 못하게 한다.

세상의 헛된 지식

그리스도

내 아들아, 사람들의 말이 아무리 아름답고 공교할지라도 거기에 감동하지 말라. "하나님의 나라는 말에 있지 아니하고 오직 능력에 있음이라"(고전 4:20). 나의 말에 착념하라. 나의 말은 마음을 불붙게 하며, 정신을 깨우치고, 회개를 촉구할 뿐만 아니라 여러 가지 풍성한 위안을 가져다준다. 더 학식 있게 보이거나 더 현명하게 보이기 위해서 말씀을 읽지 말라. 네 죄를 죽이기 위해 부지런히 애써라. 이 일은 여러 난해한 문제들에 대한 지식보다 네게 훨씬 더 유익할 것이다.

　네가 많은 것들을 읽고 알 때에도 항상 유일한 시작이요 원칙이신 하나님을 기억해야 한다. 내가 사람에게 지식을 가르치는 자요, 어린아이에게는 사람에게서 배우는 것보다 더 명확한 깨달음을 주는 자니라. 그러므로 나의 말을 듣는 자는 곧 지혜로워질 것이요, 그 영에 큰 유익을 얻을 것이다.

　사람들에 관해서는 많은 호기심을 가지고 질문하면서도 하나님을 섬기는 법에 관해서는 별 관심이 없는 자에게 화가 있으리라! 때가 오리니, 주의 주이신 그리스도께서 천사들과 함께 나타나 모든 사람의 일과를 낱낱이 듣고 각자의 양심을 세세히 검토하실 것이다. 그때에 그가 등불을 들고 예루살렘을 두루 찾으시리니, 어두움의 은밀한 것들이 빛 가운데 드러나며(습 1:12; 고전 4:5) 변론하는 사람들의 혀가 잠잠해질 것이다.

　나는 겸손한 마음을 가진 자로 하여금, 사람이 학교에서 10년 동안 배우는 내용보다 더 많은 양의 영원한 진리를 단번에 깨달을 수 있도록 높이는 자니라. 나는 잡다한 말의 소음 없이, 분분한 의견의 혼란도 없이, 영예에 대한 야심도 논쟁의 싸움질도 없이 가르친다. 나는 사람들이 세상 것을 경멸하고 현세 일을 싫어하게 가르치며, 영원한 것을 찾아 즐기고, 영예를 멀리하며, 고난을 참고, 모든 소망을 나에게 두며, 나 외에는 아무것도 원하지 않고, 무엇보다 먼저 나를 뜨겁게 사랑하도록 가르친다. 어떤 사람은 나에 대한 온전한 사랑을 통해 신령한 것을 배우게 되었으며 치하할 만한 것을 말하게 되었다. 그는 공교한 것을 공부하기보다 모든 것을 버림으로써 더 많은 유익을 얻었다.

나는 어떤 사람에게는 평범한 일을 말하고, 어떤 사람에게는 좀 더 특별한 일을 말하며, 어떤 사람에게는 모양과 표적으로 부드럽게 나타나나, 어떤 사람에게는 많은 빛으로써 신비로운 일을 드러내 준다. 성경의 음성은 하나이나 그 가르침이 모두 한결같지는 않으니, 이는 내가 그 안에 담긴 진리를 가르치는 교사요, 마음의 감찰자요, 생각의 분별자요, 선한 행위의 유발자가 되어 내가 판단하기에 최선의 것들을 각 사람에게 나눠 주기 때문이다.

외적인 일에 신경 쓰지 않음

그리스도

내 아들아, 많은 일에서 너는 마땅히 자신을 무시하고, 땅에서 죽은 자요 온 세상에 대해 십자가에 못 박힌 자로 여겨야 한다(갈 6:14). 또한 너는 많은 것들을 듣지 못한 척 지나가고, 오직 네 평화와 관련한 것들을 깊이 숙고하라. 언쟁의 노예가 되는 것보다 네 눈을 돌이켜 불쾌한 일을 피하고, 각자가 자신의 의견을 가지도록 놓아두는 편이 네게 훨씬 유익하다. 만약 너와 하나님 사이의 관계가 온전히 원만하고 네 마음에 항상 하나님의 심판을 명심하고 있으면, 너는 다른 사람에게 지는 일을 훨씬 쉽게 참을 수 있을 것이다.

제자

주님, 우리는 얼마나 생각이 소홀한 자들인지요! 보소서, 우리는 세상에서 한순간의 손해도 통탄해하며 조그만 이득을 위해 땀 흘리며 달리지만, 우리 영혼의 영적인 피해는 잊어버리고 거의 기억하지도 않습니다. 사소하거나 아무 유익도 주지 못하는 것은 걱정하면서도, 특별히 필요한 것은 가볍게 넘어가 버립니다. 이는 몸과 마음이 전부 외적인 일에 빠져 버리기 때문인데, 재빨리 회개하지 않으면 그는 외적인 데에 자발적으로 안주하게 됩니다.

사람의 말을 신뢰하지 않음

제자

주님, 내가 환난당할 때에 나를 도와주소서. 사람의 도움은 내게 무익하기 때문입니다(시 60:11). 나는 얼마나 자주 속았으며, 확실하다고 생각하던 데에서 얼마나 많은 불성실을 발견했는지요! 그러므로 인간을 의지하는 일은 헛되며, 의인의 구원은 오직 하나님 당신 안에만 있습니다.

주 나의 하나님, 우리에게 닥치는 모든 일에서 당신이 찬양받으소서! 우리는 연약하고 흔들립니다. 우리는 금방 속임수에 넘어가고 쉽게 변합니다. 모든 일에 온전히 조심하고 경계하여 결코 속임수나 혼란에 빠지지 않도록 자신을 지킬 수 있는 사람이 얼마나 있겠습니까? 그러나 주님, 당신을 의지하고 일편단심으로 당신을 찾는 사람은 쉽게 넘어지지 않습니다(잠 10:29). 그런 사람은 환난에 빠져 아무리 얽매인다 할지라도 당신을 통해 곧 구원받거나 혹은 당신에게서 위안을 얻습니다. 당신은 당신을 의지하는 자를 끝까지 버리지 않으시기 때문입니다.

친구의 모든 고난에 신실하게 계속 동참하는 사람은 실로 찾아보기 어렵습니다. 그러나 주님 당신만은 항상 지극히 신실하게 함께하시니, 세상에 당신 같은 분이 없으십니다. "내 마음은 그리스도 안에 굳건히 근거를 두고 있다"라고 말한 사람은 얼마나 거룩하고 지혜로운 영혼을 소유한 자입니까! 내가 만약 그러했다면, 사람에 대한 두려움이 나를 쉽게 뒤흔들지 못하고, 말의 화살이 나를 움직이지 못했을 것입니다.

누가 모든 일을 예견할 수 있습니까? 누가 장래의 악한 일을 미리 대비할 수 있습니까? 예상했던 일조차 종종 우리를 해치는데, 예기치 못한 일들은 우리에게 얼마나 심각한 상처를 입히겠습니까? 나는 참으로 가련한 자니, 내가 왜 자신을 위해 좀 더 잘 준비하지 못했을까요? 나는 왜 그렇게 쉽게 다른 사람들을 신뢰했을까요?

그러나 우리는 인간입니다. 많은 사람들에게서 위대하게 추앙받고 천사처럼 여겨진다 할지라도, 우리는 깨어지기 쉬운 인간일 뿐입니다. 주님, 내가 누구를 의지하겠습니까? 당신 외에 누가 있습니까? 당신은 진리이시니, 속이지도 않으시고 속지도 않으십니다. 반면에 "사람은 다 거짓되"고(롬 3:4) 연약하고 가변적이고 넘어지기 쉬우니, 특히 말에서 그러합니다. 그러므로 우리는 처음 겉으로 볼 때에 올바르게 여겨지는 것이라 할지라도 쉽게 신뢰해서는 안 됩니다.

주님, 당신은 놀라우신 지혜로써 사람을 주의하라고 우리에게 경고해 주셨습니다. 이는 사람의 원수가 집안 식구이기 때문입니다(미 7:5). 그러므로 사람이 말하기를 "보라, 여기 있다", "보라, 저기 있다" 해도 믿어서는 안 됩니다. 상함받음을 통해서 나는 많은 교훈을 받았으니, 이로써 내가 좀 더 조심스러워지고 덜 우둔해지면 얼마나 좋을까요.

어떤 사람이 나에게 이르기를 "주의해서 잘 듣고, 내가 너한테 말하는 것을 다른 사람에게 말하지 마라"라고 했습니다. 나는 그 말을 듣고서 잠잠한 가운데 비밀을 지켰지만, 그 사람은 자기가 지키라고 했던 비밀을 스스로 지키지 못하고, 금방 자신과 나를 배신한 채 또 다른 사람에게 말하고 맙니다. 주님, 그런 이야기들과 그와 같이 신의 없는 사람들에게서 나를 보호하셔서 그들의 손에 빠지지 않게 하시며, 스스로 그런 일을 저지르지도 않게 하소서. 내가 내 말의 진실성과 일관성을 지키게 하시고, 교활한 혀를 놀리지 못하게 하소서. 내가 다른 사람들에게서 당하기 싫어하는 일을 결코 남에게 행하지 않게 하소서.

다른 사람들에 관한 말을 하지 않고, 들은 이야기를 모두 신뢰하지 않으며, 들은 말을 금방 남에게 전하지 않는 일은 얼마나 선하며 마음의 평안에 유익한지요(잠 25:9). 또한 자신의 속을 많은 사람들에게 털어 놓지 않는 것이 좋으며, 마음의 감찰자이신 당신을 항상 바라는 것이 좋습니다(사 26:3). 또한 우리는 바람과 같은 말에 이리저리 흔들려서는 안 되고, 내적으로나 외적으로나 모든 일을 당신의 기뻐하시는 뜻에 따라 성취하도록 노력해야 합니다.

겉모습을 버리고 하늘의 은총을 지키는 것이 얼마나 안전한 일인지요. 또한 외부의 칭찬을 불러일으킬 만한 일을 찾기보다는, 삶을 개선하고 경건에 대한 열심을 가지게 해주는 것을 열심히 추구하는 것이 얼마나 더 복된지요. 사람 가운데 널리 알려지는 덕과 성급한 칭찬 때문에 얼마나 많은 사람들이 해를 입었는지요! 시험과 전쟁이 가득 찬 이 험한 세상에서 묵묵히 은총을 간직하는 일은 얼마나 유익한지요.

비난 가운데 하나님을 신뢰함

그리스도

내 아들아, 너는 굳게 서서 나를 의뢰하라(시 37:3). 말은 그저 말에 불과하지 않느냐? 말은 공기를 뚫고 날지만 돌처럼 너를 해치지는 못한다. 만약 너에게 죄가 있다면, 그 말을 통해 너 자신을 교정하도록 힘써라. 만약 네가 양심에 거리낌이 없다 할지라도, 하나님을 위해 그 악한 말을 참아 내도록 노력하라. 설사 네가 심한 타격을 견뎌 낼 용기를 가지고 있지 않다 할지라도, 때때로 몇 마디 말을 참는 것은 별로 대단한 일이 아니다.

너는 왜 그런 사소한 문제를 마음에 두느냐? 이는 네가 아직 육신적이요, 필요 이상으로 사람의 눈치를 보기 때문이 아니냐? 네가 멸시받기를 두려워하기 때문에, 네 잘못에 대한 책망을 싫어하고 핑곗거리를 찾는 것이 아니냐? 네 안을 좀 더 자세히 살펴보라. 그리하면 네 안에 아직 세상이 살아 있고 사람을 기쁘게 하려는 헛된 욕심이 남아 있음을 깨달을 것이다. 네가 겸비해지기를 원하지 않고 네 잘못에 대한 책망을 싫어한다면, 이는 네가 아직 진실로 겸손하지 않고, 세상에 대해 죽지 않았으며, 세상도 너에 대해 십자가에 못 박히지 않았다는 증거다.

내 말에 부지런히 귀를 기울여라. 그리하면 사람들의 수만 마디 말에 착념하지 않게 될 것이다. 보라, 모든 사람이 너에 대해 지독한 중상모략을 퍼붓는다 할지라도, 만약 네가 그 말들이 지나가기를 참고 기다리며 이를 지푸라기처럼 여긴다면, 그 말들이 너를 어떻게 해치겠느냐? 그 말들이 네 머리에서 머리털 하나라도 뽑을 수 있느냐?(마 10:30; 눅 12:7) 그러나 하나님을 바라보지 않고 그에게 마음을 두지 않는 자는 멸시의 말 한마디에도 쉽게 요동한다. 반면에 하나님만을 신뢰하고 자신의 판단에 의지하지 않는 자는 사람을 두려워하지 않는다.

나는 모든 비밀을 분별해 내는 심판장이며(시 7:8), 일이 어떻게 진행되었고 누가 피해자며 누가 가해자인지 다 알고 있다. 이 일은 나에게서 진행되었으며 나의 허락 아래 일어났으니, 이는 많은 사람들의 마음의 생각을 드러내려 함이다(눅 2:35). 장차 내가 죄인과 무죄한 자들을 심판할 것이나, 사전에 은밀하게 그들을 시험하고 판단하기도 한다.

사람들의 증거는 종종 기만적이나 나의 판단은 참되니, 항상 굳게 서고 엎어지지 않는다. 나의 판단은 보통 감춰져 있으며, 모든 일 안에서 드러나지 않고, 오직 소수의 사람들만 깨달을 뿐이다. 그러나 비록 어리석은 자의 눈에는 그 판단이 올바르지 않게 보일지라도, 나의 판단은 결코 잘못되지 않으며 또한 잘못될 수도 없다. 그러므로 사람들은 판단을 내릴 때 항상 나에게 문의해야 하며, 자신의 판단에 따라 결정해서는 안 된다.

의로운 사람은 하나님에게서 무슨 일이 자기에게 떨어지든지 요동하지 않으며(잠 12:13), 어떤 일이 부당하게 자기에게 닥친다 할지라도 크게 걱정하지 않는다. 또한 그는 다른 사람들이 합당한 이유를 들어 자신을 변호해 줄지라도 결코 쓸데없이 즐거워하지 않는다. 그는 내가 마음과 행위를 감찰하는 자요(시 7:9; 계 2:23), 인간을 외모나 겉모습으로 판단하는 이가 아님을 잘 알고 있기 때문이다. 인간의 판단으로는 칭찬할 만한 일이라도 내가 보기에는 책망할 만한 일이 얼마든지 있다.

제자

주 하나님, 당신은 강하시고 오래 참으시며 공정하신 재판장이십니다. 내 양심만으로는 내게 충분하지 못하니, 인간의 연약함과 사악함을 잘 아시는 주님께서 나의 힘과 의지가 되어 주소서. 내가 비록 나의 잘못을 아무것도 발견하지 못한다 할지라도 이로써 스스로 의롭다 칭할 수 없으니(고전 4:4), 이는 어떤 사람이든 당신의 긍휼 없이는 당신 앞에서 의롭다 함을 얻을 수 없기 때문입니다(시 143:2).

영생을 위해 고난을 인내함

그리스도

내 아들아, 너는 나를 위해 당하는 고통스러운 노고로 인해 당황하지 말며, 너에게 임하는 환난 때문에 낙심하지 말라. 오직 너는 내 언약을 통해 어떤 환경에서든 힘과 위로를 얻어라. 나는 네게 한량없는 상급을 베풀 수 있는 자니라. 너는 오래지 않아 이 땅에서의 노고를 벗을 터이니, 네가 항상 슬픔에 억눌려 지내지는 않을 것이다. 조금만 더 기다리면 너는 네 악이 속히 끝나는 것을 볼 것이다. 그때에는 모든 수고와 고통이 다 그칠 것이다. 시간과 함께 지나가 버리는 모든 것은 얼마나 보잘것없고 홀연한가!

너는 열심히 맡은 바를 수행하고, 내 포도원에서 성실히 일하라(마 20:7). 그리하면 내가 너의 상급이 될 것이다. 쓰고, 읽고, 찬송하고, 애통해하고, 묵상하고, 기도하고, 담대히 역경을 견뎌라. 영생을 얻으려면 마땅히 이런 일들을 겪어야 하며 더 큰 싸움도 견뎌야 한다. 주님만이 아시는 때에 평화가 너에게 임하리니, 그때에는 현세와 같은 밤과 낮이 더 이상 없을 것이요, 오직 영원한 빛과 무한한 광채와 변함없는 평화와 든든한 안식만이 있을 것이다(슥 14:7). 그날에는 네가 "이 사망의 몸에서 누가 나를 건져내랴"(롬 7:24)라고 외치지 않을 것이요, "오래 머무는 것이 내게 화로구나(시 120:5)"라고 말하지도 않으리니, 이는 사망이 그 권세를 잃고 더 이상 걱정 근심이 없으며, 변하지 않는 구원과 복된 희락과 감미롭고 영광스러운 교제만이 있을 것이기 때문이다.

아, 만약 네가 하늘에 있는 성자들의 영원한 면류관을 한 번이라도 볼 수 있으면 좋으련만! 또한 이 세상에 살 동안 초라하게 여겨지고 멸시를 당하던 자들이 현재 누리고 있는 크나큰 영광을 볼 수만 있다면! 그리하면 너는 금방 땅에까지 자신을 낮출 것이요, 다른 사람들을 호령하기보다는 모든 사람의 종이 되고자 애쓸 것이다. 또한 너는 이 세상에서 즐거움을 누리는 것을 원하지 않을 것이요, 하나님을 위해 고난당하는 것을 심히 즐거워하고, 사람들 가운데 아무것도 아닌 존재로 여겨지는 일을 크나큰 이익으로 여길 것이다.

네가 이러한 일을 기뻐하고 마음속 깊이 간직한다면, 어떻게 단 한 번이라도 불평할 수 있겠느냐? 모든 힘든 노동은 영생을 위해 참고 견디는 것이 아니냐? 하나님의 나라를 얻고 잃는 것은 결코 작은 문제가 아니다. 네 얼굴을 하늘로 들어, 나와 함께한 모든 성자들을 바라보라. 그들은 이 세상에 있을 때 고초를 겪었으나 지금은 희락과 위안과 안정과 안식을 누리고 있으며, 내 아버지의 나라에서 나와 함께 영원히 거할 것이다.

현세의 역경과 영원한 날

제자

아, 하늘 도성의 거처는 얼마나 복된가!(계 21:2) 아, 밤이 없이 지극히 높으신 진리께서 늘 비춰 주시는 영원의 날은 얼마나 쾌청한가! 아, 늘 즐겁고 늘 안전하고 결코 변하지 않는 복된 날이여! 아, 그날이 오면 이 현세의 일들은 모두 끝날 것이다. 성자들에게는 영원한 밝은 빛이 환히 비치고 있으나, 땅에서 순례길을 가고 있는 자들에게는 그 빛이 마치 흐린 유리를 통해 보듯이 멀리 보입니다.

하늘의 시민들은 그날의 크나큰 즐거움을 잘 아나, 추방당한 이브의 자녀들은 이 땅의 괴로움과 곤고함으로 인해 애곡합니다. 이 세상에서의 날들은 짧고도 불행하니(욥 7장), 슬픔과 번민으로 가득 차 있습니다. 이 땅에서 사람들은 많은 죄로 오염되고, 많은 열정의 덫에 걸리며, 두려움에 사로잡히고, 걱정 때문에 안절부절못하며, 호기심으로 인해 곤비하고, 여러 가지 허영에 얽매이며, 많은 실수로 말미암아 혼돈되고, 많은 노동으로 피곤하며, 각종 시험에 억눌리고, 쾌락을 따르다가 기진하며, 궁핍 때문에 고초를 당합니다.

아, 언제쯤 이 불행들이 끝나겠습니까? 언제쯤 내가 이 비참한 죄의 사슬에서 벗어날 수 있겠습니까?(롬 7:24) 주님, 언제쯤 내가 오직 당신만을 생각할 수 있겠습니까?(시 71:16) 언제쯤 당신 안에서 온전히 기뻐할 수 있겠습니까? 언제쯤 아무런 장애 없이, 마음과 몸에 아무런 고통 없이 참 자유를 누릴 수 있겠습니까? 자비로우신 예수님, 언제쯤 내가 견고히 서서 당신을 뵐 수 있겠습니까? 언제쯤 내가 당신의 나라의 영광을 관조할 수 있겠습니까? 언제쯤 당신께서 나의 모든 것이 되실 수 있겠습니까? 아, 언제쯤 내가 당신께서 영원 전부터 당신의 사랑하시는 자들을 위해 준비해 오신 나라에 들어가 당신과 함께 거할 수 있겠습니까? 나는 원수들의 땅에 버려진 가련한 유배자니, 여기는 매일 전쟁과 크나큰 고난이 끊이지 않는 곳입니다.

나의 유배 생활에 위안을 주시고 내 슬픔을 달래 주소서. 나의 모든 소원은 당신을 찾는 것뿐입니다. 이 세상이 나를 위안한답시고 제공하는 모든 것은 오히려 나에게 부담이 될 뿐입니다. 나는 내적으로 깊이 주님을 즐거워하기 원하지만 이를 결코 이룰 수 없습니다. 나의 소원은 하늘의 것을 위해 자신을 포기하는 것이지만, 실제로는 현세적인 것과 억제되지 않은 열정이 나를 짓누릅니다. 마음으로는 모든 것을 다 초월하고 싶지만, 육신으로는 내 의지와는 다르게 세상 것들에 굴복하게 됩니다. 그러므로 나는 참 불쌍한 자입니다(롬 7:24, 8:23). 나는 나 자신과 싸움을 해야 하니, 나 자신이 나에게 큰 부담이 됩니다. 나의 영은 위의 것을 추구하나 나의 육은 아래의 것을 찾습니다.

아, 내 마음으로는 하늘의 것을 사모하는데 실제로는 심지어 기도하는 중에도 수많은 육신의 공상들이 내 안에서 떠오르니, 나의 내면의 고통이 어떠하겠습니까! 나의 하나님, 내게서 멀리 계시지 마시고, 당신의 종에게 진노하셔서 돌이키지 마소서(시 72:12). 당신의 번갯불을 보내셔서 헛된 생각들을 흩으시며, 당신의 화살을 쏘셔서 원수의 환상들을 다 물리쳐 주소서. 나의 흩어진 마음을 모으셔서 당신께로 향하게 하시며, 세속적인 것을 다 잊게 하시고, 모든 악한 환상들을 비웃음으로 곧 던져 버릴 수 있게 하소서.

영원한 진리이신 하나님, 허영이 나를 움직이지 못하도록 도우소서. 하늘의 감미로움이신 하나님, 나에게 임하셔서 내 모든 불결함이 당신 앞에서 도망하게 하소서. 나를 용서하시고 자비로 나를 선대하셔서, 내가 기도할 때마다 당신 외에는 아무것도 생각하지 말게 하소서. 내가 참으로 고백하지 않을 수 없으니, 나는 많은 고초를 당해 마땅한 자입니다.

아주 여러 번 나는 육체적으로 앉아 있거나 서 있는 바로 거기에 있지 않고, 내 생각이 이끄는 대로 다른 곳에 가 있곤 합니다. 내 생각이 있는 곳에 내가 있으며, 내 애정이 있는 곳에 보통 내 생각도 있습니다. 본성적으로 즐거운 일과 습관적으로 즐기는 일이 너무 쉽게 내 마음에 떠오릅니다.

그러므로 진리 자체이신 당신께서 이와 같이 분명히 말씀하셨습니다. "네 보물 있는 그곳에는 네 마음도 있느니라"(마 6:21). 만일 내가 하늘을 사랑하면, 기꺼이 하늘의 일을 생각할 것입니다. 만일 내가 세상을 사랑하면, 세상에서의 번영을 기뻐하며 세상에서의 역경을 슬퍼할 것입니다. 만일 내가 육신을 사랑하면, 육신을 즐겁게 하는 헛된 생각을 자주 할 것입니다. 만일 내가 영을 사랑한다면, 영적인 일을 생각하며 기뻐할 것입니다. 내가 무엇을 사랑하든지, 그 사랑하는 것에 관해 말하고 듣기를 원하며, 그 형상을 보고 평안을 느낄 것입니다.

그러나 주님, 당신을 위해 기꺼이 모든 피조물을 버리고, 본성을 억누르며, 영의 뜨거운 열심을 통해 육체의 정욕을 십자가에 못 박는 사람은 복이 있습니다. 그는 평온한 양심으로 정결한 기도를 당신께 드릴 수 있으며, 내적으로나 외적으로나 세상 모든 것을 떨쳐 버림으로써 천사의 찬양대에 들어갈 만한 자격을 얻게 될 것입니다.

영생의 소망과 선한 싸움을 싸우는 자에게 약속된 상급

그리스도

내 아들아, 네가 위로부터 주어지는 영원한 희락을 열망하고 이 육신의 장막을 벗어 버리려는 소원을 가진다면, 너는 회전하는 그림자도 없는 나의 광채를 관조할 수 있을 것이다. 네 마음을 넓게 열라. 그리하면 네 온전한 소원으로 말미암아 이 거룩한 야망을 이루게 될 것이다.

하늘의 선하신 하나님께 지극히 큰 감사를 드리라. 그는 너를 은혜로 대하시며 자비로 너를 찾아오셔서 너의 마음을 뜨겁게 하시고, 네가 자신의 무거운 짐으로 인해 세속적인 것들에게로 떨어지지 않도록 너를 강력히 붙들어 올려 주신다. 네 노력이나 생각을 통해서는 이를 얻을 수 없고, 오직 하나님의 은총과 하늘의 은혜가 내리심으로만 가능하니, 이를 위해서 너는 모든 덕에서 더욱 큰 진보를 이루고, 더욱더 겸손하며, 장래의 투쟁을 위해 준비하고, 온 마음을 다해 나를 의지하며, 뜨거운 소원을 가지고 나를 섬겨라.

내 아들아, 불을 피우면 불꽃이 위로 올라갈 때 으레 연기도 함께 난다. 이와 마찬가지로, 사람의 소원이 하늘의 것을 향해 불타오를 때에도 아직 육신적인 애정의 시험이 다소 남아 있다. 그러므로 그들이 하나님께 간절한 소원의 기도를 드릴지라도, 그 기도가 순전히 하나님의 영예를 위한 것만은 아니다. 네가 아무리 열심 있고 진지한 듯 가장할지라도, 너의 소원도 종종 그러하다. 너 자신의 특별한 관심이나 이익과 결합해 있는 기도는 결코 순수하고 완전한 소원이 될 수 없다. 너는 자신에게 유익하고 즐거운 것을 구하지 말고, 내가 받을 만하며 나의 영예를 높일 만한 것을 구하라. 네가 올바른 판단력을 가지고 있다면, 자기 자신이나 다른 사람들의 소원보다는 나의 지시를 더 좋아하고 따라야 할 것이다.

나는 너의 소원을 알며 너의 잦은 신음 소리를 들었다. 이제 너는 하나님의 아들들이 누릴 영광스러운 자유를 갈망하며, 모든 기쁨으로 충만한 하늘나라와 영원한 거처를 사모하고 있다. 그러나 그때는 아직 이르지 않았고 다른 때가 임해 있으니, 이때는 전쟁의 때요 수고와 시련의 때다(욥 7:1). 너는 선하신 주권자 하나님으로 충만하기를 원하지만, 현재로서는 이를 성취할 수 없다. 하나님의 나라가 임할 때까지 네가 기다려야 할 자가 바로 나다.

너는 아직 이 땅에서 여러 시험을 당해야 하며 많은 훈련을 쌓아야 한다. 때때로 너에게 위안이 주어지기는 할 것이나 완전히 충만한 위로는 허락되지 않을 것이다. 그러므로 행위뿐 아니라 본성에 거슬리는 일을 참는 데에서도 용감하라(수 1:7). 너는 새사람을 입고 다른 사람으로 변화되어야 한다(엡 4:24). 너는 종종 하고 싶지 않은 일이라도 행해야 하고, 하고 싶은 일이라도 금해야 한다.

다른 사람들이 원하는 일은 흥왕할 것이나, 네가 원하는 일은 종종 성공하지 못할 것이다. 다른 사람들이 하는 말은 청종되나 너의 말은 종종 묵살될 것이요, 다른 사람들의 부탁은 상납되나 너의 부탁은 무시될 것이다. 다른 사람들은 대중의 칭찬을 들으며 위대해지나, 너에 관해서는 아무런 언급도 없을 것이다. 다른 사람들에게는 이런저런 일이 위임될 것이나, 너는 별로 쓸모없는 자로 여겨질 것이다. 이런 일을 당할 때 너의 본성은 때때로 괴로움을 당하리니, 만약 말 한마디 하지 않고 묵묵히 이를 참으려 하면 그 괴로움이 더할 것이다. 이와 같은 경우에 주님의 신실한 종들은 그들이 얼마나 모든 일에서 자신을 부인하고 깨뜨릴 수 있는지 시험받게 된다.

　자신의 뜻에 거슬리는 것을 보고 또 이를 감당해야 하는 때처럼 자신에 대해 죽어야 할 필요가 있는 경우는 거의 없다. 특히 자신에게 불편하고 불리하게 보이는 일을 행하도록 명령받을 때는 더욱 그러하다.

　네가 권위 체계 아래 있으면 더 높은 지위의 사람에게 순종하지 않을 수 없다. 그러므로 자신의 모든 뜻은 버리고 다른 사람의 명령을 준행해야 하는데, 이 일을 너는 힘들게 여길지도 모른다. 그러나 내 아들아, 이 수고의 열매를 깊이 생각하라. 끝이 매우 가까웠으며, 넘치도록 큰 상급이 너를 기다리고 있다. 이 생각을 하면 그런 일을 감당하는 것이 싫지 않을 것이요, 인내의 위로를 크게 받을 것이다. 네가 지금 너의 작은 뜻을 선선히 버리면, 하늘에서 항상 너의 뜻을 이룰 수 있을 것이다.

　참으로 거기서는 너의 모든 소원이 다 이루어지리니, 네가 바랄 수 있는 모든 것을 얻을 수 있을 것이다. 거기서 너는 모든 좋은 것을 가질 수 있으며, 그것을 잃어버릴 염려도 전혀 없다. 거기서 너의 뜻은 나의 뜻과 온전히 일치하리니, 너는 외적인 것이나 사적인 것은 결코 탐하지 않게 될 것이다. 거기서는 어느 누구도 너를 대적하거나 너에 대해 불평하거나 훼방하지 않을 것이다. 네가 원하는 모든 것이 거기 존재하여 네 온 마음을 즐겁게 하리니, 네 즐거움의 잔이 넘칠 것이다. 거기서 내가 너에게, 여기서 당했던 네 비난의 대가로 영광을 줄 것이요, 괴로움의 대가로 칭찬의 외투를 주며, 비천한 지위의 대가로 영원히 위엄 있는 보좌를 줄 것이다. 거기서는 순종의 열매가 나타날 것이요, 회개의 수고가 기뻐 뛰놀고, 겸손한 복종이 영광스러운 면류관을 얻을 것이다.

그러므로 너는 이 땅에서 살 동안 모든 사람에게 겸손히 굽히되, 누가 이를 시키든 상관하지 말고 하라. 네 상급자이든 하급자이든 혹은 동료이든 그들이 네게 무엇을 요청하거나 넌지시 그들의 소원을 비치거든, 너는 이 가운데 선한 부분을 다 취해 그것을 이행하기 위해 성실히 노력하라. 어떤 사람은 이 일을 구하고 어떤 사람은 저 일을 구하며, 어떤 사람은 이 일을 자랑하고 어떤 사람은 저 일을 자랑하니, 그들이 하는 대로 내버려 두라. 그러나 너는 이 일 저 일에서 즐거움을 찾지 말고 오직 자신에 대한 경멸과 나 하나님의 선하고 기쁜 뜻과 영예 안에서 찾아라. 네가 살든지 죽든지 항상 하나님이 네 안에서 영광받으시는 것이 너의 소원이 되어야 한다.

하나님의 손에 자신을 맡김

제자

주 나의 하나님, 거룩하신 아버지, 지금부터 영원토록 찬양받으소서. 당신께서는 원하시는 모든 것을 이루실 수 있으니, 이는 당신이 행하시는 것이 모두 선하기 때문입니다. 당신의 종이 자신 안에서나 다른 어떤 것 안에서가 아닌 오직 당신 안에서 즐거워하게 하소서. 당신만이 참된 기쁨이시요, 나의 소망과 면류관이시며, 희락과 영예이십니다.

당신의 종이 무슨 선한 일을 행했습니까? 그러나 당신은 아무 공로 없는 나에게 얼마나 많은 좋은 것들을 주셨습니까?(고전 4:7) 만물이 모두 당신의 것이니, 모두 당신이 주시는 것이요 당신이 만드신 것입니다.

나는 가련한 자니, 어려서부터 많은 곤란을 당했습니다(시 88:15). 때때로 나의 영혼은 슬픔으로 인해 많은 눈물에 젖으며, 어떤 때는 임박한 고통 때문에 괴로워하기도 합니다. 나는 평안의 기쁨을 갈망하며, 당신이 주시는 위안의 빛 안에서 양육되는 당신 자녀들의 평화를 열렬히 사모합니다. 당신이 나의 마음에 평화를 주시고 거룩한 기쁨을 부어 주신다면, 당신의 종의 영혼은 아름다운 가락으로 가득 찰 것이요, 당신을 찬양하는 데 모든 힘을 바칠 것입니다.

그러나 만약 당신께서 이전에 자주 그렇게 하셨듯이 내게서 물러가시면, 나의 영혼은 당신이 주신 계명의 길로 달려갈 수 없을 것입니다. 그러면 나는 무릎을 꿇고 내 가슴을 치리니, 이는 이전과 같이 당신의 등불이 머리 위에서 비치지 않고, 시험이 몰아칠 때 당신의 날개 그늘 아래 피할 수 없기 때문입니다.

공의로우신 아버지, 영원토록 찬송받으소서. 이제 당신의 종이 시험받을 시간이 왔습니다. 사랑하는 아버지, 이 시간에 당신의 종이 당신을 위해 고난을 참고 견디는 것이 올바른 일인 줄 압니다. 아버지, 더욱더 영광받으소서. 이제 영원 전부터 당신이 이미 알고 계시던 고난의 시간이 왔습니다. 당신의 종이 잠시 동안 외적인 압박을 당할 것이나, 내적으로는 당신과 함께 영원토록 살 것입니다. 당신의 종이 잠시 동안 비천히 여겨지고 사람들 보기에 실패한 듯하며 고통과 연약함으로 기진하는 것은 좋은 일이니, 새벽이 오면 나는 당신과 함께 다시 살아나 하늘에서 영광을 누릴 것입니다. 거룩하신 아버지, 당신께서 이 일을 정하셨으니,

이를 이루셔서 당신께서 명령하신 바를 성취하소서.

당신에 대한 사랑 때문에 이 세상에서 고난과 고통을 당하는 것이 당신의 친구에게는 큰 은혜이니, 고난이 얼마나 자주 임하든 또 누구를 통해 떨어지든 내가 상관하지 않을 것입니다. 당신의 계획과 섭리가 없이는 세상의 어떤 일도 공연히 일어날 수가 없습니다. 주님, 당신께서 나를 겸비하게 하신 것이 내게는 오히려 유익이니(시 119:71), 이를 통해 내가 당신의 공의로운 심판을 배우게 되었고, 마음의 모든 교만과 허세를 던져 버리게 되었습니다. 수치가 내 얼굴을 덮은 것이 내게는 오히려 잘 된 일이니, 이를 통해 내가 사람에게서가 아니라 당신에게서 위로를 구하게 되었습니다. 나는 또한 이를 통해 당신의 헤아릴 수 없는 심판을 두려워하게 되었으니, 당신은 악인을 통해 의인을 연단하시나 그 가운데서도 공평과 정의를 잃지 않으십니다.

내가 당신께 감사하오니, 이는 당신께서 나의 죄를 간과하지 않으시고, 쓰디쓴 채찍으로 상처를 주시고 슬픔을 당하게 하시며, 내적으로나 외적으로나 걱정하게 하시기 때문입니다. 주 나의 하나님, 하늘 아래 당신 외에 그 누가 나를 위로해 줄 수 있겠습니까? 영혼을 치유하시는 하늘의 의사이시여, 당신은 상하게 하시고 치료해 주시며, 지옥에 던지셨다가 다시 올려 주시는 분이십니다(시 18:16). 당신의 훈련이 나를 주관하며 당신의 막대기가 나를 지도할 것입니다.

보소서, 사랑하는 아버지, 나는 당신의 손 안에 있으니, 내가 당신의 징계의 막대기 아래 자신을 굽힙니다. 나의 등과 목을 치셔서, 내 완악함이 꺾이고 당신의 뜻을 따르게 하소서. 당신이 종종 그렇게 하셨듯이 나를 충성스럽고 겸손한 당신의 제자로 만드셔서, 내가 당신께서 기뻐하시는 일이면 무엇이든 기꺼이 감당하게 하소서. 내가 당신께 나 자신과 내게 있는 모든 것을 드리니 올바르게 고쳐 주소서. 여기서 징계당하는 것이 죽은 후에 당하는 것보다 훨씬 낫기 때문입니다.

당신은 일반적인 것뿐 아니라 개별적인 것도 모두 알고 계시니, 인간의 양심 안에 있는 아무리 은밀한 일이라도 당신 앞에 드러나지 않을 것이 하나도 없습니다. 일이 다 이루어지기도 전에 당신은 그 일의 결과를 아시니, 어느 누구도 당신을 가르칠 필요가 없으며 땅 위에서 일어나는 일에 관해 당신께 설명할 필요가 없습니다. 당신은 나의 영적인 진보를 위해 무엇이 유용한지 잘 아시며, 내 죄의 녹을 지워 버리기 위해 얼마나 큰 환난이 필요한지도 잘 아십니다. 당신의 선하시고 기뻐하시는 뜻에 따라 나를 대우하시며, 나의 죄악 된 생활로 말미암아 나를 저버리지 마소서. 당신처럼 나의 삶을 철저하고도 명확하게 꿰뚫어 보시는 이는 아무도 없습니다.

주님, 알 만한 가치가 있는 것을 알게 하시고, 사랑할 만한 가치가 있는 것을 사랑하게 하시며, 당신께서 지극히 기뻐하실 만한 것을 찬미하게 하시고, 당신께 귀한 것을 귀하게 여기게 하시며, 당신 보시기에 경멸스러운 것을 경멸하게 하소서. 외적인 눈으로 보아 사물을 판단하지 않게 하시며, 무지한 사람들의 말을 듣고 결론을 내리지 않게 하소서. 오직 보이는 것과 영적인 것을 잘 분별하는 올바른 판단력을 가지고, 또 무엇보다 당신의 선하시고 기뻐하시는 뜻이 무엇인지 열심히 찾으면서 판단을 내리게 하소서.

사람들의 마음은 자주 그릇된 판단을 내리니, 세상을 사랑하는 자들은 오직 보이는 것만을 사랑하기 때문에 그릇된 판단을 내리게 됩니다. 사람들에게 높이 칭찬받는다고 그 사람이 실제 자신보다 더 훌륭한 자가 될 수 있겠습니까? 속이는 자가 속이는 자를 칭찬하고, 헛된 자가 헛된 자를 높이며, 눈먼 자가 눈먼 자를 치하하고, 약한 자가 약한 자를 칭송하니, 이러한 헛된 칭찬 속에서 그들은 더 큰 수치를 당하게 됩니다. 겸손한 성 프란체스코(St. Francesco)는 이렇게 말했습니다. "모든 사람이 당신 앞에서는 있는 그대로 드러날 뿐이요, 그 이상으로 과장될 수 없습니다."

큰일을 할 수 없을 때 작은 일을 행함

그리스도

내 아들아, 너는 항상 뜨거운 열정으로 계속 덕을 추구할 수 없으며, 높은 수준의 관조를 꾸준히 지속할 수도 없다. 원죄로 말미암아 너는 때때로 낮은 데로 내려가야 하며, 하기 싫고 지겨운 일일지라도 이 부패한 삶의 짐을 져야 할 필요가 있다. 죽을 수밖에 없는 육체를 짊어지고 있는 한, 너는 마음의 무거움과 피곤을 느끼지 않을 수 없다. 육신 안에 거하는 한, 너는 종종 육신의 짐을 애통해하지 않을 수 없으니, 이는 네가 그로 인해 영적인 훈련과 하나님을 향한 관조를 항상 행할 수 없기 때문이다.

그런 때에는 낮고 외부적인 일에 종사하면서 선행으로써 자신의 원기를 회복할 필요가 있으니, 너는 너의 유배 생활과 목마른 심령을 인내하면서, 내가 다시 너를 찾아와 모든 걱정에서 너를 건져 줄 때까지 확신을 가지고 기다려라. 내가 다시 오면 너의 이전 고통을 모두 잊게 할 것이요, 온전한 내적 평안을 누리게 할 것이다. 내가 네 앞에 성경의 상쾌한 들판을 열어 주리니, 너는 넓어진 가슴으로 내 계명의 길을 달리기 시작할 것이다. 그리고 너는 말할 것이다. "현재의 고난은 장차 우리에게 나타날 영광과 비교할 수 없도다"(롬 8:18).

자신을 위로보다 징계를 받을 자로 여김

제자

주님, 나는 당신의 위안이나 어떤 영적인 은총을 받을 만한 자격이 없는 자입니다. 그러므로 당신이 나를 가련하고 외롭게 버려두셔도 결코 잘못된 처사가 아닙니다. 내가 바다만큼 눈물을 흘린다 할지라도 당신의 위로를 얻을 만한 자격은 아직 없습니다. 나는 자주 심하게 당신을 거역했으며 수많은 일에서 큰 죄를 범했으니, 오직 채찍질과 징계를 받아 마땅할 뿐입니다. 모든 일을 순리적으로 생각해 볼 때, 나는 지극히 작은 위로를 받기에도 감당치 못할 자입니다.

그러나 은혜로우시고 자비로우신 하나님, 자신의 역사가 수포로 돌아가는 것을 원하지 않으시는 당신께서는, 긍휼의 그릇들에게 당신의 풍성한 선하심을 보이시기 위해 마땅한 분량이 훨씬 넘는 크나큰 위안을 헤아릴 수 없을 정도로 허락해 주십니다. 당신의 위안은 사람들의 위로의 말과 결코 비교할 수 없습니다.

주님, 내가 무엇을 했기에 내게 하늘의 위안을 허락해 주십니까? 내 기억으로는 도무지 선한 일을 한 적이 없고, 늘 죄 짓는 데 빨랐으며 자신을 교정하는 데 느렸습니다. 이는 사실이니 내가 부인할 수 없습니다. 만약 내가 부인한다면 당신이 나를 거슬러 서실 것이요, 나를 변호해 줄 자가 결코 없을 것입니다(욥 9:2–3). 내 죄로 인해 마땅히 받을 것은 지옥과 영원한 불 외에 무엇이 있겠습니까? 진실로 고백하오니, 나는 조롱과 경멸을 받아 마땅한 자요, 당신의 경건한 종들 가운데 끼여 기억되는 일은 내게 합당하지 않습니다.

이런 말을 하는 것은 괴롭지만, 그래도 진실을 밝히기 위해 나의 죄를 다 펼쳐 놓겠습니다. 이는 내가 좀 더 빨리 당신의 긍휼을 얻고 싶어서입니다. 내가 죄를 지었고 온통 혼란으로 가득한데 무슨 말을 할 수 있겠습니까? 내 입이 이 한마디 외에는 아무 말도 할 수 없습니다. "주님, 내가 죄를 지었습니다. 나를 긍휼히 여기시고 용서하소서(시 51편)." 내가 흑암의 나라에 가기 전에 나의 슬픔을 애곡할 수 있도록 나에게 어느 정도의 고통을 허락하소서. 그 나라는 죽음의 그림자로 뒤덮여 있습니다(욥 10:21).

당신께서 비참한 죄인에게 요구하시는 것은 참회와 겸손 외에 무엇이 있겠습니까? 참된 회개와 겸손한 마음은 사죄의 희망을 불러일으키니, 두려워 떨던 양심이 하나님과 화해하고 잃어버렸던 하나님의 총애가 회복됩니다. 또한 장차 다가올 진노에서 건지심을 받으리니, 참회한 영혼은 하나님과 함께 거룩한 입맞춤을 나눌 것입니다.

주님, 죄에 대한 겸손한 참회는 당신이 받으실 만한 제사이며(시 51:17), 향료의 향기보다 더 감미로운 풍미를 당신 앞에서 자아냅니다. 이는 또한 당신께서 당신의 거룩하신 발에 부어지기를 바라시는 향기로운 기름이니(눅 7:38), 당신께서는 참회하는 겸손한 심령을 결코 멸시하지 않으십니다(시 51:17). 여기에 원수들의 성난 낯을 피하는 피난처가 있으며, 여기서 각종 오염과 때가 씻기고 고쳐집니다.

세속적인 자에게는 주시지 않는 하나님의 은총

그리스도

내 아들아, 나의 은혜는 귀한 것이니, 외적인 사물이나 땅의 위로와는 결코 함께 섞일 수 없다. 그러므로 만약 네가 은총을 받기 원한다면, 은총을 가로막는 모든 장애물들을 다 던져 버려라.

너는 혼자만 아는 은밀한 장소를 택해 홀로 거하면서, 어떤 사람과도 대화하지 말고 오직 하나님께만 헌신의 기도를 물 붓듯 드려라. 그리하면 네 마음이 자책감을 잃지 않고 네 양심이 순결해질 것이다. 너는 세상을 무로 여기고, 외적인 어떤 일보다 하나님을 섬기는 일을 더 사모하라. 네가 덧없는 세상 것들을 즐기면서 동시에 나 하나님을 섬길 수는 없기 때문이다. 너는 네 친척이나 친구에게서 떠나고(마 19:29), 네 마음에서 모든 현세적인 위안들을 다 몰아내라. 사도 베드로가 권면했듯이, 그리스도를 믿는 자는 세상에서 자신을 이방인이요 나그네로 여겨야 할 것이다(벧전 2:11).

아, 이 세상에 살면서 세상 것을 전혀 사랑하지 않은 사람은 죽음의 때에 얼마나 큰 확신을 가질 수 있겠는가! 그러나 쇠약한 심령을 가진 자는 세상 모든 것으로부터 마음을 비우는 일에 관해 알지 못하며, 육신적인 사람은 영적인 사람의 자유를 깨닫지 못한다. 누구든지 진정 영적인 사람이 되고 싶어 하는 자는 멀리 있는 사람뿐 아니라 가까이 있는 사람도 다 끊어야 하며, 자기 자신 외에는 어느 누구도 마음에 두어서는 안 된다.

네가 만약 온전히 자신을 극복하면, 다른 모든 것도 매우 쉽게 제어할 수 있을 것이다. 완전한 승리란 자신을 눌러 이기는 것이다. 육적인 감정을 이성에 복종시키고, 모든 일에서 이성을 나에게 복종시키는 사람이야말로 자신에 대한 참된 정복자요 세상의 주인이다.

만약 네가 이러한 경지에까지 오르기를 원한다면, 너는 과감히 일어서서 도끼를 뿌리에 놓고 자신에 대한 은밀하며 무절제한 애정과 또 개인적이며 세속적인 모든 좋은 것들에 대한 사랑을 다 뿌리 뽑아야 한다. 자신을 너무 무절제하게 사랑하는 이 죄에서 거의 모든 악이 출발하나니, 이런 것을 철저히 극복해야 한다. 일단 악을 근절하고 진압하면, 곧 크나큰 평강과 평정이 네 마음에서 일어날 것이다.

그러나 사람들은 자신에 대해 온전히 죽으려고 하지 않고 자신에게서 완전히 나가려고 노력하지 않기 때문에, 계속 자신에게 얽매이고 영적인 성장을 이루지 못한다. 나와 함께 자유롭게 행하기를 원하는 사람은 모든 왜곡되고 무절제한 애정을 죽이고 피조물에 대해 특별한 사랑을 품지 않도록 애쓸 필요가 있다.

본성과 은총의 차이

그리스도

내 아들아, 본성과 은총의 모습을 부지런히 분별하라. 그것들은 상반되나 아주 미묘하니, 내적으로 깨달음이 있는 영적인 사람 외에는 이를 제대로 구별할 수 있는 사람이 거의 없다. 모든 사람은 참으로 선한 일을 바라고, 따라서 자기 말과 행동에서 선한 티를 내려고 노력한다. 그러한 선한 겉모습에 많은 사람들이 속는다.

본성은 교활하여 많은 사람들을 유혹하고, 얽어매며, 속이고, 항상 자신의 목적과 목표를 성취하기 위해 제의한다. 그러나 은총은 단순하게 행하고, 어떠한 악의 흉내도 내지 않으며, 속임수를 쓰지 않고, 최종적으로 의지해야 할 하나님만을 위해 모든 일을 행한다.

사람이 애써 노력하지 않는 한 본성은 결코 스스로 죽지 않으며, 넘어지지도 정복되지도 않고 굴복되지도 억제되지도 않는다. 그러나 은총은 고행으로 자신을 엄격히 살피고, 감각적인 것들을 멀리하며, 복종하기를 힘쓰고, 기꺼이 억압받으며, 자신의 자유를 구사하고자 애쓰지 않는다. 은총은 다른 사람을 지배하려고 하지 않고, 훈련받기를 즐거워하며,

항상 하나님의 보호 아래 머물러 그분과 함께 살기를 바라고, 하나님을 위해 모든 사람에게 겸손히 무릎 꿇을 자세를 갖추고 있다.

본성은 자신의 유익을 우선적으로 추구하며, 다른 사람들을 통해 무슨 이익을 얻을까 생각한다. 은총은 자신에게 편리하고 유익한 것을 생각하지 않고 많은 사람들에게 선한 것을 찾는다.

본성은 기꺼이 영예와 존경을 얻으려고 한다. 그러나 은총은 모든 영예와 영광을 신실하게 하나님께 바친다.

본성은 수치와 멸시를 두려워한다. 그러나 은총은 예수님의 이름을 위해 비난받는 것을 즐거워한다.

본성은 육체적인 휴식과 여가를 사랑한다. 그러나 은총은 안일할 수 없으며, 기쁜 마음으로 노동을 받아들인다.

본성은 신기하고 아름다운 것을 가지고 싶어 하나 보잘것없고 거친 것은 싫어한다. 그러나 은총은 평범하고 검소한 것을 좋아하고, 거친 것을 멸시하지 않으며, 낡은 누더기라도 기꺼이 걸친다.

본성은 현세적인 일에 관심을 가지고 세속적인 이득에 즐거워하나, 손실을 입으면 슬퍼하고 조금이라도 상처를 주는 말을 들으면 화를 낸다. 그러나 은총은 영원한 것을 바라보고 현세적인 일에 관심을 두지 않으며, 손실을 입거나 험악한 말을 들어도 괴로워하지 않는다. 이는 그가 전혀 쇠함이 없는 하늘에 자신의 보물과 기쁨을 두고 있기 때문이다.

본성은 탐욕스러워서 주기보다는 받는 것을 더 좋아하고, 자기 자신만의 사적인 것들을 가지고 싶어 한다. 그러나 은총은 자상하며 나눠 주기를 좋아하고 개인의 이득을 바라지 않는다. 그는 조금만 가지고도 만족하며, 받는 것보다 주는 것이 더 복되다고 믿는다(행 20:35).

본성은 사람이 피조물과 자기 육체와 허영과 이리저리 쏘다니는 데에 정신을 쏟게 한다. 그러나 은총은 사람을 하나님과 모든 덕에게로 인도하며, 피조물을 버리고 말을 피하며 육신의 소욕을 미워하고 바깥으로 쏘다니는 것을 절제하며 대중 앞에 나서기를 꺼려하게 만든다.

본성은 외적인 위안을 얻고 싶어 하고, 그 안에서 감각적인 즐거움을 추구한다. 그러나 은총은 오직 하나님 안에서만 위안을 찾고, 보이는 모든 것을 초월하여 최고선 안에서만 기쁨을 누린다.

본성은 모든 일을 할 때 자신의 이득과 유익을 구하나니, 그는 이른바 보상 없는 은혜는 결코 베풀 수 없으며, 어떤 친절을 베풀 때 반드시 그에 상응하거나 그보다 더 큰 대가를 얻기 바라고, 적어도 최소한의 칭찬이나 사례라도 받으려고 한다. 본성은 자신의 행위나 선물이 값지게 여겨지기를 심히 갈망한다. 그러나 은총은 현세적인 일을 구하지 않으며, 하나님 한 분 외에 다른 상급은 바라지 않는다. 또한 현세적으로 필요한 것을 요구하기보다는 영원한 것을 얻는 데 유용한 것들을 구한다.

본성은 많은 친구와 친척들을 가지고 싶어 하고 자신이 태어나고 자란 곳을 자랑하나니, 강한 자에게는 미소를 짓고 부자에게는 아양을 떨며 자기와 비슷한 자에게는 박수를 보낸다. 그러나 은총은 심지어 자신의 원수까지도 사랑하고, 친구가 많다고 우쭐대지 않으며, 그것이 더 높은 덕과 관련되지 않는 한 자신의 높은 가문에 대해 그다지 많이 생각하지 않는다. 은총은 부자보다 가난한 자에게 더 호의를 베풀고, 강력한 권세가보다 천진한 사람과 함께 마음을 나누며, 속이는 자보다 진실한 자와 함께 즐거워한다. 은총은 선한 사람들에게 노동을 통해 가장 좋은 선물을 얻도록 권하며, 하나님의 아들 예수님처럼 되도록 촉구한다.

본성은 궁핍과 고통이 올 때 금방 불평한다. 그러나 은총은 굳건하고 한결같이 궁핍을 견뎌 낸다.

본성은 모든 것을 자기에게로 돌리고, 자기 자신을 위해 애쓰고 투쟁한다. 그러나 은총은 모든 것을 그 원천이신 하나님께로만 돌리고, 자신의 선을 결코 주장하지 않으며, 주제넘게 선한 척하지도 않는다. 은총은 언쟁하지 않으며, 자신의 견해를 다른 사람의 견해보다 우월하게 여기지 않고, 감각과 이해에 관한 모든 일에서 영원한 지혜와 하나님의 심판에 온전히 승복한다.

본성은 새로운 소식을 듣고 싶어 하며 비밀을 알고 싶어 안달한다. 본성은 넓은 곳으로 나아가서 자신의 감각기관으로 많은 것들을 직접 확인하고 싶어 한다. 또한 본성은 다른 사람들의 주목을 받고 싶어 하며, 사람들의 칭찬과 감탄을 얻는 일을 행하고자 애쓴다. 그러나 은총은 새로운 소식을 듣거나 신기한 일을 깨닫는 데 신경을 쓰지 않으니, 이는 그 모든 것이 다 인간의 오랜 타락에서 생겨나기 때문이다. 땅 위에는 새로운 것이 아무것도 없으며, 오래된 것도 없다.

그러므로 은총은 감각적인 것을 절제하고, 헛된 오락과 과시를 금하며, 칭찬과 감탄을 들을 만한 일이 있어도 이를 겸손히 숨기도록 가르친다. 은총은 모든 일에 있어서나 지식에 있어서 항상 유익한 열매를 찾으며, 하나님께 찬송과 영예를 돌리기 위해 애쓴다. 은총은 자신이나 자신에게 속한 것들이 칭찬받기를 원하지 않으며, 단지 사랑 때문에 인간에게 모든 것을 내려 주시는 하나님께서 그 주신 선물로 인해 찬양받으시기를 간구한다.

이 은총은 초자연적인 빛이요, 하나님의 특별한 선물이며, 택함받은 자의 고유한 표식이요, 영원한 구원의 보증이다. 은총은 사람이 땅의 것을 떠나 하늘의 것을 사랑하게 만들며, 육신적인 사람을 영적인 사람으로 변화시킨다. 본성을 많이 억제하면 억제할수록 더 큰 은총이 유입되어 들어오며, 매일 새로운 은총을 통해 더욱 변화받아 하나님의 형상을 덧입게 된다.

본성의 부패와 하나님 은총의 효험

제자

주 나의 하나님, 당신께서는 나를 당신의 형상과 모양대로 창조하셨으니(창 1:26), 진정 위대하고 구원에 반드시 필요한 이 은총을 내게 허락하셔서 악한 본성을 극복하고 더 이상 죄와 멸망에 빠지지 않게 하소서. 내 육체에는 내 마음의 법과 대치되는 죄의 법이 있어(롬 7:23) 나를 붙들어 감각적인 일에 빠지게 합니다. 만약 당신의 거룩하신 은총이 뜨겁게 내 마음속에 흘러 들어와 나를 돕지 않으시면, 나는 결코 감각적인 열정에 저항할 수 없습니다.

주님, 당신의 은총이 내게 충만하게 하소서. 그래야만 본성을 극복할 수 있으니, 본성은 어려서부터 악으로 치닫곤 합니다(창 8:21). 첫 사람 아담을 통해 본성은 타락하고 죄로 얼룩졌으며, 이 죄의 징벌은 온 인류에게 계승되었습니다. 그리하여 본성 그 자체는 하나님께서 선하고 올바르게 창조하셨으나 이제 죄악 된 것으로 간주되기에 이르렀고, 부패하고 연약한 존재가 되었습니다. 이는 본성에 남아 있는 소욕이 악과 낮은 것들을 향해 치닫기 때문입니다.

본성에 남아 있는 이성의 힘은 마치 재 속에 파묻혀 있는 불씨처럼 작기 그지없습니다. 이 힘은 곧 본연적인 이성으로서 크나큰 어두움에 둘러싸여 있지만, 그럼에도 불구하고 아직 참과 거짓, 선과 악을 분별할 수 있습니다. 물론 이 이성은 자신이 옳다고 인정하는 것을 다 실행에 옮길 능력이 없으며, 진리의 충만한 빛과 감정의 일관성을 더 이상 누릴 수 없습니다.

나의 하나님, 그러므로 나의 속사람이 당신의 법을 즐거워하니(롬 7:22), 당신의 계명은 선하고 올바르고 거룩해서, 모든 악과 죄를 책망하며 마땅히 피해야 할 바를 가르쳐 줍니다. 그러나 육체로는 내가 죄의 법을 섬기므로 이성보다는 육감에 더 굴복합니다. 그리하여 선한 일을 하고자 하는 의지는 내게 있으나, 그 일을 어떻게 성취해야 할지는 알지 못합니다. 나는 자주 여러 가지 선한 일을 계획하지만 나의 연약함을 도와줄 은총이 없기 때문에, 가벼운 저항에 부딪혀도 곧 뒤로 물러나 기진하고 맙니다. 나는 완전의 길을 알고 있으며 내가 어떻게 행해야 마땅한지도 충분히 잘 파악하고 있지만, 나 자신의 패역이라는 짐에 억눌려 완전한 일을 하지 못하고 주저앉곤 합니다.

주님, 내가 어떤 선한 일을 시작하고 진행해 나가고 성취하려면 당신의 은총이 절실히 필요합니다. 은총 없이는 내가 아무 일도 할 수 없습니다(요 15:5). 그러나 당신의 은총이 내게 힘을 주시면, 당신 안에서 내가 모든 것을 할 수 있습니다. 아, 참된 하늘의 은총이여! 은총 없이는 우리가 아무리 값진 일을 해도 헛것이요, 본연적인 은사가 아무런 가치가 없습니다. 주님, 당신의 은총이 없으면 예술이나 부귀, 아름다움이나 힘, 영민함과 달변 따위가 아무런 가치가 없습니다.

본연적인 은사는 선인과 악인에게 공통적으로 주어지지만, 은총과 사랑은 택함받은 자에게만 주어지는 특별한 은사입니다. 이 영예로운 은총의 표를 지니는 자는 영생을 얻기에 합당한 자로 간주됩니다. 이처럼 은총은 귀한 것이니, 은총이 없으면 예언의 은사나 이적의 역사, 혹은 아무리 높은 경지의 관조라도 별 가치가 없습니다. 심지어 믿음이나 소망, 그 외의 다른 덕들도 사랑과 은총이 없으면 당신이 받으실 수 없습니다(고전 13:13).

아, 지극히 복된 은총이여! 은총은 심령이 가난한 자를 덕으로 부요하게 하며, 물질적으로 부요한 자는 겸손한 마음을 갖게 합니다. 주님, 내게 내려오시고 일찍이 당신의 평안으로 흡족하게 하셔서, 나의 영혼이 마음의 곤고함과 메마름으로 인해 기진하지 않게 하소서. 내가 당신께 간구하오니 당신 앞에서 은총을 얻게 하소서. 내 본성이 바라는 것을 내가 비록 얻지 못할지라도, 당신의 은총만 있으면 내게 충분합니다. 비록 내가 많은 환난을 통해 시험당하고 괴로울지라도, 은총이 함께하는 한 나는 결코 악을 두려워하지 않을 것입니다(시 23:4).

은총만이 나의 힘이요, 은총만이 내게 조언과 도움을 줍니다. 은총은 모든 원수보다 더 강하며 모든 지혜자보다 더 지혜롭습니다. 은총은 진리의 주인이요, 훈련 교사요, 마음의 빛이요, 환난 중의 위안이요, 슬픔과 두려움의 추방자요, 헌신의 유모요, 눈물의 어머니입니다. 은총이 없으면 나는 메마른 가지요 쓸모없는 나무줄기이니, 그저 버려질 수밖에 없는 존재입니다. 그러므로 주님, 당신의 은총이 항상 나를 따르고 간섭하게 하셔서, 내가 당신의 아들 예수 그리스도를 통해 끊임없이 선한 일을 행할 수 있게 하소서. 아멘.

그리스도를 본받아
자신을 부인하고 십자가를 짐

그리스도

내 아들아, 너는 자신을 많이 버리면 버릴수록 나를 더 많이 얻게 될 것이다. 외적인 것들에 대한 모든 소욕을 버리면 내적인 평화를 얻을 것이요, 내적으로 자신을 버리면 하나님과 연합하게 될 것이다. 내가 너에게 어떤 모순이나 불평 없이 자신을 온전히 버리고 나의 뜻을 따르는 법을 가르칠 것이다.

너는 나를 따르라. "내가 곧 길이요 진리요 생명이니"(요 14:6), 길이 없으면 갈 수 없고, 진리가 없으면 알 수 없으며, 생명이 없으면 살 수 없다. 나는 길이니 너는 나를 따르라. 나는 진리이니 너는 나를 신뢰하라. 나는 생명이니 너는 나를 소망하라. 나는 범접할 수 없는 길이요, 무오한 진리요, 끝없는 생명이다. 나는 지극히 곧은길이요, 주권적인 진리요, 참되고 복되며 창조되지 않은 생명이다. 만약 네가 내 길에 거하면 진리를 알 것이요 진리가 너를 자유하게 하리니, 그리하면 네가 영원한 생명을 얻을 것이다.

네가 영생에 들어가기를 원하거든 계명들을 지켜라(마 19:17). 네가 진리를 알기 원하거든 나를 믿어라. 네가 온전해지기를 원하거든 모든 것을 다 팔아라(마 19:21). 네가 나의 제자가 되기를 원하거든 자신을 부인하라(눅 9:23). 네가 복된 삶을 소유하기 원하거든 이 현세의 삶을 경멸하라. 네가 하늘에서 높임받기를 원하거든 이 세상에서 자신을 겸비하게 하라(요 12:25). 네가 나와 함께 왕 노릇 하기를 원하거든 나와 함께 십자가를 져라(눅 14:27). 오직 십자가의 종들만이 축복의 길과 참된 빛을 발견할 수 있다.

제자

주 예수님, 당신의 삶이 힘겹고 세상에서 멸시받는 삶이었으니, 나도 당신을 본받아 세상의 멸시를 견딜 수 있는 은총을 허락하소서. 이는 종이 그 주인보다 크지 못하고, 제자가 선생보다 나을 수 없기 때문입니다(마 10:24; 눅 6:40). 당신의 종이 당신의 삶과 말씀 안에서 훈련받게 하소서. 나의 구원과 참된 성화가 그 안에 있기 때문입니다. 그 외에 내가 무슨 책을 읽고 무슨 교훈을 들어도, 그것들이 나를 거듭나게 하지 못하고 온전한 희락을 주지 못합니다.

그리스도

내 아들아, 이제 네가 모든 것을 읽고 깨달았으니, 이를 행하면 네게 복이 있을 것이다. "나의 계명을 지키는 자라야 나를 사랑하는 자니 나를 사랑하는 자는 내 아버지께 사랑을 받을 것이요 나도 그를 사랑하여 그에게 나를 나타내리라"(요 14:21). 그리고 내가 그를 내 아버지의 나라에서 나와 함께 앉게 하겠다.

제자

주 예수님, 당신께서 말씀하시고 약속하신 대로 다 이루어지게 하소서. 내가 이 은혜를 받기에 전혀 합당하지 못한 자가 되지 않도록 도와주소서. 내가 당신의 손에서 십자가를 받았으니, 당신이 나에게 지우신 이 십자가를 죽기까지 감당하겠습니다. 진실로, 선한 신앙인의 삶은 곧 십자가의 삶이니, 이는 또한 낙원으로 인도하는 길잡이입니다. 이제 시작했으니 뒤로 물러서는 것은 합당하지 않고, 우리의 맡은 바를 저버리는 일도 있을 수 없습니다.

형제들아, 이제 용기를 가지고 함께 앞으로 나아가자. 예수님이 우리와 함께하신다. 예수님을 위해 우리가 이 십자가를 졌으니, 예수님을 위해 십자가를 굳게 붙들자. 예수님이 우리를 도와주시리니, 그는 또한 우리의 안내자요 선구자이시다. 보라, 우리의 왕이 우리 앞에 행하셔서 우리를 위해 싸우시리라. 그를 담대히 따르고 결코 공포에 떨지 말자. 전쟁터에서 용감히 죽을 각오를 하고, 십자가를 피해 달아남으로써 우리의 영광에 먹칠하지 않도록 하자.

잘못을 범했을 때 지나치게 낙심하지 않음

그리스도

내 아들아, 네가 순탄한 중에 평안과 헌신을 유지하는 것보다 역경 중에서 인내와 겸손을 유지하는 것이 나를 더 기쁘게 한다. 너는 왜 모든 사소한 비방들에 대해 슬퍼하느냐? 비록 더 큰 비방을 받을지라도 너는 마음으로 요동하지 말라. 그저 비방을 듣고 흘려보내라. 이런 일이 처음 있는 것도 아니요, 새로운 것도 아니다. 네가 오래 살다 보면 다시 그러한 일을 만나게 될 것이다.

네게 역경이 닥치지 않는 한 너는 충분히 담대할 수 있다. 또한 다른 사람에게 훌륭한 조언도 주고 여러 가지 말로 격려해 줄 수도 있다. 그러나 어떤 역경이 갑자기 네 문 앞에 닥치면, 너는 조언의 말도 잊고 기운도 잃어버린다. 너는 사소한 역경에도 너무나 자주 경험했던, 너 자신이 지극히 연약하다는 사실을 기억하라. 이는 너 자신의 유익을 위한 것이니, 이와 같은 일이 네게 일어날 때 그 유익함을 깨달을 것이다.

역경이 와도 할 수 있는 한 최선을 다해 그에 대한 염려를 끊어라. 만약 역경이 너를 자극할지라도 용기를 잃지 말며 오랫동안 상심하지 말라. 네가 즐거운 마음으로 할 수 없으면 이를 악물고서라도 역경을 참고 견뎌라. 역경을 당할 때 기분이 좋지 않고 화가 치밀 수도 있겠지만, 자신을 절제하고 네 입에서 결코 불경한 말을 내지 말라. 그 말을 통해 그리스도께 속한 연약한 자들이 실족할 수도 있기 때문이다. 폭풍이 지금은 강하게 일어나도 곧 잠잠해질 것이요, 은총의 회복으로 인해 너의 내적인 고통이 곧 완화될 것이다. 나는 살아 있으며 너를 도울 준비가 되어 있으니(사 69:18), 만약 네가 나를 신뢰하고 전심으로 나를 부르면 내가 네게 이전보다 더 큰 평안을 줄 것이다.

영혼의 인내를 더욱 지키고, 오래 참음으로 네 때를 삼아라. 비록 네가 자주 고통을 받고 심한 시험을 당하나, 모든 것을 잃어버린 것은 결코 아니다. 너는 하나님이 아니요 인간이며, 천사가 아니라 사람이다. 하늘의 천사도 타락하고 낙원의 첫 사람도 그러했는데, 하물며 네가 한결같은 덕의 상태를 어떻게 늘 유지할 수 있겠느냐?(창 3장) 나는 애통해 하는 자를 건강으로 힘 주는 자요, 자신의 연약함을 아는 자를 하나님의 영광으로 일으켜 세워 주는 자니라.

제자

주님, 당신의 말씀은 참으로 복되니, 내 입에 꿀과 송이꿀보다 더 답니다(시 119:103). 당신이 나를 그 거룩하신 말씀으로 위로해 주시지 않으면, 내가 이 큰 환난과 궁핍 속에서 어떻게 하겠습니까? 내가 결국 구원의 문을 얻을 수만 있다면, 지금 당하는 환난이 어떤 것이든 또 얼마나 크든 그것이 무슨 상관이겠습니까? 나에게 선한 종말을 주시고, 이 세상을 **빠져나갈** 때 기쁨을 누릴 수 있게 하소서. 나의 하나님, 나를 돌보아 주시고, 당신의 나라에 이르는 곧은길을 내게 가르쳐 주소서. 아멘.

하나님의 은밀한 일과 심판을 파헤치지 않음

그리스도

내 아들아, 너는 하나님의 은밀한 심판이나 하늘의 문제들에 관해 논쟁하지 말지니, 예를 들어 이 사람은 왜 버림받았고 저 사람은 왜 그렇게 큰 은혜를 받았는지, 또 이 사람은 왜 그렇게 큰 고통을 당하고 저 사람은 왜 그렇게 크게 높임받는지 꼬치꼬치 캐묻지 말라. 이러한 것들은 사람의 이해를 넘어서는 것이다. 논리나 토론을 통해서는 결코 하나님의 판단을 헤아려 알 수 없다.

그러므로 원수 마귀가 너에게 이러한 일을 하도록 꾀거나 어떤 호기심 많은 자들이 질문을 제기하더라도, 너는 저 선지자와 같이 대답하라. "여호와여, 주는 의로우시고 주의 판단은 옳으니이다"(시 119:137). 또한 이렇게 말하라. "주님의 판단은 참되고 공의로우십니다(시 19:9)." 나의 판단은 너희가 두려워해야 할 것이지 토론할 것이 아니다. 나의 판단은 사람의 이해력으로 파악할 수 없기 때문이다.

그와 마찬가지로 내가 너희를 권하노니, 성자들의 공력에 대해서도 질문하거나 토론하지 말라. 예를 들어, 그들 가운데 누가 더 거룩한가, 하늘나라에서 누가 가장 위대한가 등의 질문은 하지 말라. 이러한 것들은 종종 분쟁과 쓸데없는 토론을 낳으며(딤후 2:14), 교만과 헛된 영광을 키울 뿐이다. 어떤 사람은 이 견해를 주장하고 어떤 사람은 저 의견을 자랑스럽게 내세우니, 이러한 가운데서 시기와 분열이 일어난다. 그러한 것을 알고자 애쓰는 일은 아무 소용이 없으며 성자들을 기쁘게 하지 못한다. 나는 분열의 하나님이 아니라 화평의 하나님이니, 화평은 자기를 높이 내세우는 데 있지 않고 참된 겸손에 있다. 어떤 이는 이 성자를 더 좋아하고 어떤 이는 저 성자를 더 열심히 사랑하나, 이는 하나님의 사랑이 아니요 인간적인 사랑일 뿐이다.

모든 성자들을 만든 자는 나요, 내가 그들에게 은총을 주었고 영광을 베풀었다. 나는 모든 자가 마땅히 받아야 할 상급을 다 알고 있으며, 그들에게 선한 축복을 내려 주었다. 나는 세상이 시작되기 전부터 나의 사랑하는 자들을 이미 알고 있었다. 내가 그들을 세상에서 택하여 냈나니, 그들이 먼저 나를 택한 것이 아니다(요 15:16). 내가 은총으로 그들을 부르고 긍휼로 그들을 이끌었으며, 갖가지 시험 가운데서 그들을 안전히 인도했다. 내가 그들에게 영화로운 위안을 부어 주었으며, 그들의 믿음을 견고히 지켜 주었고, 그들의 인내에 면류관을 씌워 주었다.

나는 처음과 끝을 다 알며, 모든 것을 한량없는 사랑으로 품는다. 나는 나의 모든 성자들 가운데서 찬양받아야 하며, 모든 것보다 더 높임받아야 하고, 모든 사람 안에서 영광받아야 하나니, 이 때문에 내가 그들을 영광스럽게 높였으며 어떠한 선재적인 공로가 없을지라도 그들을 미리 예정했다.

그러므로 내 성자들 가운데 지극히 작은 자 하나를 멸시하는 자는(약 2:1-5) 가장 큰 자도 존경하지 않을 것이다. 그러나 나는 큰 자도 만들고 작은 자도 만들었다. 나의 성자들 중 어느 하나를 무시하는 자는 또한 나를 무시하는 것이요, 하늘나라에 있는 나머지 모두를 무시하는 것이다. 이들은 모두 사랑의 띠로 하나가 되었으니, 같은 것을 생각하고 같은 것을 원하며 모두 서로를 사랑한다.

뿐만 아니라 이는 훨씬 높은 고찰인데, 그들은 자기 자신보다 또한 자신의 어떠한 공로보다 나를 더욱 사랑했다. 자기 사랑에 몰입하는 대신 그들은 전적으로 나를 사랑했으며, 내 안에서 온전히 열매 맺기를 기대했다. 어느 것도 그들을 뒤로 물러나게 하지 못했고 억누르지 못했으니, 이는 그들이 영원한 진리로 충만했기 때문이다. 그들은 꺼지지 않는 사랑의 불로 타오르고 있었다.

그러므로 너는 개인적인 기쁨 외에는 생각할 줄 모르는 육신이며 본성적인 사람들이 성자들의 상황에 대해 마음대로 토론을 벌이게 내버려 두라. 그들은 영원한 진리이신 하나님의 감정은 고려하지 않고, 그저 자신의 헛된 공상에 따라 더하기도 하고 빼기도 한다. 많은 사람들이 무지하니, 빛으로 깨우침을 받지 못한 자들은 특히 그러하니라. 이러한 자들은 완전한 영적 사랑으로 사랑하기가 매우 어렵다. 그들은 본성적인 애증과 인간적인 우정에 따라 이 사람에게 끌리기도 하고 저 사람에게 끌리기도 한다. 그들은 이 땅 위에서 그들이 겪은 애정의 경험에 따라 하늘의 일을 상상하고 생각한다. 그러나 그들의 거짓되고 불완전한 상상과, 빛으로 깨우침을 받은 자가 위로부터 온 계시를 통해 바라볼 수 있는 실상 사이에는 비교할 수 없이 큰 차이가 있다.

그러므로 내 아들아, 너는 네 지식의 범주를 넘어서는 일을 헛된 호기심으로 거론하지 말고, 오직 하나님의 나라에서 최소한 가장 낮은 자리라도 얻을 수 있도록 유익한 일에 네 노력을 기울여라. 설사 어떤 사람이 성결함에 있어서 다른 사람을 능가하는지 알아내고, 또 누가 하늘나라에서 가장 큰 자로 여겨지는지 파악한다 할지라도, 만약 내 앞에서 자신을 겸손히 굽히지 않고 이 지식에 비례하여 더 큰 찬양을 내 이름에 돌리지 않는다면, 그 지식이 과연 무슨 유익이 있겠느냐? 그러한 사람보다 자신의 죄가 얼마나 큰지를 생각하고, 자신이 가진 미덕이 얼마나 부족한지를 깨달으며, 성자들의 크고 작음을 논하는 대신 자신이 그 성자들의 온전함에서 얼마나 멀리 떨어져 있는지를 상고하는 자가 하나님을 훨씬 더 기쁘시게 한다.

만약 사람들이 스스로 만족하여 이 헛된 토론을 그친다면, 성자들도 분명히 만족할 것이다. 그들은 자신의 공로를 자랑하지 않았으며, 스스로 선하다고 자처하지 않고 모든 선을 나에게 돌렸으니, 나는 무한한 사랑으로 그들에게 모든 것을 허락해 주었다.

그들은 지극히 큰 신성한 사랑으로 충만하며 넘치는 기쁨을 누리고 있으니, 그들에게는 영광으로나 행복으로나 부족한 것이 전혀 없다. 모든 성자들은 더 큰 영광을 누리면 누릴수록 스스로 더욱 겸손하므로, 나에게 더욱 가깝고 사랑스러워진다. 그러므로 이렇게 기록되었다. "이십사 장로들이 보좌에 앉으신 이 앞에 엎드려 세세토록 살아 계시는 이에게 경배하고 자기의 관을 보좌 앞에 드리며"(계 4:10).

많은 사람들이 자신이 그중 가장 작은 자들 가운데 속할 수 있을지 없을지는 알지 못하면서, 하나님 나라에서 가장 큰 자가 누구인지에 대해 굳이 알고자 한다. 모두 큰 자들만 있는 하늘나라에서 가장 작은 자가 되더라도 이는 대단한 일이다. 이 모든 자들은 하나님의 아들들이라고 불릴 것이기 때문이다. "그 작은 자가 천 명을 이루겠고"(사 60:22), "백 세가 못 되어 죽는 자는 저주받은 자이리라"(사 65:20).

"천국에서는 누가 크니이까"(마 18:1)라고 제자들이 주님께 질문했을 때 이러한 대답을 얻었다. "너희가 돌이켜 어린아이들과 같이 되지 아니하면 결단코 천국에 들어가지 못하리라. 그러므로 누구든지 이 어린아이와 같이 자기를 낮추는 사람이 천국에서 큰 자니라"(마 18:3-4). 어린아이 같이 기꺼이 겸손해지기를 싫어하는 자에게 화가 있으리라! 천국 문은 매우 낮기 때문에 그들이 들어오는 것을 허용하지 않을 것이다(마 7:14). 이 땅에서 위안을 얻고 있는 부자들에게도 화가 있으리니, 가난한 자들이 하나님 나라에 들어갈 때에 그들은 바깥에서 슬피 애곡하리라. 너희 겸손한 자들은 기뻐하고 가난한 자들은 심히 즐거워하라(마 5:3). 너희가 최소한 진리에 따라 행하기만 하면 하나님 나라에 들어갈 수 있기 때문이다.

모든 소망과 신뢰를 하나님께만 둠

제자

주님, 내가 이 세상에서 가질 수 있는 확신이 무엇이며, 하늘 아래 있는 모든 것들이 내게 줄 수 있는 가장 큰 위안이 무엇입니까? 주 나의 하나님, 당신은 자비가 한량없으신 분이 아니십니까? 당신 없이 내가 어디서 평안히 지낼 수 있으며, 당신과 함께할 때 내가 어떻게 병약할 수 있습니까? 당신 없이 부요하게 지내느니 차라리 당신을 위해 가난하게 지내겠습니다. 당신 없이 하늘을 소유하느니 차라리 당신과 함께 이 땅에서 나그네로 지내겠습니다. 당신이 계신 곳이 곧 하늘이요, 당신이 없는 곳은 곧 지옥이며 죽음입니다.

당신은 나의 모든 갈망이니, 내가 한숨짓고 부르짖으며 열심히 당신께 기도할 수밖에 없습니다. 내게는 온전히 의지할 자가 아무도 없고 궁핍할 때에 나를 도와줄 자가 없으니, 나의 하나님 오직 당신밖에 없습니다. 당신은 나의 신뢰이시요 확신이시요 안위자이시니, 모든 일에서 늘 지극히 신실하십니다.

사람들은 모두 자기의 유익만을 구합니다(빌 2:21). 그러나 당신은 나에게 구원과 유익을 허락해 주시고 모든 것을 선으로 바꿔 주십니다. 당신은 때때로 나를 여러 가지 시험과 역경에 빠지게 하시나, 이 모든 것 역시 나의 선을 위해 명하신 일입니다. 당신은 당신의 사랑하시는 자들을 천 가지 방식으로 연단하십니다. 당신께서 나를 하늘의 충만한 위안으로 채우실 때뿐 아니라 환난 중에 버려두실 때에도, 당신은 사랑과 찬양을 받으셔야 합니다.

그러므로 주 하나님, 내가 나의 모든 소망을 당신 안에 두며, 당신을 나의 피난처로 삼습니다. 또한 내가 나의 환난과 고민을 당신께 털어놓나니, 이는 내가 당신의 눈으로 보면 모든 것이 연약하고 불안하다는 사실을 깨닫게 되기 때문입니다.

당신께서 친히 우리를 도와주시고 힘 주시고 위로하시고 가르치시고 보호해 주시지 않는 한 많은 친구가 소용없으며, 강력한 보조자가 도움을 주지 못하고, 신중한 상담자가 적절한 답변을 주지 못하며, 학식 있는 자의 책이 위안을 주지 못하고, 아무리 귀한 것도 구원을 주지 못하며, 아무리 조용하고 사랑스러운 곳이라도 피난처가 되지 못합니다. 평화와 행복을 줄 것같이 보이는 모든 것도 당신이 없으면 아무것도 아니니, 결코 진정한 행복을 가져다줄 수 없습니다. 그러므로 당신은 모든 선한 것의 끝이시요 삶이 결정이시요 모든 말의 깊음이십니다. 모든 것 너머 당신을 소망하는 일은 당신의 종들에게 가장 강력한 위안이 됩니다. 내가 당신을 향해 나의 눈을 들며, 자비의 아버지이신 하나님 당신께 나의 모든 것을 의탁합니다.

당신의 하늘 축복으로 내 영혼을 축복하시고 거룩하게 하셔서, 내 영혼이 당신의 거룩한 거처요 영원한 영광의 자리가 되게 하소서. 또한 당신의 위엄이 머무시는 이 성전 안에 당신의 눈에 거슬리는 것이 하나도 발견되지 않게 하소서. 당신의 크나큰 선하심과 많은 자비를 따라 나를 굽어보시고, 가련한 이 종의 기도를 들어주소서. 나는 당신에게서 멀리 추방되어 사망의 그림자가 뒤덮여 있는 땅에 거하고 있습니다. 당신의 종들 가운데 가장 미천한 나의 영혼을 붙드셔서 이 패역한 삶 속에서 도사리고 있는 수많은 위험들로부터 보호해 주시고, 나와 함께하시는 당신의 은총을 통해 나를 평화의 길로 인도하셔서 영원히 빛나는 집에 이르게 하소서. 아멘.

제4권

성찬에 관한 권면

"수고하고 무거운 짐 진 자들아, 다 내게로 오라. 내가 너희를 쉬게 하리라"(마 11:28).

"내가 줄 떡은 곧 세상의 생명을 위한 내 살이니라"(요 6:51).

"받아서 먹으라. 이것은 내 몸이니라"(마 26:26).

"이것을 행하여 나를 기념하라"(고전 11:24).

"내 살을 먹고 내 피를 마시는 자는 내 안에 거하고 나도 그의 안에 거하나니"(요 6:56).

"내가 너희에게 이른 말은 영이요 생명이라"(요 6:63).

큰 경외심을 가지고 그리스도를 받아들임

제자

영원한 진리이신 그리스도님, 이 말씀은 비록 한꺼번에 동시에 말해진 것도 아니요 한 장소에서 하나로 기록된 것도 아니나, 분명 당신의 말씀이십니다. 이 말씀은 모두 당신의 말씀이요 참된 말씀이기 때문에,

내가 감사과 믿음으로 이 말씀을 모두 받아들입니다. 이 말씀은 모두 당신께서 말씀하셨으니 당신의 것이지만 또한 나의 것이기도 하니, 이는 나의 구원을 위해 주신 말씀이기 때문입니다. 내가 당신의 입에서 나오는 말씀을 기쁨으로 받아들이니, 이는 그 말씀이 내 마음에 더 깊이 심기게 하기 위해서입니다.

사랑과 감미로움이 충만한 그 은혜로운 말씀은 내게 용기를 북돋워 주지만, 나 자신의 허물이 나를 낙담시키고 부정한 내 양심이 내가 그 위대한 신비를 받지 못하도록 방해합니다. 당신 말씀의 감미로움은 나에게 용기를 불어넣어 주지만, 나의 수많은 죄들은 나를 억누릅니다.

당신께서는, 만약 내가 당신과 함께 천국에 참여하기를 원한다면 당신께 담대히 나아오라고 명령하십니다. 또한 내가 영생과 영광을 얻기 원한다면 불멸의 음식을 받아먹으라고 명령하십니다. 당신께서는 이렇게 말씀하십니다. "수고하고 무거운 짐 진 자들아, 다 내게로 오라. 내가 너희를 쉬게 하리라"(마 11:28). 나의 주 하나님, 당신께서 이 궁핍하고 초라한 자를 초대하셔서 당신의 지극히 거룩한 몸에 동참하게 하시니, 죄인의 귀에 이 얼마나 감미롭고 사랑스러운 말씀인지요! 그러나 주님, 내가 무엇이기에 감히 주제넘게 당신께 나아갈 수 있겠습니까? 보소서, 하늘의 하늘도 당신을 모시기에 부족한데 당신은 "너희는 모두 나에게 오라"라고 말씀하십니다.

이 자비한 겸손은 무슨 뜻이고, 그렇게 사랑스러운 초청은 또 어찌 된 일입니까? 내 속에 선한 것이 전혀 없는 줄을 내가 아는데, 어찌 감히 당신께 나아갈 수 있습니까? 내가 너무나 자주 당신의 지극히 자비로우신 얼굴빛을 흐려 놓았는데, 어찌 감히 당신을 나의 집에 모셔 들일 수 있습니까? 천사들과 천사장들도 당신을 경외하여 일어서고 성자들과 의인들도 당신을 두려워하는데, 당신은 어찌 "너희는 모두 나에게 오라"라고 말씀하십니까? 주님, 당신께서 친히 이 말씀을 하시지 않았다면, 누가 이 말씀을 참되다고 믿겠습니까? 또한 만약 당신께서 명하시지 않았다면, 누가 감히 당신께 나아가려고 시도나 할 수 있겠습니까?

보소서, 의인 노아는 단지 몇 사람을 구하기 위해 100여 년 동안이나 방주를 만드는 노고를 감당했는데(창 6:3), 내가 세상의 창조주를 경외함으로 영접하는 데 어떻게 단 1시간 만에 자신을 준비할 수 있습니까? 당신의 위대한 종이요 각별한 친구인 모세는 썩지 않는 나무로 궤를 짜서 정금으로 이를 싸고 그 안에 율법 판을 넣었는데(출 25:10-16), 썩어질 피조물인 내가 어떻게 감히 율법의 제정자이시요 생명의 수여자이신 당신을 함부로 모셔 들일 수 있습니까? 이스라엘의 가장 지혜로운 왕인 솔로몬은 당신의 이름을 찬양할 웅장한 성전을 짓는 데 7년을 소비했습니다(왕상 6:38). 그는 또한 8일 동안이나 성전 봉헌 축제를 벌였으며, 화목제로 일천 번제를 드렸고, 언약궤를 그 예비한 장소로 모셔 들일 때 나팔 소리와 크나큰 환호로 이 일을 엄숙히 거행했습니다(왕상 8장).

그런데 지극히 가련하고 사람들 가운데 가장 보잘것없는 내가 어떻게 감히 당신을 나의 집에 모셔 들일 수 있으며, 반 시간 만에 어떻게 참된 헌신을 바쳐 드릴 수 있습니까? 그리고 내가 과연 반 시간이라도 올바르고 가치 있는 태도로 보낸 적이 단 한 번이라도 있었습니까?

나의 하나님, 저 신앙의 위인들은 당신을 기쁘시게 하기 위해 얼마나 부지런히 노력했습니까! 오호라, 나의 한 일은 얼마나 적은지요! 내가 성찬식에 참여하기 위해 준비하는 시간은 얼마나 짧은지요! 나는 마음을 온전히 모은 적이 별로 없었으며, 모든 번민을 깨끗이 씻어 버렸던 적도 거의 없었습니다. 생명을 주시는 하나님 당신 앞에서는 부당한 생각을 해서는 안 되고, 내 마음에 어떤 피조물이 자리 잡고 있어도 안 됩니다. 나는 지금 천사를 대접하려는 것이 아니라 천사들의 주님이신 당신을 대접하려는 것이기 때문입니다.

성유물들을 담고 있는 언약궤와 말할 수 없는 덕을 담고 있는 당신의 지극히 정결한 몸 사이에는 크나큰 차이가 있으며, 장래 일의 형상인 율법의 제사와 모든 옛 제사의 완성이신 당신 몸으로 드려진 참 제사 사이에도 역시 그러합니다. 그런데 왜 내가 흠모할 만한 당신의 임재하심을 구하는 일에서 더욱더 열심을 내지 않는 것입니까? 왜 내가 당신의 거룩하신 은총을 얻기 위해 홀로 준비하는 시간을 좀 더 많이 가지지 못하는 것입니까? 저 거룩한 옛 선조와 선지자, 왕, 방백들은 모든 백성과 함께 하나님 당신께 헌신하고 봉사하는 일에 크나큰 애정을 쏟지 않았습니까?

지극히 경건한 왕 다윗은 과거에 그의 선조에게 베푸신 당신의 은혜를 상기하면서 온 힘을 다해 하나님의 궤 앞에서 춤을 추었습니다(삼하 6:14). 그는 여러 종류의 악기를 만들었으며, 시편을 지어 사람들이 기쁨으로 노래하게 했습니다. 그는 또한 성령의 은총에 감화되어 친히 수금을 들고 노래하기도 했습니다. 그는 이스라엘 백성들에게 전심으로 하나님을 찬양하도록 가르쳤고, 화음에 맞추어 매일 하나님을 찬송하고 찬미하도록 명했습니다. 언약궤 앞에서도 그렇게 큰 헌신이 드려졌고 그렇게 환호에 찬 찬송이 드려졌으니, 이제 그보다 더욱 귀한 그리스도의 몸을 받는 성찬식을 거행하는 동안 나와 모든 그리스도인들은 얼마나 큰 헌신과 경배를 드려야 마땅하겠습니까?

세상을 떠난 성자들의 성유물을 모신 여러 곳에는 수많은 사람들이 몰려와 그들의 행적을 들으며 감탄에 넘치고, 그들을 모신 교회당의 웅장한 건물을 경외심으로 바라보며, 비단과 금으로 싸인 그들의 신성한 뼈에 입을 맞추곤 합니다. 그러나 보소서, 성자 중의 성자이시요 만물의 창조자이시요 천사들의 주이신 나의 하나님 당신께서 친히 지금 당신의 제단 위에 나와 함께 계십니다.

성자들의 성유물을 찾아보러 다니는 사람들은 흔히 호기심에 이끌려 구경하는 기분으로 왔다 갔다 하는 경우가 많으니, 선한 변화의 열매는 거의 없이 집으로 돌아가곤 합니다. 특히 진실한 참회의 마음 없이 경박하게 이리저리로 다닐 때 더욱 그러합니다. 그러나 여기 이 거룩한 성찬에는 나의 하나님이시요 인간이신 예수 그리스도 당신께서 온전히 임재하고 계시니, 이 성찬을 귀하고 경건하게 받는 사람에게는 영원한 구원의 열매가 풍성히 주어집니다. 이 성찬에는 사람을 매혹시켜 이끌 만한 경박함이나 기이함이나 육감적인 풍미가 전혀 없으니, 오직 견고한 믿음과 경건한 소망과 신실한 사랑만이 있을 뿐입니다.

보이지 않으시는 세상의 창조주 하나님, 당신은 얼마나 놀랍게 우리를 대우해 주시는지요! 당신은 당신의 택하신 자들에게 얼마나 다정하고 은혜롭게 모든 것을 허락해 주시는지요! 당신은 성찬식을 통해 우리에게 당신 자신을 내어 주십니다. 진실로 이는 우리의 모든 이해를 초월하는 일입니다. 이 성찬은 특히 경건한 자들의 마음을 이끌고 그들의 애정에 불을 붙입니다. 자신의 모든 삶을 수련에 바친 당신의 참으로 신실한 종들도 이 지극히 귀한 성찬을 통해 종종 많은 헌신의 은총과 덕스러운 사랑을 덧입곤 합니다.

아, 감탄할 만한 이 성찬의 은밀한 은총이여! 이는 오직 그리스도를 충실히 믿는 자만이 알 수 있으니, 믿지 않는 자와 죄의 종이 된 자는 이를 경험할 수 없습니다. 이 성찬 안에서 영적인 은총이 주어지며, 잃었던 영혼의 힘이 소생되고, 죄로 일그러졌던 아름다움이 다시 돌아옵니다. 때때로 이 은총은 심히 커서, 성찬으로 바쳐지는 헌신의 충만함을 통해 마음뿐 아니라 연약한 육신까지도 크나큰 힘의 증가를 느끼게 됩니다.

그럼에도 불구하고 우리가 그리스도를 영접하기 위해 더 큰 애정을 쏟지 않으니, 우리의 냉랭함과 게으름을 애석해하고 통탄해하지 않을 수 없습니다. 그리스도 안에는 모든 구원 얻을 자의 소망과 공로가 있습니다. 그리스도 자신이 우리의 성화와 구속이시며, 이 땅에서 나그네 된 모든 자의 위안이시고, 성자들의 영원한 열매이십니다. 그러므로 하늘의 기쁨을 유발하고 온 세계를 보존하시는 이 구원의 신비를 사람들이 별로 생각하지 않는다는 사실은 통탄할 만한 일입니다. 오호라, 말할 수 없이 큰 이 성찬의 은사를 별로 중요시 여기지 않고 거의 형식적으로 매일의 성찬식에 참석하곤 하니, 이 얼마나 눈멀고 완악한 사람들의 마음입니까!

만약 이 지극히 거룩한 성찬식이 단 한 곳에서만 거행되고 세상에서 오직 한 명의 제사장에 의해서만 집례된다면, 사람들이 그 장소와 하나님의 제사장에 대해 얼마나 간절히 사모할 것이며, 이 하나님의 신비가 거행되는 모습을 얼마나 간절히 보고 싶어 하겠습니까! 그러나 지금은 많은 사제들이 있고 많은 장소에서 그리스도가 드려지고 계시니, 이는 하나님의 은총과 사랑이 더 크게 나타나고 이 신성한 하나님과의 교제가 온 세계에 널리 퍼지게 하기 위해서입니다.

자비로우신 예수님, 영원한 목자이신 당신께 감사하오니, 당신께서는 추방되어 있는 우리 가련한 자들을 당신의 귀한 피와 살로 먹이시고, "수고하고 무거운 짐 진 자들아, 다 내게로 오라. 내가 너희를 쉬게 하리라"(마 11:28)라는 말씀으로 우리를 초청하셔서 이 신비의 성찬을 받게 하셨습니다.

성찬 안에서 나타나는 하나님의 사랑과 선하심

제자

주님, 내가 당신의 선하심과 크신 긍휼을 믿고 나아가니, 마치 병든 자가 의사에게 나아가듯, 이 굶주리고 목마른 자가 생명의 원천이신 당신께, 궁핍하고 가련한 자가 하늘의 왕께, 종이 주인께, 피조물이 창조주께, 쓸쓸하고 지친 영혼이 자상하신 위로자께 나아갑니다.

그러나 어떤 일로 주께서 나에게 오고자 하시며(눅 1:43), 내가 무엇이기에 당신께서 당신 자신을 나에게 주고자 하십니까? 죄인이 어떻게 감히 당신 앞에 나설 수 있으며, 당신께서는 어째서 죄인에게 오고자 하십니까? 당신께서는 당신의 종을 아시고 나에게 선한 것이 전혀 없음을 잘 아실 텐데, 어째서 당신은 나에게 이러한 은혜를 허락하십니까?

그러므로 내가 나의 무가치함을 고백하며, 당신의 선하심을 인정하고, 당신의 자상하신 긍휼을 찬양하며, 당신의 이 초월적인 사랑에 감사를 드립니다. 당신께서 이 일을 행하심은 나의 공로로 인함이 아니요 오직 당신이 뜻하신 바를 위하여 하신 것이니, 곧 당신의 선하심을 나에게 더욱더 알리시고, 당신의 사랑을 더욱더 풍성하게 부어 주시며, 당신의 겸손하심을 더욱더 밝히 보이시기 위해서입니다. 그렇게 되는 것이 당신의 기쁘신 뜻이었으며 당신이 명하신 바이니, 당신의 이 내려오심이 내게도 또한 기쁨이 됩니다. 아, 나의 불법이 이 일에 방해가 되지 않기를 원합니다!

지극히 다정하시며 자비하신 예수님, 당신의 거룩한 몸을 우리에게 주셨으니, 당신은 크나큰 경배와 감사와 영원한 찬미를 받아 마땅합니다. 당신의 고귀하심을 인간이 어떻게 말로 표현할 수 있겠습니까? 그러나 나의 주님께 나아가는 이 성찬식을 행할 때 내가 무슨 생각을 해야 하겠습니까? 나는 주님을 제대로 영화롭게 해드릴 수 없지만, 그러면서도 당신을 모셔 들이고자 간절히 바랄 수밖에 없습니다.

내가 당신 앞에서 완전히 자신을 겸비하게 하며 당신의 무한한 선하심을 높이 기리는 것보다 더 유익하고 선한 생각이 어디 있겠습니까?

나의 하나님, 내가 당신을 찬양하며 영원토록 높이겠습니다. 나 자신을 경멸하며, 당신 앞에 엎드려 나의 무가치함을 깊이 고백하겠습니다.

보소서, 당신은 거룩한 자 중에서도 가장 거룩하신 분이오나 나는 죄인 중의 괴수입니다. 보소서, 당신은 당신을 쳐다볼 자격도 없는 나에게 가까이 찾아오셨습니다. 보소서, 당신께서 나에게 오셨으며, 당신의 뜻에 따라 나와 함께하시고, 나를 당신의 잔치에 초대하셨습니다. 당신께서는 하늘의 음식과 천사들이 먹는 떡을 기꺼이 나에게 주시니(시 78:25; 요 6:33), 이 음식은 다름 아닌 하늘에서 내려와 세상에 생명을 주는 산 떡이신 바로 당신 자신이십니다.

보소서, 어디서 이 크신 사랑이 나오는 것입니까? 은혜롭게 죄인에게로 내려오시는 당신의 사랑이 얼마나 찬란히 빛나는지요! 이 은혜에 대해 내가 어찌 다 감사와 찬양을 드릴 수 있겠습니까! 당신이 권고해 주시면, 그 권고가 얼마나 선하고 유익하겠습니까! 당신이 우리의 양식이 되시면, 그 잔치가 얼마나 흥겹고 감미롭겠습니까! 주님, 당신의 행위는 얼마나 놀랍고, 당신의 권세는 얼마나 강하며, 당신의 진리는 얼마나 형언할 수 없는 것입니까! 당신이 말씀하시니 모든 것이 그대로 이루어졌으며(창 1장; 시 148:5), 당신이 명하시니 그대로 되었습니다.

크나큰 찬탄을 받아 마땅한 일이 있으니, 이는 온전히 믿을 만한 일이요 인간의 이해를 초월하는 일로서, 곧 참 하나님이시며 참 인간이신 나의 하나님 당신께서 작은 떡과 포도주 안에서 자신을 온전히 우리에게 내어 주시고, 그러한 가운데서 결코 쇠하지 않는 우리의 지주(支柱)가 되어 주시는 것입니다. 당신은 만물의 주인이시요 아무런 부족함이 없으시지만(시 16:2), 이 성찬을 통해 우리 안에 거하기를 기뻐하셨습니다. 내 마음과 몸을 흠 없이 지켜 주셔서, 기쁘고 정결한 양심으로 당신께서 자신의 영예와 영원한 기념을 위해 특별히 명하시고 제정하신 그 신비의 성찬에 자주 참여하게 하시고, 이를 받아 영원한 건강을 누릴 수 있게 하소서.

기뻐하라, 내 영혼아! 이 눈물 골짜기 같은 삶 속에서 네게 그렇게 고귀한 선물과 큰 위안을 주시는 하나님께 감사하라! 네가 이 신비를 마음으로 받아들이고 그리스도의 몸을 영접할 때마다, 너는 네 구속의 역사로 돌이켜 올라가 그리스도의 모든 공로에 참여하는 자가 될 것이기 때문이다. 그리스도의 사랑은 결코 쇠함이 없으며, 그의 위대하신 대속은 결코 다함이 없다.

그러므로 너는 마음을 끊임없이 새롭게 함으로써 성찬식을 준비하며, 너의 구원을 이룬 이 크나큰 신비를 주의 깊게 상고하라. 그리하면 네가 이 성찬을 거행하고 참여할 때 그 성찬이 너에게 지극히 위대하고 새롭고 기쁘게 여겨지리니, 마치 그날에 그리스도께서 처음 동정녀의 모태에 내려오셔서 인간이 되시고 십자가에 달리시며 인류의 구원을 위해 고통당하시고 죽으신 것처럼 여겨질 것이다.

성찬을 자주 행하는 것의 유익

제자

보소서 주님, 내가 당신께 왔으니 당신의 선물로 나를 위로하시고, 당신의 선하신 뜻 가운데 불쌍한 자들을 위해 베푸신 거룩한 잔치로 나를 즐겁게 하소서(시 68:10). 보소서, 당신 안에는 내가 바랄 수 있고 또 바라야 하는 모든 것이 들어 있습니다. 당신은 나의 구원이요 구속이시며, 나의 소망이요 힘이시며, 나의 영예요 영광이십니다.

주 예수님, 내가 당신께 나의 영혼을 바쳐 올리오니, 오늘 당신 종의 영혼을 기쁘게 하소서(시 86:4). 내가 지금 경건함과 경외심으로 당신을 영접하기 원합니다. 내가 당신을 나의 집으로 모셔서, 삭개오와 같이 당신의 축복을 받고 아브라함의 자손 중 하나로 칭해지기를 갈망합니다. 내 영혼이 당신을 받기 원하며, 내 마음이 당신과 연합하기를 바랍니다.

당신을 나에게 주소서. 그리하면 족하겠습니다. 당신이 없으면 어떤 위안도 소용없습니다. 당신 없이는 내가 존재할 수 없으며, 당신이 찾아오지 않으시면 내가 살아갈 수 없습니다. 그러므로 내가 자주 당신께 나아가서 내 영혼의 안녕을 위해 당신의 피와 살을 받지 않을 수 없습니다. 만약 내가 하늘의 양식을 먹지 못하면 도중에 기진해 쓰러질까 두렵습니다. 지극히 자비로우신 예수님, 당신은 사람들에게 말씀을 전파하시고 각종 병든 자들을 고치시면서 이렇게 말씀하신 적이 있었습니다. "만일 내가 그들을 굶겨 집으로 보내면 길에서 기진하리라"(막 8:3).

그러므로 믿는 자들을 위로하시기 위해 성찬 안에 자신을 남겨 두신 당신께서 이제 나도 그와 같이 먹여 주소서. 당신은 영혼의 감미로운 양식이시니, 당신을 믿음으로 받아먹는 자는 영원한 영광의 후사요 참여자가 될 것입니다. 나는 종종 죄와 오류에 빠지며 곧잘 게을러지고 낙심하기 쉬운 자니, 자주 기도와 고백을 드리고 당신의 거룩한 몸을 받음으로써 새로워지고 정결해지며 불붙을 필요가 있습니다. 혹시 내가 이를 오랫동안 소홀히 하면 나의 거룩한 목표에서 멀리 떨어져 나갈까 두렵습니다.

인간의 생각은 어려서부터 악으로 치닫기 쉬우니(창 8:21), 하나님의 치유책이 그를 돕지 않으면 인간은 곧 더 심한 악에 빠지게 됩니다. 그 치유책은 곧 성찬인데, 이 거룩한 성찬은 사람을 악에서 이끌어 내며, 선한 일에서 견고하게 해줍니다. 만약 내가 성찬식을 거행할 때, 곧 하나님과의 영적인 교제를 나눌 때 지금과 같이 자주 소홀하고 마음이 냉랭하다면, 이는 치유책을 받지 않는 것이요 주의 도우심을 찾지 않는 셈이니 내가 어찌 되겠습니까?

비록 내가 매일 성찬식을 제대로 준비하지 못해 이를 받기에 합당하지 못하기는 하나, 언젠가 때가 되면 그 하나님의 신비를 온전히 받고 크신 은총의 참여자가 될 수 있도록 열심히 노력하겠습니다. 당신과 함께 있지 못하고 이 죽을 몸을 지니고 있는 한, 종종 하나님을 기억하면서 경건한 마음으로 사랑하는 주님의 성찬을 받는 것이야말로 신실한 영혼들에게 하나의 큰 위안이 아닐 수 없습니다.

우리에게 내려 주시는 당신의 자상하신 긍휼은 얼마나 놀라운지요? 창조주이시요 모든 영에게 생명을 주시는 주 하나님, 당신께서는 한 가련한 영혼에게 내려오심을 마다하지 않으시고, 당신의 온전한 신성과 인성으로써 인성도 신성도 빈약한 자에게 충만히 채워 주십니다! 주 하나님이신 당신을 경건한 애정으로 받는 특권을 누리며, 또 이렇게 받음으로써 충만한 영적 희락을 누리게 되는 마음과 영혼은 얼마나 행복하고 복됩니까!

그들이 대접하는 분은 얼마나 크신 주님이시며, 그들이 모시는 분은 얼마나 사랑스러우신 손님입니까! 그들이 영접하는 분은 얼마나 놀라우신 동반자이며, 그들이 환영하는 분은 얼마나 신실하신 친구입니까! 그들이 맞이하는 분은 참으로 고결하고 뛰어난 동반자이시니, 그분은 우리가 그 어떤 사랑스러운 사람보다 더 사랑해야 할 분이요, 그 어떤 탐나는 물건보다 더 원해야 할 분이십니다.

당신은 지극히 감미로우시며 지극히 사랑스러우시니, 하늘과 땅과 거기에 속한 모든 장식은 당신 앞에서 다 잠잠하게 하소서. 그들이 어떤 아름다움을 가지고 있든 또 어떤 칭송을 받든, 그것들은 모두 당신께서 너그러이 내려 주신 것이니, 지혜가 한량없으신 당신의 이름처럼 은혜롭고 아름다울 수는 없습니다(시 147:5).

성찬에 경건히 참여하는 자가 받는 은혜

제자

주 나의 하나님, 이 종에게 당신의 감미로운 축복들을 선물로 주셔서(시 21:3), 당신의 영광스러운 성찬에 떳떳하고 경건하게 나아가게 하소서. 나의 마음을 움직여 당신을 향하게 하시고, 모든 안일함에서 벗어나게 하소서. 구원의 손길로 나를 찾아오셔서(시 106:4), 마치 샘과 같은 이 성찬 안에 풍성히 감춰져 있는 당신의 감미로움을 영적으로 맛볼 수 있게 하소서. 또한 내 눈을 밝혀 크나큰 신비를 보게 하시며, 나에게 힘을 주셔서 의심 없이 이를 믿게 하소서.

이 성찬은 인간의 능력이 아니라 당신의 역사요, 인간의 발명품이 아니라 당신이 제정하신 신성한 예식이기 때문입니다. 이러한 일은 인간이 스스로 이해하거나 깨달을 수 없으며, 심지어 공교한 기술을 지닌 천사들도 이를 만들어 낼 수 없습니다. 그와 같이 지극히 높고 신성한 신비를, 저처럼 자격 없고 먼지와 재에 불과한 죄인이 어떻게 일부나마 연구하여 파악할 수 있겠습니까?

주님, 내가 단순한 마음과 굳고 선한 믿음으로, 또한 당신의 명령에 따라 당신께 나아와 소망과 경배를 드리니, 나는 당신께서 이 성찬에 하나님과 인간으로서 지금 임재하고 계심을 진실로 믿습니다. 당신의 뜻은 내가 당신을 받아들이고 사랑 안에서 당신과 연합하는 것입니다. 그러므로 내가 당신께 자비와 특별한 은총을 간구하오니, 이는 내가 당신 안에서 온전히 녹아지고 그 사랑으로 흘러넘쳐서, 이후로 다시는 외적인 위로를 얻으려고 애쓰지 않게 하기 위해서입니다.

이 지극히 높고 귀한 성찬은 영혼과 육체의 건강제요 모든 영적 피곤을 막는 약이니, 이를 통해 나의 사악함이 치유되고, 정욕이 제어되며, 시험이 극복되고, 덕이 증진되며, 믿음이 확증되고, 소망이 강해지며, 사랑이 불타오르고 확장됩니다.

당신께서는 경건하게 성찬을 받는 사랑스러운 자들에게 이 성찬을 통해 많은 은혜를 주셨고 또 지금도 여전히 주고 계시니, 나의 하나님, 당신은 영혼을 보호하시고 인간의 연약함을 보강하시며 모든 내적 평안을 주시는 분이십니다. 당신은 많은 환난을 당하는 자들에게 큰 평안을 내려 주시고, 그들을 절망의 깊은 골짜기에서 끌어올려 당신의 보호하심 안에 소망을 두게 하십니다. 또한 당신은 새로운 은총으로 그들을 거듭나게 하시고 깨우치셔서, 성찬을 받기 이전에는 불안과 무정함에 가득 차 있던 그들이 하늘의 음식과 음료를 먹고 마신 후에는 더 나은 삶으로 변화되게 해주십니다.

그와 같이 은혜를 베푸심으로 당신은 당신의 택하신 자들을 대우하시니, 이는 그들로 하여금 자신의 연약함이 얼마나 큰지 또 당신에게서 받는 은총과 선하심이 어떤 것인지를 참되고 분명히 깨닫게 하려 하심입니다. 그들은 본래 냉랭하고 둔하며 경건하지 못한 자들이지만, 당신에 의해 열렬하고 활기차며 헌신으로 가득 찬 자들이 됩니다.

감미로운 샘에 겸손히 나아오는 자라면 최소한 조금이나마 그 감미로움을 얻어 가지 않겠습니까? 또한 큰 불 곁에 서 있는 자들치고 약간이라도 그 열기를 받지 않는 사람이 있겠습니까? 당신은 항상 가득하여 넘치는 샘이시며, 영원히 그 불꽃이 사그라지지 않는 타오르는 불이십니다(레 6:13; 사 12:3). 그러므로 내가 넘치는 샘 그 자체를 다 끌어올 수 없고 또 배부르게 마실 수 없을지라도, 이 하늘의 샘에 내 입술을 대고 적어도 몇 모금이나마 받아 마셔 내 갈증을 해소하고 마른 마음을 적시기 원합니다. 비록 내가 전적으로 하늘의 사람같이 될 수 없고 스랍과 그룹들처럼 불타오를 수 없을지라도, 자신을 헌신하기 위해 열심히 노력하며, 이 생명을 주시는 성찬을 겸손히 받음으로써 작은 불씨나마 하나님의 불을 얻을 수 있도록 내 마음을 준비하겠습니다.

지극히 거룩하시고 자비로우신 구주 예수님, 내가 성찬을 받기에 부족한 점이 있거든 은혜롭고 너그럽게 나에게 채워 주소서. 당신께서는 우리를 모두 당신께 부르셔서 이렇게 말씀하지 않으셨습니까. "수고하고 무거운 짐 진 자들아, 다 내게로 오라. 내가 너희를 쉬게 하리라"(마 11:28).

나는 참으로 이마에 땀이 흐르도록 수고하고(창 3:19), 마음의 고통으로 인해 괴로워하며, 죄의 짐에 허덕이고, 시험에 시달리며, 여러 가지 악한 열정에 얽매여 억눌립니다. 나를 도와줄 사람은 아무도 없으니, 주 하나님 당신 외에는 나를 구해 줄 자가 전혀 없습니다. 나의 구주이신 당신께 내가 나 자신과 내게 있는 모든 것을 의탁하오니, 주께서 나를 감찰하시고 안전히 영생에 이르게 하소서. 당신 이름의 영예와 영광을 위해 나를 받으소서. 당신께서는 자신의 몸과 피를 나의 양식과 음료로 마련해 주셨습니다. 나의 구주이신 주 하나님, 당신의 성찬을 내가 자주 받음으로써 내 헌신의 열기가 더욱더 커지게 하소서.

성찬의 위엄과 사역자의 역할

그리스도

설사 네가 천사와 같이 정결하고(마 18:10) 세례 요한같이 성별되었다 할지라도, 이 성찬을 받거나 집례할 만한 자격은 없다. 그리스도의 성찬을 봉헌하고 집례하는 일과 천사들의 떡을 양식으로 받는 일은 결코 인간의 공로로 이룰 수 있는 것이 아니다(시 78:25). 이 신비는 참으로 장대하고 성직자의 위엄은 크나니, 성직자에게는 천사들도 받지 못한 권세가 주어져 있다. 이는 교회에서 올바르게 임명된 성직자 외에는 어느 누구도 그리스도의 몸을 봉헌하고 이 성찬식을 집례할 권세가 없기 때문이다.

참으로 성직자는 하나님의 명령과 지시하심에 따라 하나님의 말씀을 사용하는 하나님의 사역자다. 그러나 모든 것을 주시는 이는 하나님이시요 보이지 않는 가운데 일을 이루시는 분도 하나님이시니, 그가 기뻐하시는 모든 것이 그에게 순종하며 그의 명령을 따른다(창 1장; 시 49:7; 롬 9:20).

그러므로 너는 이 지극히 뛰어난 성찬식에 임할 때 너의 감각이나 눈에 보이는 표징에 착념하지 말고 전능하신 하나님을 믿어야 한다. 그리고 네가 이 거룩한 일에 참여할 때는 경외심과 존경심으로 나와야 한다. 네 자신을 주의 깊게 살피고(딤전 4:16), 네가 맡은 일이 과연 어떤 것인지 잘 파악하라. 그 사역의 일은 감독의 안수함을 통해 네게 주어진 것이다. 보라, 너는 성직자가 되어 주님의 성찬식을 집례하도록 임명받았으니, 네가 지금 하나님께 드리는 그리스도인의 제사를 신실하고 경건하게 드리도록 노력하고, 적당한 시기에 올바른 자세로 드려 책망받을 일이 없도록 하라.

너는 지금 짐이 가벼워진 것이 아니라 오히려 더 엄격한 훈련의 띠에 묶여 있으며, 더욱 완전한 성결을 지킬 의무가 있다. 성직자는 모든 은총으로 아름답게 장식되어 있어야 하며, 다른 사람들에게 선한 생활의 본을 보여야 한다. 그의 생활과 대화는 일반 사람들과 같아서는 안 되며, 하늘의 천사들이나 땅의 완전한 사람들과 같아야 한다(빌 3:20).

성복을 입은 성직자는 그리스도의 대리자니, 그는 자기 자신과 온 백성을 위해 하나님께 간구할 수 있다(히 5:3). 그는 은총과 자비를 충만히 얻을 때까지 기도와 성찬 봉헌을 끊지 말아야 한다. 성직자가 거룩한 성찬식을 집례할 때, 그는 하나님을 영화롭게 하며, 천사들을 즐겁게 하고, 교회의 덕을 세우며, 산 자들을 돕고, 죽은 자들을 기념하며, 스스로는 모든 선한 일에 참여하는 자가 된다.

성찬 전에 행할 영적인 수련에 관한 문의

제자

주님, 내가 당신의 위대하심과 나의 비천함을 비교할 때, 심히 떨리며 내적으로 혼란스럽습니다. 만약 내가 당신께 나아가지 않으면 곧 생명에서 벗어나는 것이지만, 만약 준비 없이 함부로 당신 앞에 불쑥 나서면 당신의 노여움을 유발할 것입니다. 그러므로 나의 도움이시요 모사이신 하나님, 이러한 궁핍 가운데서 내가 어찌하겠습니까?

나에게 올바른 길을 가르치시고 짧막한 수련 방법을 지시하셔서, 이 거룩한 성찬에 합당한 자가 되게 하소서. 당신의 성찬을 유익하게 받고 이 위대하고 신성한 제사를 온전히 거행하기 위해서는, 당신을 위해 어떻게 마음을 경건하고 신실하게 준비해야 하는지 아는 것이 매우 중요합니다.

양심을 살피고 삶을 개선하려는 의지

그리스도

무엇보다도 먼저, 하나님의 사역자는 이 성찬식을 집례하고 받을 때 마음에 크나큰 겸손과 경외심을 가지고 간구해야 하며, 충만한 믿음으로 하나님의 영예를 신실하게 구해야 한다. 네 양심을 부지런히 살피고, 참된 참회와 겸손한 고백으로 그 양심을 씻어 정결하게 하는 데 최선을 다하라. 이와 같이 네 양심에 부담되는 일이나 거리끼는 일이 없게 하여, 은혜의 보좌 앞에 자유롭게 나아갈 수 있게 하라. 너의 죄를 기억하고 슬퍼하며, 특별히 매일의 잘못에 대해 애곡하고 탄식하라. 만약 시간이 있으면, 무절제한 열정으로 인해 저지른 모든 가련한 악들을 마음으로 은밀하게 하나님께 고백하라.

네가 아직 육신적이고 세속적이며 열정이 살아 있고 정욕의 생각으로 가득 차 있음을 슬퍼하고 애통해하라. 너는 외적인 감각에 대한 경계를 얼마나 게을리했으며, 얼마나 자주 수많은 공상에 얽매였었는가! 외적인 일에만 신경을 쓰고 내적인 일에는 얼마나 소홀했었는가! 무절제하게 웃고 떠들기는 좋아했지만, 자책감 속에서 눈물을 흘리기는 얼마나 싫어했었는가! 육신의 편안함과 즐거움을 따르는 데는 빠르고, 엄격한 삶과 열심을 추구하는 데는 얼마나 느렸었는가! 새 소식을 듣는 일과 화려한 광경을 보는 일에는 솔깃해하면서, 겸손하고 낮은 일에는 얼마나 따분해했는가! 많이 가지기를 탐하고, 주는 데는 인색하며, 지키는 데는 얼마나 철저했는가! 말하는 데는 경솔하고, 침묵을 지키는 데는 얼마나 못 견뎌 했는가! 태도는 침착하지 못하고, 행동은 얼마나 부산했는가! 음식은 얼마나 탐했으며, 하나님의 말씀에는 얼마나 귀먹었던가! 쉬기에는 빠르고 노동에는 얼마나 느렸던가! 한담을 듣는 데는 정신이 번쩍 하고, 신성한 예배를 드리는 때는 얼마나 졸았던가! 예배를 끝내는 데는 얼마나 빨랐으며, 생각 없이 이리저리 헤매는 일은 얼마나 좋아했던가! 기도에는 얼마나 소홀했고, 성찬식을 거행하는 데는 얼마나 미지근했으며, 성찬을 받는 데는 얼마나 냉랭하고 무심했던가! 얼마나 빨리 낙심했으며, 마음을 온전히 모으는 일은 얼마나 적었던가! 얼마나 자주 갑자기 화를 냈으며, 다른 사람에 대해 얼마나 쉽게 불쾌감을 느꼈던가! 얼마나 함부로 남을 판단했으며, 얼마나 심하게 그들을 책망했던가! 순탄할 때는 얼마나 기뻐했으며, 역경이 있을 때는 얼마나 연약했던가! 선한 결심은 자주 하면서도, 결국 그 결과는 얼마나 초라했던가!

　이러저러한 약점들을 고백하고 슬픔으로 애통해하며 자신의 나약함을 크게 애석해하면서, 너는 항상 자신의 삶을 개선해 나가겠다고 확고하게 결심하고, 거룩함에서 진보를 이루기 위해 부단히 노력하라. 그러고 나서 너는 세상 것들을 온전히 단념하고, 내 이름을 높이기 위해 온 뜻을 다해 자신을 네 마음의 제단 위에서 영원하고 온전한 번제로 드리며, 몸과 영혼을 나에게 믿음으로 위탁하라. 그리하면 너는 하나님께 대한 이 제사에 참여하기에 합당한 자로 여겨질 수 있을 것이요, 내 몸의 성찬을 유익하게 받을 수 있을 것이다.

　그리스도의 몸과 피를 먹고 마시는 거룩한 성찬식에서, 사람이 자신을 정결하고 온전히 하나님께 바치는 것보다 더 가치 있는 봉헌은 없으며 죄를 씻는 더 좋은 방법은 없다. 사람이 나에게 와서 용서와 은총을 구할 때마다 자기 안에 주어진 일을 행하며 진정으로 참회한다면, 주께서 이렇게 말씀하실 것이다. "나는 죄인이 죽는 것을 원하지 않고 오히려 그가 돌이켜 사는 것을 원하나니, 내가 그의 죄를 더 이상 기억하지 않으며 다 용서할 것이다(겔 18:22-23)."

그리스도의 십자가 희생과 우리 자아의 포기

그리스도

나는 네 죄를 위해 자발적으로 나 자신을 하나님 아버지께 제물로 바쳤나니(사 53:5; 히 9:28), 나의 두 손은 십자가에 못 박혔고 몸은 벌거벗겨졌으며, 나의 모든 것이 엄위하신 하나님의 진노를 풀기 위해 제물로 온전히 바쳐졌다. 이와 같이 너도 매일 거룩한 성찬식 때에 기꺼이 자신을 정결하고 거룩한 제물로 나에게 바쳐야 하리니, 내적인 능력을 다 발휘해 온 힘과 정성으로 그리하라. 네가 자신을 버리고 전적으로 나에게 의지한다면, 내가 너에게 더 이상 무엇을 요구하겠느냐? 너 외의 다른 것은 내가 보기에 아무런 가치가 없으니, 내가 원하는 것은 선물이 아니라 바로 너 자신이다(잠 23:26).

나 외의 어떤 것도 너를 온전히 충족시킬 수 없듯이, 너 외의 어떤 제물도 나를 온전히 기쁘게 할 수 없다. 너 자신을 나에게 드리며 너 자신을 온전히 하나님께 제물로 바쳐라. 그리하면 네 제물이 받아들여질 수 있을 것이다.

보라, 나는 너를 위해 나 자신을 온전히 아버지께 제물로 드렸으며 나의 피와 살을 전부 너의 양식으로 바쳤으니, 이는 내가 온전히 너의 것이 되고 너는 끝날까지 계속 나의 것이 되게 하려 함이다. 그러나 만약 네가 너 자신을 지키고 기꺼이 나에게 제물로 바치지 않는다면, 너의 제물은 온전할 수 없고 너와 나의 연합도 완전하지 못할 것이다. 그러므로 네가 만약 자유와 은총을 얻기 원한다면, 모든 행위에 앞서 먼저 너 자신을 하나님께 기꺼이 제물로 드려야 한다.

이와 같이 자신을 전적으로 부인하기 싫어하기 때문에, 내적으로 자유롭고 깨우침을 받은 사람이 매우 적다. 나의 판결은 분명하니, "너희 중의 누구든지 자기의 모든 소유를 버리지 아니하면 능히 내 제자가 되지 못하리라"(눅 14:33). 그러므로 네가 나의 제자가 되기를 원한다면, 온전한 심정으로 너 자신을 나에게 제물로 바쳐라.

자신과 모든 소유를 하나님께 드리고 모든 이를 위해 기도함

제자

주님, 하늘과 땅에 있는 모든 것이 당신의 것입니다(시 24:1). 나 자신을 당신께 어떠한 대가 없이 제물로 드리고 영원토록 당신의 소유가 되고 싶습니다. 주님, 오늘 내가 단순한 마음으로 겸손히 꿇어 엎드려 나 자신을 영원한 찬송의 제물로 당신께 드리며, 영원히 당신의 종이 되기를 원합니다. 오늘 천사들이 보이지 않게 시중드는 가운데서 당신께 드리는 이 거룩한 성찬 제물과 함께 나의 몸과 마음도 받으셔서, 나와 모든 당신의 백성에게 선한 은혜를 내려 주소서.

주님, 내가 이 시간 당신의 자비로운 제단 위에, 내가 처음으로 죄를 지은 이후 지금까지 당신과 당신의 거룩한 천사들 앞에서 지었던 모든 죄와 허물을 다 바쳐 드립니다. 부디 그것들을 당신의 사랑의 불로 다 태워 모든 죄의 때를 씻기시고, 내 양심을 정결하게 하시며, 내가 죄로 인해 잃어버렸던 당신의 은총을 회복시키셔서 내 모든 허물을 용서하시고, 내게 자비로운 화평의 입맞춤을 허락하소서.

이 죄인이 겸손하게 죄를 고백하고 애통해하면서 끊임없이 당신의 은총과 화해를 간구하는 것 외에 무엇을 할 수 있겠습니까?(시 32:5) 내가 당신께 간구하오니, 나의 하나님, 내가 당신 앞에 설 때에 나의 말을 은혜롭게 들어주소서. 내가 나의 죄를 심히 싫어하니, 이제 다시는 죄를 범하지 않겠습니다. 내가 사는 날까지 그 죄로 인해 슬퍼하리니, 내가 회개하고 힘이 닿는 데까지 배상하겠습니다.

하나님, 나를 용서하소서. 당신의 거룩하신 이름을 위해 죄를 용서하시고, 당신의 지극히 값진 보혈로 구속해 주신 나의 영혼을 구원하소서. 보소서, 내가 당신의 자비에 의탁하며, 당신의 손에 나 자신을 맡깁니다. 당신의 선하심에 따라 나를 대우하시고, 나의 사악함과 불의에 따라 나를 대하지 마소서.

비록 매우 적고 불완전하기는 하나 나에게 있는 모든 선한 것들을 당신께 바쳐 드리니, 이를 온전하게 하시고 거룩하게 하셔서 당신이 기쁘게 받으실 만하게 하시고, 더욱더 완전해 질 수 있게 하시며, 동시에 게으르고 무익하며 가련한 피조물인 내게도 선하고 복된 종말을 맞게 하소서.

또한 내가 당신께 모든 경건한 자들의 거룩한 소원을 바쳐 드리며, 부모, 형제, 자매, 친구들과 내가 사랑하는 모든 사람들 그리고 당신의 사랑으로 인해 나와 다른 사람들에게 선을 베풀었던 모든 사람들의 간구를 올려 드립니다. 그리고 아직 살아 있거나 이미 세상을 떠난 자들 가운데서 내게 기도를 부탁했던 모든 사람들을 위해 내가 당신께 간구합니다. 그들이 모두 당신의 은총의 도우심을 덧입고 당신의 위로를 받게 하시며, 위험에서 보호받고 고통에서 건짐받게 하소서. 또한 그들이 모든 악에서 벗어나 즐거운 마음으로 당신께 풍성한 감사를 돌려 드리게 하소서.

또한 내가 나에게 잘못을 행하고 나를 슬프게 하며, 중상모략과 각종 피해를 저지른 자들을 위해 특별히 중보 기도를 올립니다. 그리고 어느 때든 내가 알게 모르게 말과 행동으로 고통을 주고 화나게 하며 슬프게 하고 명예를 손상시켰던 모든 자들을 위해 기도하오니, 부디 우리가 서로에게 행한 모든 죄와 허물을 기꺼이 용서해 주소서.

주님, 우리의 마음에서 모든 의심과 분노와 조급함과 분쟁을 없애 주시고, 자비로운 사랑을 해치고 형제애를 약화시키는 모든 것을 물리쳐 주소서. 주님, 긍휼히 여기소서. 당신의 긍휼을 바라는 자들에게 긍휼을 베푸시고 은총을 필요로 하는 자들에게 은총을 내리셔서, 당신의 은총을 누리며 영생에 들어갈 수 있는 자격을 얻게 하소서. 아멘.

성찬을 경솔하게 빠지지 않음

그리스도

너는 모든 은총과 신성한 자비와 선과 정결함의 원천으로 자주 나아와야 하나니, 그럼으로써 너의 죄와 정욕이 치유되며 모든 시험과 마귀의 속임수에 대해 더욱 강하고 용감하게 대항할 수 있을 것이다. 거룩한 성찬을 통해 오는 넘치는 유익과 회복의 효과를 잘 아는 저 원수는, 수단 방법을 가리지 않고 전력을 다해 신실하고 경건한 자들이 성찬에 참여하지 못하도록 방해한다.

그러므로 어떤 사람들은 거룩한 성찬에 합당하도록 자신을 준비하고 있는 동안에 이전보다 더 심한 사탄의 속임수에 고통을 받게 된다. 저 사악한 영은 하나님의 아들들 가운데 들어와(욥 1:6) 능숙하고 악한 수법으로 그들을 괴롭히며 두려움과 혼란을 심어 주기도 하나니, 이는 그들의 애정을 약화시키거나 직접적인 공격으로 그들의 믿음을 깨뜨려, 할 수만 있으면 그들을 완전히 성찬식에 참여하지 못하게 하거나 적어도 미지근한 마음으로 참석하게 만들고자 함이다.

그러나 이러한 마귀의 술수와 미혹에 결코 주의를 기울이지 말라. 그런 헛된 생각들이 네 안에서 일어난다 할지라도, 그것들이 마귀의 머리에서 나왔음을 깨닫고 결코 부끄러워하거나 숨기지 말라. 너는 그 비열

한 마귀를 멸시하고 조롱하며, 그의 공격과 그가 네 안에서 일으키는 고통으로 인해 거룩한 성찬식에 감히 빠지는 일이 없도록 하라.

때로는 높은 경건에 이르고자 하는 지나친 열망과 자기 죄의 고백에 대한 일종의 걱정 때문에 성찬식에 참여하는 일이 방해를 받곤 한다. 여기서 너는 지혜자의 훈계를 따라(잠 13장) 모든 걱정과 양심의 가책을 떨쳐 버려라. 이러한 것들은 하나님의 은총을 훼방하며 마음의 경건을 무너뜨리기 때문이다. 어떤 사소한 근심이나 고통으로 인해 성찬식에 빠지는 일이 없도록 하며, 오직 너의 죄는 즉시 고백하고 다른 사람들이 너에게 어떤 잘못을 범하든 기쁜 마음으로 그들을 용서해 주라. 혹시 네가 다른 사람에게 잘못을 범했거든 겸손히 용서를 구하라. 그리하면 하나님께서 기꺼이 너를 용서하실 것이다(마 6:14).

너의 죄를 더디 고백하고 거룩한 성찬식에 빠지는 것이 무슨 유익이 있느냐? 가능한 한 빨리 너 자신을 속속들이 깨끗하게 하고, 독을 재빨리 뱉어 내며, 서둘러 하늘의 치료제인 이 성찬을 받아라. 그리하면 성찬을 오래 금할 때보다 훨씬 나아짐을 깨닫게 될 것이다. 네가 만약 오늘 어떤 한 가지 이유로 성찬식에 빠진다면, 어쩌면 내일은 더 큰 일이 일어나 너를 막을지도 모른다. 그러다 보면 너는 오랫동안 성찬식에 참여하지 못해 점점 더 합당하지 못한 자가 될 것이다.

너는 할 수 있는 한 빨리 현재의 모든 게으름과 무거움을 떨쳐 버려라. 오랫동안 마음의 불편함과 양심의 거리낌을 겪으며, 매일 하나님께 드리는 예배에 참석하지 못하게 훼방받는 일은 네게 아무 유익이 없다. 참으로 성찬식에 오래 불참하는 일은 매우 해로우니, 그로 인해 으레 무거운 영적 졸음이 찾아오기 때문이다. 오호라, 어떤 훈련받지 않은 미지근한 사람은 자신에 대한 엄격한 경계의 의무를 지지 않기 위해 일부러 고백을 미루고 거룩한 성찬식에 불참하곤 한다.

아, 거룩한 성찬식에 쉽게 빠지는 자들의 사랑은 얼마나 보잘것없으며 그들의 헌신은 얼마나 미약한가! 반면에 자신의 삶을 잘 정돈하고 양심을 깨끗하게 지킴으로써 가능한 한 매일 성찬식에 참여할 수 있도록 잘 준비하되, 다른 사람들이 눈치채지 못하도록 하는 자는 얼마나 복되며 하나님이 얼마나 기쁘게 받으실 만한 자인가!

만약 어떤 사람이 때때로 겸손함 때문에 혹은 피치 못할 이유로 성찬식에 불참한다면, 그가 경외심을 보이는 한 책망받을 일은 전혀 없다. 그러나 만약 영적인 나태함 때문에 참석하지 못한다면, 그는 정신을 차리고 자기 안에 주어진 바를 행해야 한다. 그리하면 주께서 그를 도와 원하는 바를 이루게 하시리니, 하나님께서 중요하게 여기시는 것은 그 사람이 가진 선한 의지이기 때문이다.

반면에 합법적인 이유 때문에 참석하지 못할 때는, 그 사람이 하나님과의 교제에 대해 계속 선한 의지와 경건한 뜻을 가지고 있으므로 성찬의 유익을 잃지 않을 것이다. 경건한 자는 누구든지 매일 매시간 영적인 교제를 통해 그리스도께 아무 거리낌 없이 나아가 유익을 얻을 수 있다. 그러할지라도 그는 특정한 날 특정한 시간에 드려지는 성찬식에 참석하여 다정한 경외심으로 구주의 몸을 받고, 자기 자신의 평안보다는 하나님의 영예와 영광을 구할 필요가 있다(고전 11장). 성찬식을 통해 그리스도의 성육신과 수난의 신비를 경건하게 마음에 떠올릴 때마다 그는 하나님과 신비한 교제를 나누게 되고, 보이지 않는 양식으로 배부르며, 그리스도에 대한 사랑으로 불타오를 것이다.

절기가 닥치거나 관례에 따라 부득불 해야 할 때만 준비하는 자는 너무 준비성이 없는 사람이다. 거룩한 성찬을 집례하거나 받을 때마다 자신을 주님께 온전한 번제물로 바치는 자는 복이 있다. 그 신비한 성찬 예배를 거행하는 일을 너무 게을리하거나 지나치게 조급해하지 말고, 너와 함께 거하는 자들의 훌륭한 관례에 따라 행하라. 너는 다른 사람들을 지루하게 해서도 안 되고 들볶아서도 안 되나니, 교부들의 지시에 따라 주어진 관습을 준행하고, 너 자신의 믿음이나 감정보다는 다른 사람들의 유익을 먼저 앞세워야 할 것이다.

신자에게 필요한 그리스도의 몸과 성경

제자

복되신 주 예수님, 당신의 잔치 자리에서 오직 사랑스러우시며 마음의 모든 소원보다 더 사모할 만한 당신과 함께 앉아, 다름 아닌 당신의 피와 살을 먹는 경건한 영혼은 얼마나 복된 자입니까! 내가 당신과 함께한 자리에서 마음의 깊은 곳으로부터 눈물을 퍼내어 사랑하는 막달라 마리아와 함께 내 눈물로 당신의 발을 씻겨 드릴 수 있다면, 이는 진실로 감미로운 일일 것입니다(눅 7:38).

그러나 지금 그러한 헌신이 어디에 있습니까? 그처럼 풍성하고 거룩한 눈물의 분출이 어디에 있습니까? 분명 당신과 당신의 거룩한 천사들이 보시기에, 나의 온 마음은 불타올라야 하며 기쁨의 눈물을 흘려야 합니다. 비록 포도주와 떡이라는 상징적인 물질 아래 감춰져 있기는 하나, 성찬 안에서 나는 참으로 당신의 실재하심을 얻게 됩니다. 당신의 본모습과 당신의 신성한 빛을 직접 보면 내 눈이 견디지 못할 것이요, 그 위엄의 영광스러운 광채에는 온 세상도 버틸 수 없을 것입니다. 그러므로 당신은 나의 연약함을 고려하셔서 이 외적인 성찬의 표징 아래 자신을 감추셨습니다.

하늘에서 천사들이 경배하고 있는 분을 실제로 내가 성찬을 통해 소유하며 경배하고 있으니, 다만 차이가 있다면 나는 현재 잠시 동안 믿음으로만 주님을 보지만 천사들은 아무런 베일 없이 직접 주님을 본다는 것입니다. 나는 지금 참된 믿음의 빛으로 만족해야 하며, 영원히 빛날 그날이 동터오고 상징의 그림자들이 물러갈 그때까지 이 믿음의 빛 안에서 행해야 합니다. 그러나 완전한 것이 오면 성찬은 더 이상 사용되지 않으리니(고전 13:10), 하늘 영광 안에 있는 복된 자들에게는 더 이상 성찬의 치유책이 필요하지 않을 것이기 때문입니다.

그들은 영원토록 하나님의 임재하심 안에서 즐거워하며, 얼굴과 얼굴을 마주 대하듯 그의 영광을 볼 것입니다. 또한 그들은 영광에서 영광으로 변화되어 무한한 하나님의 형상을 덧입고 하나님의 말씀을 맛보리니, 그 말씀은 태초부터 계셨으며 성육신하셨고 이후 영원토록 거하실 분이십니다.

내가 이 놀라운 일을 마음에 생각하고 있으면, 심지어 모든 영적인 위안들마저도 내게는 진부한 것이 되고 맙니다. 주님을 그의 본래 영광 중에서 직접 보지 못하는 한, 내가 이 세상에서 보고 듣는 모든 것은 아무런 의미가 없기 때문입니다. 주님, 당신은 나의 증인이시라. 하나님 당신 외에는 어떤 피조물도 평안과 안식을 줄 수 없으니, 내가 당신을 영원토록 묵상하기를 원합니다. 그러나 내가 이 죽을 육신에 거하고 있는 한 그 일은 불가능합니다. 그러므로 나는 부지런히 인내하면서 겸손히 모든 소원을 당신께만 두어야 합니다.

주님, 천국에서 지금 당신과 함께 기쁨을 누리고 있는 성자들도 그들이 살아 있을 동안에는 당신의 영광이 임하기를 믿음과 큰 인내로 기다렸습니다(히 10:35-36, 11장). 그들이 믿은 바를 나도 믿으며 그들이 소망하던 바를 나도 소망하니, 그들이 이른 곳에 나도 당신의 은혜로 이르게 될 줄을 믿습니다. 거기에 이르기 전까지 나는 믿음으로 행하며, 성자들의 본을 보고 힘을 얻을 것입니다. 내게는 또한 내 삶의 위안과 거울이 되는 거룩한 성경이 있으며, 무엇보다도 유일한 피난처요 치유책이 되시는 당신의 지극히 거룩하신 몸이 있습니다.

내가 이 세상에서 특별히 필요한 두 가지를 가지고 있으니, 그 두 가지가 없으면 나는 이 비참한 삶을 지탱해 나갈 수 없을 것입니다. 내가 이 육체의 감옥 속에 갇혀 있는 동안 반드시 필요한 것 두 가지가 있으니, 곧 양식과 빛입니다. 연약하고 가련한 나에게 당신은 자신의 거룩하신 몸을 주셔서 내 영혼과 육체를 먹이시고(요 6:51), 당신의 말씀을 주셔서 내 발에 빛이 되게 하셨습니다(시 119:105). 이 두 가지가 없으면 나는 잘 살아갈 수 없으리니, 하나님의 말씀은 내 영혼의 빛이요 당신의 성찬은 생명의 떡이기 때문입니다.

이 두 가지는 거룩한 교회의 보물 창고 안에 양쪽으로 펼쳐진 두 탁자라고 할 수 있습니다(시 23:5; 히 9:2). 한쪽 탁자는 거룩한 떡 곧 그리스도의 귀하신 몸이 올려져 있는 신성한 제단이요, 다른 하나는 하나님의 법이 놓여져 있는 탁자이니, 거룩한 교훈을 담고 있는 이 법은 사람들에게 올바른 믿음을 가르치며 그들을 지성소가 있는 휘장 안으로까지 강하게 이끌어 줍니다. 영원한 빛의 빛이신 주 예수님, 당신께 내가 감사하오니, 당신께서는 당신의 종들인 선지자, 사도, 교사들을 통하여 나를 위해 거룩한 교훈의 식탁을 마련해 주셨습니다.

인류의 창조주이시요 구속자이신 당신께 감사하오니, 당신은 온 세상에 당신의 사랑을 나타내 보이시기 위해 위대한 만찬을 준비하셨습니다(눅 14:16). 거기서 당신은 전형적인 제물인 양이 아니라 당신 자신의 지극히 신성한 살과 피를 우리에게 먹이셔서(요 6:53-56) 모든 신자들이 이 거룩한 잔치를 즐기게 하시고, 낙원의 모든 희락이 들어 있는 구원의 잔을 마음껏 마시게 하십니다(시 23:5). 거룩한 천사들도 우리와 함께 잔치에 참여할 것이나, 우리의 기쁨과 감미로움이 훨씬 더할 것입니다.

아, 성직자의 직무는 얼마나 위대하고 영예로운지요! 그들에게는 거룩한 말씀과 함께 영광스러운 주님의 성찬식을 집례할 수 있는 특권이 주어져 있으니, 그들은 입술로 축복을 선포하고 손으로 성체를 집으며 입으로 그것을 받고 또 다른 사람들에게도 나누어 줍니다.

아, 그들의 손은 얼마나 깨끗해야 하며, 그들의 입은 얼마나 정결해야 하고, 정결의 주재이신 주님이 자주 드나드시는 그들의 마음은 얼마나 맑아야 하는지요! 그리스도의 성찬을 자주 받는 그들의 입에서는 오직 거룩하고 선하고 유익한 말만 나와야 합니다. 그리스도의 몸을 자주 보는 눈은 마땅히 단순하고 순결해야 하며, 천지의 창조주를 만지는 손은 정결하고 하늘로 들려져야 합니다. 성직자들에 대해 특별히 율법에 언급되기를, "너희는 거룩하라. 이는 나 여호와 너희 하나님이 거룩함이니라"(레 19:2)라고 하셨습니다.

전능하신 하나님, 당신의 은총으로 우리를 도우셔서, 제사장의 직분을 맡은 우리가 선한 양심으로 온전히 정결한 가운데 경건하고 가치 있게 당신을 섬기게 하소서. 우리가 마땅히 어떤 죄도 허물도 없이 살아야 하지만, 그러지 못할 때에는 우리에게 적어도 자기 죄에 대한 깊은 탄식이 있게 하시고, 장래에는 겸손한 마음과 선한 뜻을 가지고 더욱 열심히 당신을 섬기게 하소서.

그리스도와 성찬의 교제를 나누기 위해 준비함

그리스도

나는 정결을 사랑하는 자요 모든 거룩함을 주는 자니라. 나는 정결한 마음을 찾나니, 거기가 나의 쉴 곳이다(시 24:4; 마 5:8). 나를 위해 자리를 베푼 큰 다락방을 마련하라. 내가 너의 집에서 제자들과 함께 유월절을 지킬 것이다(막 14:14-15; 눅 22:11-12). 만약 네가 나를 영접하여 너와 함께 머물게 하기를 원하거든, 묵은 누룩을 제해 버리고(고전 5:7) 네 마음의 처소를 깨끗하게 하라. 세상으로 향한 창문을 모두 닫고(출 24:18) 죄의 가시를 다 뽑아 버려라. 마치 지붕 위에 홀로 앉은 참새처럼 조용히 앉아, 영혼의 비통함 가운데 너의 죄를 깊이 반성하라. 참 사랑이 있는 사람은 자기의 사랑하는 자를 위해 가장 좋고 아름다운 장소를 예비하나니, 이로써 사랑하는 자를 대접하려는 그의 애정을 알 수 있다.

그러나 너는 명심하라. 네 행위의 공로만으로는 이 준비가 충분할 수 없으니, 설사 네가 1년 내내 자신을 예비하여 네 마음속에 다른 것이 전혀 없게 할지라도 역시 그러하다. 네가 나의 식탁에 나올 수 있도록 허락받은 것은 순전히 나의 은총과 은혜로 인한 것이다. 이는 마치 거지가 부자의 만찬에 초대받은 것과 같다. 거지는 부자의 호의에 대해 보답할 것이 전혀 없으니, 다만 겸손히 굽혀 감사할 뿐이다.

네게 주어진 바를 부지런히 행하라. 습관이나 필요에 의해 행하지 말고, 네게 나오시는 사랑하는 주 하나님의 몸을 두려움과 경외심과 애정을 가지고 받아라. 내가 너를 불렀고 이를 행하도록 명했으니, 네게 부족한 것을 내가 채우겠다. 너는 내게 나와 나를 받아라.

내가 너에게 헌신의 은총을 베풀 때 네 하나님께 감사하라. 이는 네가 받을 만한 자격이 있어서 주어진 것이 아니라, 내가 너를 긍휼히 여겨 주었기 때문이다. 만약 네가 은총을 받지 못하고 여전히 냉랭함을 느낀다면, 너는 즉시 탄식하고 기도하며 두드려라. 그리고 구원의 은총을 한 부스러기라도 얻기 전까지는 결코 포기하지 말라. 네가 나를 필요로 하는 것이지, 내가 너를 필요로 하는 것이 아니다. 네가 나를 거룩하게 하기 위해 온 것이 아니라, 내가 너를 거룩하고 온전하게 하기 위해 온 것이다. 네가 온 것은 나를 통해 거룩하게 되며, 나와 연합해 새로운 은총을 받고, 새롭게 자극받아 삶을 개선하기 위해서다. 이 은총을 소홀히 여기지 말고, 부지런히 네 마음을 준비하여 네 영혼 안으로 그리스도를 영접해 들여라.

너는 성찬식 전에 자신의 경건을 잘 준비해야 할 뿐 아니라, 성찬을 받은 후에도 은총을 주의 깊게 잘 보존해야 한다. 성찬 전에 행하는 경건의 준비 못지않게, 성찬 후에도 자신에 대한 세심한 관리가 요구된다. 훌륭한 사후 관리는 다시 더 큰 은총을 얻기 위한 최선의 준비가 되기 때문이다. 사람이 일단 외적인 위안에 너무 깊이 빠져 버리면, 그는 경건을 회복하는 데 큰 어려움을 겪게 된다.

많은 말을 삼가고(잠 10:19), 어떤 은밀한 장소에 들어가 하나님으로 기쁨을 누려라. 너와 함께 계신 이는 온 세상이 결코 빼앗아 갈 수 없는 분이시기 때문이다. 너는 자신을 온전히 나에게 맡겨, 이제 후로는 너의 여생을 네 안에서 살지 말고 내 안에서 아무 근심 없이 살아가라.

성찬에서 그리스도와 하나 되기를 열망함

제자

주님, 내가 어떻게 해야 오직 당신만을 내 마음 안으로 모셔 들이고, 내 영혼이 원하는 만큼 당신을 즐거워하는 은혜를 얻을 수 있겠습니까?

이제 후로는 아무도 나를 바라보지 않으며, 어떤 피조물도 나를 움직이거나 관여하지 못하고, 오직 당신만이 내게 말씀하시고 내가 당신께 말하여 마치 연인들처럼 대화하고 친한 친구처럼 잔치하기를 소원합니다(출 33:11; 아 8:2). 내가 간구하고 갈망하오니, 내가 온전히 당신과 연합하여 하나가 되고, 모든 피조물을 마음에서 떨쳐 버리며, 거룩한 성찬을 자주 행함으로써 영원한 하늘 양식으로 배부르는 법을 더욱더 알기 원합니다.

아, 주 하나님, 언제 내가 당신과 온전히 연합하여 당신께 흡수되고 나 자신은 온전히 잊어버릴 수 있겠습니까? "내 안에 거하라. 나도 너희 안에 거하리라"(요 15:4)라고 하신 말씀대로, 당신과 내가 하나 되어 영원히 함께 지내게 하소서. 진실로 당신은 나의 사랑하는 분이시며 만인 중에 뛰어난 분이시니(아 5:10), 끝날까지 내 영혼이 당신 안에 거하기를 원합니다. 진실로 당신은 나를 화평하게 하시는 분이시니, 당신 안에 있으면 크나큰 평화와 참된 안식을 누리나, 당신 밖에 있으면 수고와 슬픔과 한없는 고통을 겪게 됩니다. 진실로 당신은 자신을 숨기시는 하나님이시니(사 45:15), 당신의 권고는 악한 자들과 함께하시지 않고 오직 마음이 겸손하고 단순한 자들과 함께하십니다(잠 3:34).

주님, 당신의 영은 얼마나 감미로운지요! 당신은 당신의 감미로우심을 나타내 보이시기 위해 감미로움으로 가득 차 있는 하늘의 떡을 당신의 자녀들에게 먹여 주셨습니다. 우리 하나님 당신께서는 모든 신자들에게 가까이 계시니, 그처럼 백성들에게 가까이 계시는 신을 모신 나라가 어디 있겠습니까?(신 4:7) 게다가 당신은 당신의 자녀들이 매일 평안한 가운데 마음을 하늘로 높이 들게 하기 위해 자신을 양식으로 내어 주셔서 먹고 즐기게 하십니다.

주의 백성들처럼 드높은 명성을 지닌 백성이 어디 있겠습니까? 경건한 영혼처럼 그렇게 사랑받는 피조물이 하늘 아래 어디 있겠습니까? 하나님께서는 그 영혼에 들어오셔서 자신의 영광스러운 몸으로 그를 먹이지 않으십니까! 아, 말로 다할 수 없는 은총이여! 아, 칭송할 만한 겸손한 내려오심이여! 아, 특별히 인간에게 내려 주신 측량 못할 사랑이여! 이 은총 그리고 견줄 수 없는 사랑에 대해 내가 어떻게 주님께 보답할 수 있겠습니까?(시 116:12)

내가 당신께 행하여 받으실 만한 일은 오직 나의 온 마음을 바쳐 내적으로 하나님 당신과 깊이 연합하는 것뿐입니다. 내 영혼이 하나님과 완전한 합일을 이룰 때, 나의 온 속사람은 기뻐 뛰놀 것입니다. 그때에 주께서 내게 말씀하실 것입니다. "네가 나와 함께 기꺼이 거하기를 원한다면, 나도 너와 함께 기꺼이 거하겠다." 그러면 내가 대답하리니, "주님, 내가 기꺼이 당신과 함께 있기를 원하오니, 부디 나와 동거해 주소서. 내 마음이 당신과 연합하는 바로 이것이 나의 단 한 가지 소원입니다."

그리스도의 몸을 받고자 하는 경건한 자의 열망

제자

주님, 당신을 경외하는 자들에게 베풀어 주신 당신의 감미로움이 얼마나 풍성한지요!(시 31:19) 주님, 지극히 큰 헌신과 애정을 가지고 당신의 성찬에 나아가는 경건한 자들을 생각하면, 나는 종종 속으로 낙심되고 부끄러워집니다. 그들에 비하면, 나는 거룩한 성찬 탁자와 제단에 나아갈 때 얼마나 미지근하고 또 냉랭하기까지 합니까!

내가 아직 메마르고 당신께 대한 따뜻한 애정이 없음을 애통해합니다. 나의 하나님, 나는 많은 경건한 자들처럼 당신의 임재하심 안에서 활활 불타오르거나 열심히 그 안으로 빠져들지 못합니다. 그들은 성찬에 대해 불같은 열망과 뜨거운 애정을 지니고 있어, 성찬을 대할 때 눈물을 억제할 수 없었습니다. 그들은 육체의 입뿐만 아니라 마음의 입으로도 생명의 원천이신 하나님 당신을 간절히 맛보기 원했으니, 온전한 희열과 영적인 열심으로 당신의 몸을 받기 전까지는 결코 그들의 허기를 달래거나 채울 수 없었습니다.

아, 참으로 열렬한 그들의 믿음이여! 이는 당신의 거룩한 임재하심에 대한 증거가 됩니다. 그들은 떡을 뗄 때에 참으로 주님을 알아보았으며(눅 24:30-31), 복되신 예수님 당신과 걸으며 함께 이야기하는 동안 마음이 뜨겁게 불타올랐습니다. 그렇게 뜨거운 열정과 사랑, 그러한 갈망과 헌신은 종종 나와 너무 거리가 멉니다.

자비로우신 예수님, 감미롭고 은혜로우신 주님, 이 가련하고 궁핍한 피조물에게 은혜를 내리셔서, 간혹이라도 내가 거룩한 성찬을 통해 적은 분량이나마 당신의 따뜻한 사랑을 느끼게 하셔서, 나의 믿음이 더 강해지게 하시고, 나의 소망이 당신의 선하심 안에서 더 성장하게 하시며, 하늘의 만나를 맛본 후에 완전히 불붙게 된 사랑이 다시는 꺼지지 않게 하소서.

당신의 자비는 내가 갈망하는 은총을 나에게 주실 수 있으니, 당신께서 나를 기뻐하셔서 열정과 함께 자비롭게 나를 찾아오시는 날에 주실 것입니다. 내가 비록 당신께 특별히 헌신적이었던 저 사람들만큼 큰 열망으로 불타오를 수는 없을지라도, 당신의 은총으로 이 불타는 열망에 대한 소원을 가지고 간구하오니, 나도 그들처럼 당신을 열렬히 사랑하는 자들 가운데 들게 하시고 그 거룩한 무리에 속하게 하소서.

경건의 은총은 겸손과 자기 부인으로 얻음

그리스도

너는 즉시 경건의 은총을 구하며, 열심히 이를 간구하고, 인내와 확신으로 이를 기다리며, 감사함으로 이를 받고, 겸손히 이를 지키며, 부지런히 그 은총과 함께 일하라. 그리고 하나님께서 너를 기뻐하셔서 찾아주실 때까지 하늘의 은총이 임하는 시기와 방법을 다 하나님께 맡겨라. 내적으로 경건의 부족을 느끼면 너는 특별히 자신을 겸비하게 하되, 지나치게 낙심하거나 무절제하게 슬퍼하지 말라. 종종 하나님은 오랫동안 주시지 않던 것을 한순간에 주시기도 하고, 네가 처음 기도를 시작할 때는 미루시던 것을 기도 끝 무렵에 주시기도 한다.

만약 은총이 항상 즉시로 주어지고 한 번만 간구해도 금방 주어진다면, 연약한 사람은 이를 잘 감당할 수 없을 것이다. 그러므로 경건의 은총은 선한 소망과 겸손한 인내로 참고 기다려야 한다. 그럴지라도 이 은총이 네게 주어지지 않거나 주어진 은총이 부지중에 사라져 버릴 때, 너는 이를 너와 너의 죄 탓으로 돌려야 한다.

어떤 일을 작은 것이라고 불러도 무방하다면, 때때로 그 작은 일이 하나님의 은총을 막거나 숨기곤 하며, 그다지 중요하지 않은 일이 크나큰 선을 방해하곤 한다. 크든 작든 그 장애를 네가 물리치고 완전히 극복한다면, 너는 소원하는 바를 얻을 수 있을 것이다.

네가 자신의 즐거움이나 뜻에 따라 이것저것을 구하지 않고 전심으로 자신을 하나님께 바치고 그 안에 온전히 거하면, 너는 곧 하나님과 연합하여 평화를 누리게 되리니, 하나님의 기쁘신 뜻만큼 그렇게 즐거운 것은 없으며 그렇게 감미로운 휴식을 제공해 주는 것도 없다. 그러므로 누구든지 일편단심으로 오로지 하나님만을 바라며 피조물에 대한 모든 무절제한 애정과 혐오를 다 떨쳐 버리는 사람은 은총을 받기에 지극히 합당한 자니, 참된 경건의 은사를 얻을 수 있을 것이다. 주님께서는 빈 그릇에 그의 축복을 담아 주신다. 사람이 세상의 낮은 것들을 온전히 버리면 버릴수록, 또한 자신을 경멸하고 자신에 대해 많이 죽으면 죽을수록, 은총은 더 빨리 찾아오고 더 풍성히 임하며 그 빈 마음을 채워 주고 더욱더 높이 올려 준다.

그때에 그는 주님을 보고 함께 행하며 놀라워하고 넓은 마음을 가지게 되리니(사 55:5), 이는 주의 손이 그와 함께하시고 영원토록 그를 완전히 붙들어 주실 것이기 때문이다. 보라, 이처럼 하나님을 전심으로 찾고 자신의 영혼을 헛되이 받지 않는 자는 복을 얻을 것이다. 이러한 사람은 거룩한 성찬을 받을 때 하나님과 연합하는 큰 은혜를 얻게 되리니, 이는 그가 자신의 경건이나 평안만을 구하지 않고 그것들을 넘어 하나님의 영예와 영광을 구하기 때문이다.

우리의 궁핍함을 그리스도께 보이고 은총을 구함

제자

지극히 감미롭고 사랑이 많으신 주님, 내가 지금 온 정성을 다해 당신을 받기 원합니다. 당신은 내가 얼마나 심한 연약함과 궁핍함을 겪고 있는지 아시며, 내가 얼마나 많은 죄악에 빠져 있으며 얼마나 자주 낙심하고 시험당하고 혼란스럽고 더럽혀지는지 잘 아십니다. 내가 치료를 받기 위해 당신께 나아오니, 나에게 위안과 힘을 허락하소서. 모든 것을 아시는 당신께 내가 나의 모든 속생각을 열어 보이리니, 나에게 온전한 평안과 도움을 주실 수 있는 분은 오직 당신뿐이십니다. 당신은 나에게 어떤 선한 것이 가장 부족한지 아시며, 또한 어떤 덕이 모자라는지도 다 아십니다.

보소서, 내가 당신 앞에 벌거벗고 초라하게 서서 당신의 은총과 자비를 구합니다. 이 굶주린 애원자를 먹여 주시고, 나의 냉랭한 마음을 당신의 사랑의 불로 불붙게 하시며, 나의 먼 눈을 당신의 광채로 밝혀 주소서. 모든 세상 것은 쓰디쓴 것으로 여기게 하시고, 모든 고통과 역경은 인내하게 하시며, 모든 비천한 피조물들은 경멸하고 잊게 하소서. 내 마음을 하늘에 계신 당신께로 들어 올리셔서, 내가 땅 위에서 방황하지 않게 하소서. 지금부터 영원토록 오직 당신만이 나의 기쁨이 되시리니, 이는 당신만이 나의 양식과 음료이시며, 나의 사랑과 희락이시며, 나의 감미로움과 모든 선이 되시기 때문입니다.

아, 당신의 임재하심을 통해 내가 온전히 불붙고 당신과 하나 될 수 있으면 얼마나 좋을까요! 내적인 연합의 은총과 둘 사이를 녹여 주는 뜨거운 사랑을 통해 당신과 내가 한 영이 되기를 간절히 원합니다(고전 6:17). 나로 하여금 굶주리고 목마른 채로 당신에게서 물러나게 하지 마시고, 당신께서 옛 성자들을 종종 그렇게 놀랍게 대접하셨듯이 긍휼로써 나를 대접해 주소서. 만약 내가 당신에 의해 온전히 불붙고 자신을 모두 버릴 수만 있다면, 이 얼마나 황홀한 일이겠습니까! 당신은 항상 타오르며 결코 꺼지지 않는 불이시요, 마음을 정결하게 하고 이해를 깨우치시는 사랑이십니다.

열렬한 사랑과 그리스도를 받고자 하는 열망

제자

주님, 많은 성자들과 경건한 자들이 거룩한 성찬에 참여할 때 당신을 간절히 사모했던 것과 같이, 나도 깊은 헌신과 열렬한 사랑으로, 또한 모든 애정과 마음의 열정으로 당신을 맞아들이기 원합니다. 영원한 사랑이시며 나의 온전한 선이시며 끝없는 행복이신 나의 하나님, 그 어느 성자가 당신을 향해 느꼈던 것 못지않은 뜨거운 애정과 합당한 경외심을 가지고 내가 당신을 맞아들이기 원합니다.

비록 내가 그 헌신하는 마음을 다 소유할 만한 자격은 없지만, 그래도 내가 마치 당신을 기쁘게 해드릴 수 있는 유일한 자요, 당신을 사모하는 유일한 자인 것처럼 여기면서 내 온 마음의 애정을 당신께 바쳐 드립니다. 충성스러운 마음이 생각하고 원할 수 있는 모든 것을, 지극히 깊은 존경과 내적인 애정과 함께 당신께 선물로 바칩니다. 내가 나 자신과 나에게 있는 모든 것을 하나도 남김없이 기쁜 마음으로 값없이 당신께 제물로 바치기를 원합니다.

나의 창조주시요 구속자이신 주 하나님, 내가 당신의 지극히 거룩하고 영광스러우신 어머니 동정녀 마리아와 같이, 오늘 지극한 애정과 존경과 찬양과 영예와 감사와 고귀함과 사랑과 믿음과 소망과 순결로써 당신을 받기 원합니다. 마리아는 성육신의 신비스러운 기쁜 소식을 선포한 천사에게 믿음으로 겸손하게 대답했습니다. "주의 여종이오니 말씀대로 내게 이루어지이다"(눅 1:38).

당신의 복된 예비자요 성자들 가운데 가장 뛰어난 자인 세례 요한은 이미 모태에 있는 동안에 당신의 함께하심이 너무 기뻐 성령의 즐거움으로 뛰놀았으며(눅 1:44), 후에 예수께서 사람들 가운데 다니심을 보고 경건한 애정으로 매우 겸손히 이렇게 말했습니다. "신부를 취하는 자는 신랑이나 서서 신랑의 음성을 듣는 친구가 크게 기뻐하나니 나는 이러한 기쁨으로 충만하였노라"(요 3:29). 이와 같이 나도 크고 거룩한 열망으로 불타올라, 온 마음으로 나 자신을 당신께 바쳐 드리기 원합니다. 또한 내가 나 자신과 기도 중에 나에게 맡겨진 모든 사람을 위해, 승리의 기쁨과 뜨거운 애정과 정신적인 환희와 초자연적인 각성과 경건한 마음의 천상적인 환상과 하늘과 땅의 모든 피조물이 올리는 찬송과 덕을 당신께 바쳐 드립니다. 이 모든 것을 통해 당신께서 온전히 찬양받으시고 영원토록 영광받으소서.

주 나의 하나님, 당신께 한없는 찬양과 찬미를 드리고자 하는 내 소원을 받아 주소서. 당신은 형언할 수 없이 크고 위대하시니, 찬양을 받으시기에 지극히 합당하십니다. 이 찬양을 내가 당신께 드리며, 또 매일 매순간 드리기 원합니다. 또한 간절한 애정과 부탁으로 내가 하늘에 있는 모든 영들과 당신의 신실한 모든 종들에게, 나와 함께 당신께 감사와 찬양을 돌리도록 초대하고 간청합니다.

모든 나라와 모든 언어와 모든 백성이 드높은 환호와 열렬한 헌신으로 당신을 찬양하고(시 117편), 당신의 거룩하고 향기로운 이름을 높이게 하소서. 당신의 지극히 고귀한 성찬을 경건하게 거행하고 충만한 믿음으로 이를 받는 자들에게 당신의 은총과 자비를 내려 주시고, 그들이 이 죄인을 위해 겸손히 간구하게 하소서. 그들이 원하던 경건과 당신과의 기쁨에 찬 연합을 얻고 평안과 놀라운 만족 가운데서 당신의 거룩한 하늘 식탁을 떠날 때, 부디 그들이 나의 가련한 영혼을 기억하게 하소서.

성찬에 대한 호기심이 아닌
믿음으로 겸손히 그리스도를 따름

그리스도

네가 깊은 의심의 구렁에 빠지지 않으려면, 지극히 심오한 이 성찬에 대해 쓸모없는 호기심을 가지지 말라. 나의 위엄에 대해 호기심을 가지고 알아보려는 자는 그 위엄의 영광에 압도되리니(잠 25:27), 하나님은 인간이 이해할 수 없는 일도 행하실 수 있다. 만약 너에게 교부들의 건전한 의견에 따라 배우고 행하려는 자세가 늘 되어 있으면, 진리에 대한 충실하고 겸손한 탐구는 허용될 수 있다.

여러 가지 난해한 질문과 논쟁을 삼가고, 오직 하나님의 계명을 따라 단순하고 확고하게 나아가는 것이 복된 길이다. 많은 사람들이 지나치게 높은 차원의 일을 궁구하다가 경건함을 잃곤 했다. 신앙에서 요구되는 것은 하나님의 신비에 대한 높은 이해나 깊은 문의가 아니라, 너의 성실한 손과 삶이다. 네가 네 아래 있는 이것들도 제대로 이해하거나 파악하지 못하고서, 어찌 네 위에 있는 것들을 깨달을 수 있겠는가. 자신을 하나님께 복종시키고, 너의 생각을 믿음에 굴복시켜라. 그리하면 너에게 필요하고 유익한 만큼 지식의 빛이 너에게 주어질 것이다.

어떤 이들은 거룩한 성찬과 믿음에 대해 심각한 시험을 당하곤 하는데, 이 시험은 자신에게서 나온 것이 아니라 원수 마귀에게서 나온 것이다. 너는 이러한 시험이 올 때 걱정하지 말라. 네 생각에 대해 토론하지 말며, 마귀가 심어 준 의심에 대해 답변하지 말라. 너는 오직 하나님의 말씀을 믿고 성자들과 선지자들의 말을 의지하라. 그리하면 악한 마귀는 너에게서 도망치고 말 것이다. 하나님의 종이 종종 이러한 일을 참고 견디는 것은 매우 유익하다. 마귀는 이미 자기가 확보하고 있는 불신자와 죄인들은 시험하지 않고, 오직 신실하고 믿음 있는 경건한 자들에게만 여러 가지 방법으로 시험과 고통을 주기 때문이다.

그러므로 너는 단순하고 의심 없는 믿음으로 나아가며, 경외심과 간절함으로 이 거룩한 성찬에 임하라. 그리고 네가 이해할 수 없는 모든 것은 다 전능하신 하나님께 온전히 맡겨라. 하나님은 너를 속이지 않으시니, 자신을 지나치게 신뢰하는 사람은 속임을 당할 것이다. 하나님은 단순한 자와 함께 행하시고(시 19:7, 119:130; 마 11:29), 겸손한 자에게 자신을 계시하시며, 작은 자에게 깨달음을 주시고, 마음이 순결한 자의 눈과 귀를 열어 주시되, 호기심과 교만이 가득 찬 자에게는 은총을 숨기신다. 인간의 이성은 연약하여 속기 쉬우나, 참된 믿음은 속지 않는다.

모든 이성과 자연적인 연구는 믿음을 앞서거나 훼방하여 나설 수 없고, 항상 믿음의 뒤를 따라야 한다. 이 지극히 거룩하고 뛰어난 성찬에서는 믿음과 사랑이 특별히 앞서가 은밀한 방법으로 역사하기 때문이다. 영원하시고 모든 이해를 초월하시며 전능하신 하나님은 하늘과 땅에서 인간이 파악할 수 없는 위대한 일을 행하시나니, 그의 놀라우신 역사를 측량할 자가 아무도 없다. 만약 하나님의 역사가 인간의 이성으로 쉽게 이해할 수 있는 것이라면, 결코 경이롭거나 형언할 수 없는 일이라고 말하지 못할 것이다.

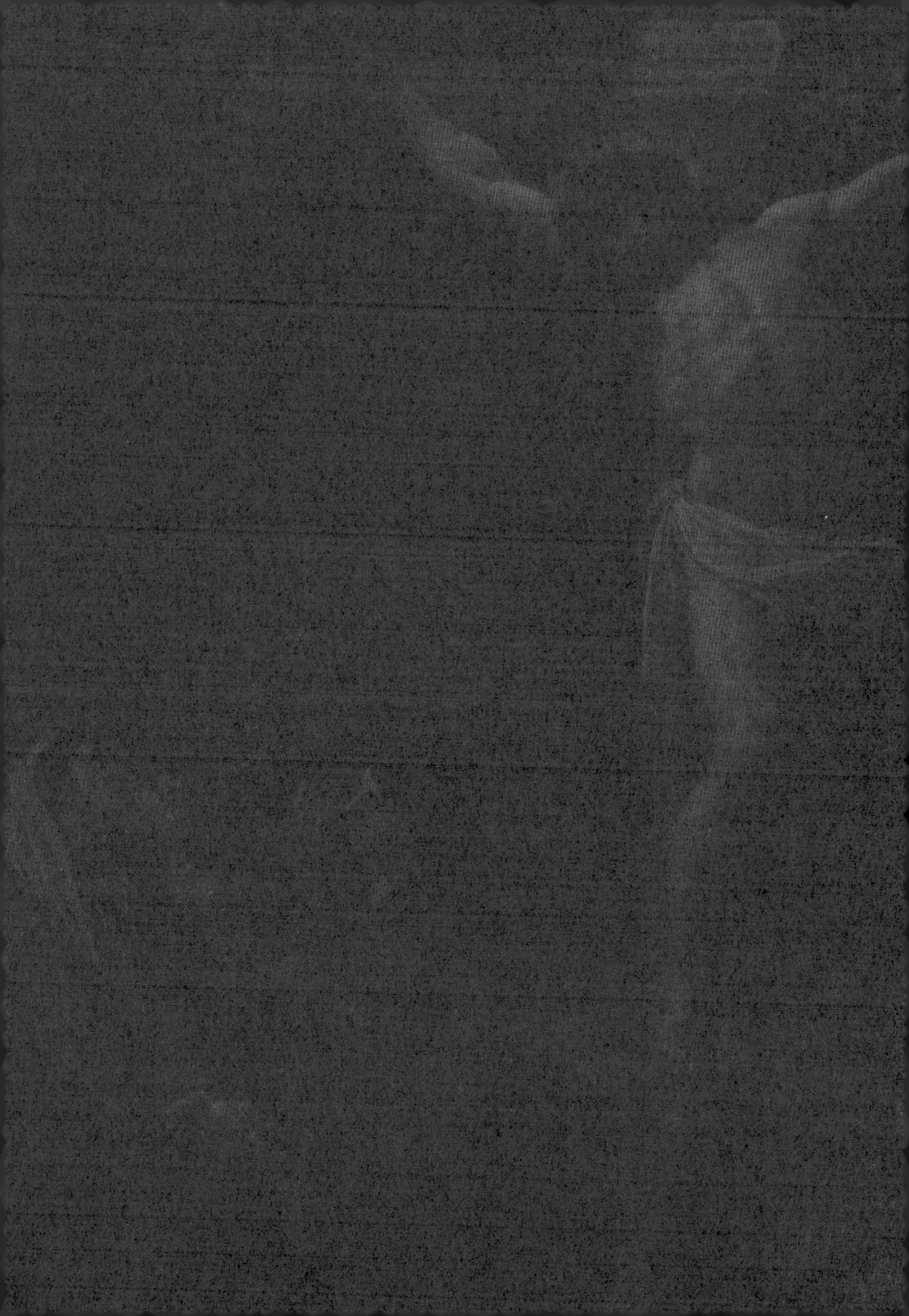

역자의 글

토마스 아 켐피스의 『그리스도를 본받아』는 중세 경건 문학의 백미다. 토마스 아 켐피스는 독일 쾰른 근처의 켐펜에서 가난한 부모 밑에 태어났다. 그가 활동하며 이 책을 쓰던 당시 유럽에는 중세 말기의 증상이 곳곳에서 나타나고 있었다. 영국과 프랑스 사이의 100년 전쟁이 그러했고, 독일에서의 후스 전쟁이 또한 그러했다. 가톨릭교회는 진부한 스콜라주의가 판치는 가운데 세 명의 대립 교황이 혼미한 세력 다툼을 벌이고 있었고, 이탈리아에서는 벌써 르네상스가 싹트고 있었다.

이런 중에 토마스는 성경의 권위와 교육을 강조하는 '공동생활 형제회'에서 수도사 훈련을 받는다. 이 형제회는 후에 종교개혁을 일으킨 루터에게 직간접적으로 영향을 주었다. 그래서 토마스의 글에는 종교개혁의 정신이 암암리에 흐르고 있다. 한 예로, 그는 교황보다 성경의 권위를 으뜸으로 삼고, 성경에 기록된 세례와 성찬 외에는 그 어떤 가톨릭 성례전도 일절 거론하지 않는다. 그의 글이 개신교회 내에서도 널리 읽히는 이유가 이런 데 있다.

그러나 이 책을 개신교인의 시각으로만 읽으려고 한다면 분명 이해하기가 어려울 것이다. 토마스는 중세의 전통과 가치관 속에 살았던 가톨릭 신부였고, 자신과 같은 가톨릭 수도사들을 대상으로 이 글을 쓰고 있는 것이 엄연한 사실이기 때문이다.

특히 우리가 이 책을 읽을 때 주의할 점은 가톨릭 용어들을 신중하게 해석하는 것이다. 성경을 당시 성경 기자와 독자의 처지에서 해석하는 것이 원칙이듯이, 이 책을 이해할 때도 그리해야 한다. 그렇게 하지 않으면 때때로 이 글은 어색하고 모호하게 느껴진다. 예를 들어, 토마스가 사용하는 "saints"라는 말은 개신교나 성경 자체에서 이해하듯 불신자나 이방인과 반대되는 개념인 '성도'가 아니다. 이는 당시 가톨릭 내에서 이미 신격화되고 있었던 '성자'들을 지칭한다. 왜냐하면 중세의 유럽에는 신자/불신자의 구별 대신 오직 성직자/평신도의 구별만이 있었기 때문이다. 후에 개신교회가 자기 신자들을 모두 "saints"라 부를 수 있었던 것은 기존 가톨릭 신자들을 이방인으로 몰아 버린 덕분이었다.

이와 관련해서 "그리스도를 본받는다"라는 말도 올바르게 이해해야 한다. 이는 단순히 그를 믿는다던가 혹은 그의 온유하고 겸손한 마음을 본받는다는 뜻이 아니다. 부모 형제를 떠나 유리하는 생활에서부터 십자가에 못 박히기까지 문자 그대로 그의 언행을 따르는 것이 중세적인 '그리스도의 모방'이었다. 따라서 교인 중에도 그리스도를 본받는 자와 단순히 그를 믿는 자가 엄격히 구별된다.

　이 책은 '그리스도를 본받아' 살고자 하는 자에게 주는 지침서다. 다시 말해 '성도'보다는 '성자'의 길을 가고자 애쓰는 자에 대한 권면이다. 만약 그 대상이 일반 성도였다면 토마스는 분명 다른 식의 권면을 주었을 것이다.

　역자는 이 책을 옮기며 그리스도와의 첫 사랑을 기억하고 현재의 자신에 대해 많은 부끄러움을 느꼈다. 이 글을 읽는 많은 목회자와 사역자들도 공감할 것이다. 교회가 수지맞는 비즈니스로 과열 부상하고 있는 한국의 실정에서 이 글은 차분한 선지자의 음성이 될 것이다. 이 책은 물론 성직자를 위한 글이지만, 평신도가 읽어도 풍부한 영적 양식을 얻을 수 있을 것이다. 또한 역사를 전공하는 학도에게도 의미 있는 책이 될 것이다.

번역은 역자의 능력 안에서 최선을 다했다. 기존 역서들에 비해 손색이 없으리라고 믿지만, 독자들의 건설적인 비판도 마다하지 않는다. 좋은 기회를 주신 생명의말씀사에 감사하며, 이 책이 한국교회의 신앙 성숙에 도움이 되기를 기도한다.

사명선언문

너희가 흠이 없고 순전하여……세상에서 그들 가운데 빛들로
나타내며 생명의 말씀을 밝혀 _ 빌 2:15-16

1. 생명을 담겠습니다
만드는 책에 주님 주신 생명을 담겠습니다.
그 책으로 복음을 선포하겠습니다.

2. 말씀을 밝히겠습니다
생명의 근본은 말씀입니다.
말씀을 밝혀 성도와 교회의 성장을 돕겠습니다.

3. 빛이 되겠습니다
시대와 영혼의 어두움을 밝혀 주님 앞으로 이끄는
빛이 되는 책을 만들겠습니다.

4. 순전히 행하겠습니다
책을 만들고 전하는 일과 경영하는 일에 부끄러움이 없는
정직함으로 행하겠습니다.

5. 끝까지 전파하겠습니다
모든 사람에게, 땅 끝까지, 주님 오시는 그날까지
복음을 전하는 사명을 다하겠습니다.

서점 안내

광화문점 서울시 종로구 새문안로 69 구세군회관 1층
02)737-2288 / 02)737-4623(F)

강남점 서울시 서초구 신반포로 177 반포쇼핑타운 3동 2층
02)595-1211 / 02)595-3549(F)

구로점 서울시 동작구 시흥대로 602, 3층 302호
02)858-8744 / 02)838-0653(F)

노원점 서울시 노원구 동일로 1366 삼봉빌딩 지하 1층
02)938-7979 / 02)3391-6169(F)

일산점 경기도 고양시 일산서구 중앙로 1391 레이크타운 지하 1층
031)916-8787 / 031)916-8788(F)

의정부점 경기도 의정부시 청사로47번길 12 성산타워 3층
031)845-0600 / 031)852-6930(F)

인터넷서점 www.lifebook.co.kr